吴宏岐 著

COLECÇÃO CULTURA DE MACAU

澳门文化丛书

时空交织的视野：
澳门地区历史地理研究

Historical Geography of Macao

社会科学文献出版社
SOCIAL SCIENCES ACADEMIC PRESS(CHINA)

澳門特別行政區政府文化局
INSTITUTO CULTURAL do Governo da R.A.E. de Macau

出版说明

　　国学大师季羡林曾说："在中国 5000 多年的历史上，文化交流有过几次高潮，最后一次也是最重要的一次是西方文化的传入，这一次传入的起点在时间上是明末清初，在地域上就是澳门。"

　　澳门是我国南方一个弹丸之地，因历史的风云际会，成为明清时期"西学东渐"与"东学西传"的桥头堡，并在中西文化碰撞与交融的互动下，形成独树一帜的文化特色。

　　从成立伊始，澳门特区政府文化局就全力支持与澳门或中外文化交流相关的学术研究，设立学术奖励金制度，广邀中外学者参与，在 400 多年积淀下来的历史滩岸边，披沙拣金，论述澳门文化的底蕴与意义，凸显澳门在中外文化交流中所发挥的积极作用。

　　2012 年适逢文化局成立 30 周年志庆，在社会科学文献出版社的鼎力支持下，文化局精选学术奖励金的研究成果，特别策划并资助出版"澳门文化丛书"，旨在推介研究澳门与中外文化交流方面的学术成就，以促进学术界对澳门研究的关注。

　　期望"澳门文化丛书"的出版，能积跬步而至千里，描绘出澳门文化的无限风光。

澳门特区政府文化局

社会科学文献出版社　　谨识

目　录

图目录

表目录

第一章 引论：历史地理学视野下的澳门学研究

第一节 澳门学研究借鉴历史地理学理论方法的必要性

自20世纪80年代中期以来，随着澳门研究尤其是澳门历史文化研究的步步深入，学术界关于建立"澳门学"（Macaology）的呼声日益高涨。以陈树荣、杨允中、黄汉强为代表的一批澳门学者，就曾于1986年11月的一次有关澳门研究的学术研讨会上，提出过要建立"澳门学"的构思。继之，1989年2月25日在东亚大学（今澳门大学的前身）举行的研讨会上，最早倡议建立"澳门学"的陈树荣指出，澳门社会和历史颇具特色，有必要进行深入研究；对澳门进行研究，建立"澳门学"，有利于提高澳门人的自尊心、自信心、归属感，有利于澳门的稳定和繁荣；对澳门进行研究的课题有东西方贸易发展史、中西文化交流史、中国对外开放史、小型自由港发展史、小型都市发展史、中西民俗史、教育史、新闻史、宗教史、慈善事业史等。杨允中、黄汉强则指出，澳门是一个充满特殊活力和魅力的社会，是一座待打开的博物馆，一个待开发的社会科学的富矿，亦是一面可给中小城市发展借鉴的样板①。其中，黄汉

---

① 吴志良：《旧话重提"澳门学"》，载《东西交汇看澳门》，澳门基金会，1996，第37~42页。

强还特别地强调，"澳门学"作为一个"地区学"，其研究对象是澳门社会，要从发展的流程来剖析澳门的纵切面，即研究澳门社会的过去、现在和未来；从社会各领域来剖析它的横切面，即分门别类地研究澳门的经济、政治、法律、文化、教育、社会以及同外界关系等各方面的架构、特点及规律①。稍后，相继又有不少学者从理论层面针对"澳门学"提出自己的看法②。为推进"澳门学"理论与实践的深入，由澳门大学、澳门基金会、澳门欧洲研究学会主办，澳门社会科学学会、澳门学者同盟合办的"首届澳门学国际学术研讨会"于2010年4月15~16日在澳门大学召开，来自葡萄牙、美国、日本、德国、意大利和中国内地、澳门、香港、台湾等国家和地区的70多位专家学者济济一堂，共襄盛举，与会学者就澳门学学科特征与学科体系、澳门与澳门学、宗教与社会、全球视野与国际关系中的澳门、文献整理与史料发现、历史与文化等相关主题展开了广泛的探讨③。不过，我们必须清楚地认识到，从总体上来看，澳门学的理论建设目前仍处于初级阶段，这也严重制约了相关研究的深入开展。如何从方法论的高度深入探讨相关问题以推动澳门研究整体学术水准的进一步提升，显然是一个值得充分关注的课题。

关于"澳门学"的提法，有学者曾经论述说："至于对中国本身的区域研究以某地为'学'的，最著名的有'敦煌学'，而这是在斯坦因、伯希和等骗取了珍贵的敦煌文物，发表了研究成果之后出现的，而且是对一种古代文物的文化遗存提出的称谓。此外，据闻晚近香港建立了'香港学'，其含意如何，由于未见到有关材料，不敢妄言。但据国内现今对区域研究的提法，是以地区文化特色分的，如晋文化、吴文

---

① 黄汉强：《关于建立澳门学的一些思考》，《港澳经济》1989年第2期。
② 汤开建：《"澳门学"刍议（代前言）》，载《澳门开埠初期史研究》，中华书局，1999，第1~8页；赵利峰：《澳门文献整理研究与"澳门学"》，载林发钦、陈业东主编《澳门文献整理研究暨数字化论集》（上册），澳门近代文学学会，2008，第279~287页。
③ 参见《首届澳门学国际学术研讨会·大会议程》及会议提供的相关论文。

化、荆楚文化、巴蜀文化、潮汕文化等，既然各有地区或时代特点，又同属中国文化形成和发展过程中不可分割的组成部分。就澳门而言，既然是明清以来中西文化交流的桥梁和汇合点，又积累有丰富的研究资料，援引香港例建立以'澳门学'为名的区域研究学科，固然未为不可，但觉这个'学'（ology）不若'文化'或'历史文化研究'含容广而概念明确。"① 黄汉强后来也修正了自己的观点，将"澳门学"的研究对象确定为"澳门的历史文化"，认为"澳门学"是以澳门文化为研究对象的一门学科，研究澳门400多年来在东西方经贸互动和中西文化交流、碰撞、融合中形成和积淀的澳门文化，研究澳门文化独特的个性、品质、功能及其形成和发展的规律性，从而揭示人类社会异体异质文化的交流和碰撞的规律及其价值，为人类的真正持久和平与合作发展找寻有益的启示②。汤开建对此则持不同的看法："'文化'一词有广义与狭义之分。广义'文化'是指'人类对自然界进行的物质的或精神的加工。自然界包括人自身，以人为主对自然界进行加工的都属于文化'（金克木语）。狭义'文化'则专指人类对自然界的精神加工。即以'人类进化论'者言之，'文而化之'多停留在人文层面上。若以'澳门文化'命名，容易使我们对澳门有研究局限于狭义'文化'的范畴之内，那与'文化'平行的政治、经济、社会又置于何处呢？澳门之刑事犯罪、慈善工作、垃圾焚化则亦当摒弃于外了。而'澳门学'可以涵盖所有澳门问题研究。唯此一词，可以较为准确地表述研究澳门的千景万象。"③ 不过，提倡"澳门学"的汤开建教授于2002年积极组织澳门及外地研究澳门史的学者创办"澳门历史文化学会"，并在为该会会刊《澳门历史研究》创刊号上所写的《发刊词》中特别强调："澳

---

① 常绍温：《从澳门历史文化的特点略谈建立"澳门学"问题》，载黄晓峰、邓思平、刘月莲主编《首届澳门历史文化国际学术研讨会论文集》，澳门文化研究会，1995，第187～188页。

② 黄汉强：《关于"澳门学"对象与方法的思考》，《学术研究》2001年第7期。

③ 汤开建：《"澳门学"刍议（代前言）》，载《澳门开埠初期史研究》，中华书局，1999，第1～8页。

门是个小地方，但澳门历史却是一篇大文章；澳门的资料并不丰富，但澳门历史文化的内涵却是一座永远也无法开采罄尽的宝山"，"有感于此，我们决定创办一份专门的澳门历史研究刊物，并定名为《澳门历史研究》。创刊的宗旨非常明确，就是希望借这一学术园地来认认真真、扎扎实实地推动澳门历史研究的深入发展。"① 这从一个侧面说明，尽管学术界对"澳门学"的提法有一些争议，但大多数学者还是倾向于认为，所谓"澳门学"的核心研究内容应该是澳门（或澳门地区）的"文化"或"历史文化研究"。即使特别强调"澳门学""不是研究澳门的某一段历史、某一个领域、某一种文化，而是研究澳门的全部"，而"是一门以丰富的文献档案、文化遗产为基础，以悠久的历史文化和独特的社会生活为研究对象，探寻澳门模式与澳门精神及其效应的国际性、综合性学科"的林广志②，实际上其字里行间，对于澳门的"历史文化"的重要性也给予了充分关注。

既然"历史文化研究"是"澳门学"的核心研究内容，相应地如何提高澳门历史文化研究的学术水准，就成为学界同仁更为关心的话题。正如刘泽生所总结的那样，"关于澳门的研究，从现有的科研状况来分析，除了历史文化、经济等学科的研究相对比较深入外，其他诸多领域的研究目前与学科建设应有要求似有较大差距，即便是已经有相当基础的历史文化研究，也还有一个如何继续深入、拓展的问题。"③

鉴于澳门历史发展的特殊性，以往学者们在澳门中西文献档案史料的整理、研究与翻译方面倾注了大量的精力，成果斐然。据汤开建初步统计，目前已经完成中文档案文献史料整理（与澳门有关）共有 15种；澳门西文档案资料大部分均已整理完成，其中葡萄牙的海外历史档案馆、里斯本科学院图书馆、阿儒达图书馆、东波塔档案馆、里斯本图

① 汤开建：《发刊词》，载《澳门历史研究》2002 年创刊号。
② 林广志：《建设澳门学，打造新名片》，《澳门日报》2010 年 3 月 24 日第 F1 版。
③ 刘泽生：《回归十年澳门研究的回顾与思考——以澳门历史研究为中心》，《澳门研究》2010 年第 1 期。

书馆、利马仁慈堂、葡萄牙公共图书馆等单位所藏澳门及葡萄牙在东方传教文献档案胶卷就达 377 个，已经整理出书的主要葡萄牙及澳门文献共有 46 种；有关澳门本土及后期澳门史的文献档案数量巨大，文德泉神父等整理了一部分，但多数档案仍然基本无人使用或很少使用。基于这样的现状，汤开建认为，尽管有关澳门的中文文献档案还可以继续挖掘，但"澳门历史研究的继续深入与发展，其第一要素，应全力组织人力、物力、财力展开对葡语文献档案（特别是 18 纪以后的档案）整理和翻译，而且要全面系统地展开"①。另有学者强调要加强对澳门文献资讯资源进行科学管理，对已破损的历史文献尽快进行梳理、修护、揭示，加快"澳门文献学"学科建设，实现澳门特色文献资源的数字化建设，有必要进行一次大规模的文献普查工作，从传承文献遗产的目的出发启动澳门记忆工程②。

近年来，也有一些学者开始重视澳门学研究中视野的拓展与理论方法的提高问题。如黄启臣就曾特别强调"开展澳门史系统的综合性的研究"，认为"以前研究澳门历史，往往侧重于政治史，或是论述葡萄牙人如何入居澳门，或是分析葡萄牙人何时何地入居澳门。而作为一个综合的、总体研究是很不够的。澳门史应当包括政治史、经济史、交通史、文化史、宗教史，等等。这些互相联系、不可或缺的专门研究和整体史还研究得很不够"，而深入研究澳门历史的方法包括坚持实事求是的科学方法、把文献资料研究与实地调查相结合、做好定量分析工作和正确处理中文资料与外文资料等③。金国平、吴志良在《澳门历史研究述评》一文中指出，"澳门学不局限于澳门的史地研究，实际上，它贯

---

① 汤开建：《澳门中西文献档案史料的整理、研究与翻译》，载林发钦、陈业东主编《澳门文献整理研究暨数字化论集》（上册），澳门近代文学学会，2008，第 17 ~ 31 页。

② 杨开荆：《澳门文献资讯资源的科学管理》，载林发钦、陈业东主编《澳门文献整理研究暨数字化论集》（上册），澳门近代文学学会，2008，第 288 ~ 297 页。

③ 黄启臣：《澳门历史研究刍议》，载黄晓峰、邓思平、刘月莲主编《首届澳门历史文化国际学术研讨会论文集》，澳门文化研究会，1995，第 173 ~ 178 页。

通中西，博大精深，远远超出了中国地方史的范畴，为学术界开启了新的思维视野"，"独立性与独特性，加上有欧洲及中国通史这样一个广阔的大历史背景，再有欧洲扩张史及海外交通史所赋予的具体历史环境，澳门历史研究完全有依据形成一个独立的学科——澳门学（Macaology）"，其主要内容可包括下列诸项：（1）澳门起源；（2）澳门宗教及中国传教史；（3）澳门港口都市发展；（4）中西文化交流；（5）澳门海外贸易及其在中国总体海外贸易中的地位与作用；（6）原住民、民族融合及族群关系；（7）以澳门为中心的华人移民史；（8）涉外关系；（9）海洋思想文化；（10）文学史；（11）语言史；（12）世界澳门学资源普查；（13）其他。该文还提出，除了人才的培养、基础科研项目以外，"澳门历史研究深入的关键在于理论的提升及专题研究的增加，在于中西学者观点和方法的沟通与接近"①。吴志良在其另一文章中还进一步论证说，"如果要使澳门历史研究迈向一个新的台阶，澳门历史学界首先应该加强团结和合作，继续广泛地收集中外档案史料，对外文资料进行必要的翻译工作，并与中文史料加以勘比，为澳门史研究奠定一个更加坚实的文献基础。其次，需要进行学理上的爬梳，确立研究路径，在研究理论和研究方法上有所创新，特别要展开多学科整合研究，可以以传统史学研究方法为主，同时借鉴和运用其他相关学科，如政治学、社会学、经济学、人口学等的先进研究方法，以求更大的突破。再次，需要宏观与微观结合，共性与个性并重，把澳门历史置于整个中国历史的宏观视角下考察，突出澳门与中央政府的制度关系以及和祖国内地的文化联系，强调澳门在中外交流中的特殊地位和作用，同时，结合葡萄牙和世界历史的进程进行探讨，不忽略葡萄牙对澳门历史的巨大影响。最后，也是目前最为重要的，我们要花大力气，投入澳门内部社会发展的研究，理清澳门内部社会的结构和变

---

① 金国平、吴志良：《澳门历史研究述评》，载《东西望洋》，澳门成人教育学会，2002，第1~21页。

化，说明澳门社会包容和谐的内地特性及其给异质文化如何共处可能带来的启示"①。新近，刘泽生也深刻地指出，"'澳门研究'由于其自身所具有独特历史地位，有许多课题的研究是难以在某一个学科独立完成的。没有各学科之间的相互渗透、相互借鉴，没有相关学科之间的通力合作，要想单独靠某一学科的知识体系去深入系统地研究问题、解决问题，那是难以有重大突破的。澳门史的研究，不仅仅是涉及中国的古代史、近代史、现代史和广东地方史，还涉及葡国史、世界史，要把澳门的历史尤其是她的近现代史放到世界史的视野中去考察，才能更清晰地反映澳门历史的全部。更何况，'澳门研究'中还涉及数量十分庞大的外交、外文档案，她还需要学界多语种多学科的通力合作。学术无尽头，学科无边界，这应是一种可取的态度。"②

应该承认，前贤对澳门学尤其是澳门历史文化研究理论方面的相关探讨，都是富有一定启发意义的。但是，毋庸讳言，这些理论层面的探讨多少也存在忽视历史地理学方法的倾向。造成这种偏差的一个主要原因，乃在于学科间的隔阂，即历史学者通常将现代的"历史地理学"（The Historical Geography）与传统的"史地学"等齐划一。实际上，从历史地理学学科发展史的角度来看，所谓的"史地学"，过去又称为"舆地学"，基本上可视为是传统的"历史沿革地理"（The Evolution of Geography）的同义词，在中国学术史上是一门专门的学问，主要研究历史疆域、政区、地名、水道的因袭与更易，长期以来是历史学的一个辅助学科③。现代的中国历史地理学则是"探索中国历史时期各种地理现象的演变及其和人们的生产劳动、社会活动的相互影响，并进而探索这样的演变和影响的规律，使其有利于人们的利用自然和改造自

---

① 吴志良：《序言》，载金国平编译《西方澳门史料选萃（15～16世纪）》，广东人民出版社，2005，第1～15页。

② 刘泽生：《回归十年澳门研究的回顾与思考——以澳门历史研究为中心》，《澳门研究》2010年第1期。

③ 华林甫：《中国历史地理学·综述》，山东教育出版社，2009，第4页。

然的科学。"① 现代意义上的历史地理学是在历史学和地理学交叉处诞生的、具有明显边缘性质的一门新兴学科。纵观中国历史地理学的学术发展史，不难看出，这门学科的发展明显经历了以沿革地理学为主体的传统中国历史地理学、"地理化"逐步加强的近代中国历史地理学、"研究历史时期地理环境的变化"的现代中国历史地理学这三个主要阶段。在经历了两千多年的发展之后，中国历史地理学已成为当代的一门显学，并呈现出蓬勃兴旺的发展势头，不仅早已摆脱了长期作为历史学附庸而存在的尴尬局面，而且学者如林，成果迭出，已蔚然成为当世的一门显学。现代中国历史地理学经过了半个多世纪的发展，在历史自然地理研究、历史经济地理研究、历史政区地理和历史人口地理研究、历史文化地理研究、历史城市地理与中国古都学、历史商业地理、区域历史地理研究、历史地图编制、历史地理文献研究、历史地理学理论和通论历史地理研究等研究领域均取得了较大学术成就。自改革开放以来，尤其是自 20 世纪 90 年代以来，随着现代地理学的蓬勃发展，以及国际间学术合作与联系的逐步加强，中国历史地理研究出现了许多新的特点，这些新的特点不仅引起了历史地理工作者的广泛关注，而且也预示着中国历史地理学未来的发展趋势。主要表现在以下几个方面：一是可持续发展问题受到普遍重视，二是综合研究和区域研究逐渐得到重视，三是分支学科的不断出现导致历史地理学科理论体系的重大变化②。现代历史地理学既是现代人文地理学的一个分支，同时也是历史学的一个二级学科，它所研究的是历史时期的地理现象，研究视角侧重于"时间和空间之间的求索"③，其相关研究成果以及其理论与方法，显然值得澳门学或澳门历史文化研究参考和借鉴。

历史的发展是一个复杂的现象，既有时间上的变化，也有空间上的

① 史念海：《中国历史地理纲要》（上册），山西人民出版社，1991，第 1 页。
② 吴宏岐：《中国历史地理学的历史现状和发展趋势》，《河北师范大学学报（社会科学版）》1999 年第 4 期。
③ 葛剑雄：《时间和空间之间的求索》，《开放时代》1999 年第 5 期。

差异，正是时间维度与空间维度的交织，才共同构成了历史的真相。从这个意义上来说，一切历史问题实际上都是历史地理问题。其实，史地不分家是中国历史研究的一贯传统，而且有些史学家还能够做到以时空结合的视角来探讨相关历史问题，如西汉时期的大史学家司马迁在《报任安书》中，就曾用 15 字高度总结了撰写《史记》一书的目的和历史学研究的基本理数："究天人之际，通古今之变，成一家之言。"①所谓的"究天人之际"，在其地理学思想上的集中体现，便是天地人合一的大地理观；《史记》虽以黄河流域和长江流域这两大先进文化区为主要记述对象，但又涉及周边少数民族分布地区，甚至包括汉王朝版图以外的今天的印度、中亚、西亚直至地中海海滨的广大地区，具有囊括中外的历史地理视野；司马迁的"通古今之变"，反映的是"原始察终，见盛观衰"②的动态历史观，就是追原其始，察究其终，探索事物历史发展的全过程，透过因果关系的分析，揭示事物产生的缘由及其今后变化趋势，为人们提供参考借鉴。司马迁集先秦以至汉初历史学与地理学研究之大成，他的历史学研究，从现代眼光来看，在某种意义上其实就是历史地理学研究，其史学理论思想在中国历史学与地理学发展史上均占有重要的地位③。长期以来，学术界由于将中国古典地理学与沿革地理学等同视之，不仅没有充分肯定司马迁史学理论体系上的建树，反而往往仅对班固《汉书·地理志》的地理学成就褒赞有加，而对司马迁的地理学贡献甚少关注，在相当长的时间内直接影响了传统历史学与地理学的发展格局，以至于现当代历史学者多将传统的沿革地理学与现代历史地理学画上等号，这也在某种程度上束缚了中国的历史研究。

史学大师钱穆先生曾精辟地论述说："地理变，历史亦变。在这一舞台上演的戏，不一定能在另一舞台上演。上帝创世，先造地，后

---

① （汉）班固：《汉书》卷六二《司马迁传》，中华书局，1962，第 2735 页。
② （汉）司马迁：《史记》卷一三〇《太史公自序》，中华书局，1959，第 3319 页。
③ 吴宏岐、王元林：《司马迁与中国地理》，陕西人民教育出版社，2006，第 1～19 页。

才造人。这世界各处地理不同，人生长在各地上，也就得不同。各地的气候、物产、交通情况等各不同，于是人亦因地而异"，"故研究历史，同时要懂得地理。若把天代表共通性，地则代表了个别性"①；"中国历史文化传统之伟大，乃在不断推扩之下，而仍保留着各地区的分别性。长江流域不同于黄河流域，甚至广东不同于广西，福建又不同于广东"，"若我们忽忘了此地理的一面，只像一条线般，由上而下来讲中国史，则将失去其中许多精彩和真实。"② 上述言论虽然是针对整个中国的历史研究而言，但实际上对于澳门历史研究也有一定的启示，因为澳门地区虽小，但也存在明显的地域差异现象，不仅半岛地区与离岛地区不同，就是半岛内部也有明显的南北差异甚至东西差异。

从西方历史学思想发展史的角度来看，古希腊历史学家希罗多德在其巨著《历史》中就开始探讨地理与历史关系，并认为全部历史都必须用地理观点来研究，地理提供了历史和文化的自然背景和舞台场景，历史事实和它联系在一起才具有意义③。古希腊名医希波克拉底也很强调气候特点对人的体质和性格的决定作用④。亚里士多德则把这种的影响上升到社会和文化层面⑤。16 世纪地理大发现时代，随着人们地理视野的扩大，地理环境对人类行为的影响受到更多关注，法国政治学家让·博丁是最早从事该领域研究的一位。他接受希腊的气候带的概念，探索了行星对于地球上居民的影响，认为住在世界南方的人受土星的影响，过着宗教修心的生活；住在北方的人受到火星的影响，变得好战，善于运用机械装置；住在中部的人受木星的影响，能够在法律的统治下

① 钱穆：《中国历史研究法》，三联书店，2005，第 98～99 页。
② 钱穆：《中国历史研究法》，三联书店，2005，第 102～113 页。
③ 〔美〕普勒斯顿·詹姆斯：《地理学思想史》，李旭旦译，商务印书馆，1982，第 25～26 页。
④ 于中涛、周庆华：《地理环境的社会作用与科学发展观》，天津社会科学院出版社，2005，第 14 页。
⑤ 〔古希腊〕亚里士多德：《政治学》，吴寿彭译，商务印书馆，1965，第 360～361 页。

过文明的生活方式①。此后，更有学者就气候对人类的影响问题展开过细致研究，18 世纪孟德斯鸠在其《论法的精神》一书中重点的论题之一就是讨论气候对人的生理、心理、气质、宗教信仰、婚姻形态、法律以及政治制度的影响，从而形成系统的地理环境决定理论②。德国哲学家黑格尔在吸收前人地理环境理论合理内容的基础上，在《历史哲学》的第一章即"历史的地理基础"部分首次辩证地阐述了地理环境与历史发展的关系这一哲学命题，对后来西方历史学产生了重大影响③。

实际上，近世国外不少卓有成就的历史学家也多能注意到从时间和空间相结合的维度来分析历史问题。法国年鉴学派的代表人物之一布罗代尔的历史学的一个特色，正"是把时间和空间要素融合在一起。传统的历史分析，或是着重于时间过程的事实分析叙述，或是着重不同地理空间的历史变化，很少有历史学家能像他一样，用一组概念把时间和空间这两个方面整合在一起，应用在史料上得出新的历史视角。"④澳大利亚学者安东尼·瑞德也认为，"通过吸收各个学科，特别是地理学方面的研究成果，布罗代尔既揭示了一个广阔地区的'共同命运'，又展现了其丰富灿烂的多样性"⑤。安东尼·瑞德还深刻地指出，就东南亚史研究而言，"在探讨本地区'升斗小民'辛苦劳作为生计奔波方面，与传统的历史学家相比，现代地理学家、人类学家、人口学家和环境学家们的成就更大"，"布罗代尔和年鉴学派所展示的多学科研究方法在东南亚特别富有价值，因为该地区的人类学、东方学，甚至考古学知识相对比较丰富，而比较之下，严格意义上的历史学资料非常贫瘠"，"笔者集中关注那些最能影响一般平民百姓生活的特征和变迁"，"这些变迁的历史跨度通常都非常大，只有同时关注世界其他地区的相

---

① 〔美〕普勒斯顿·詹姆斯：《地理学思想史》，李旭旦译，商务印书馆，1982，第 127 页。
② 〔法〕孟德斯鸠：《论法的精神》，张雁深译，商务印书馆，1961，第 126 ~ 303 页。
③ 吴宏岐：《历史地理学方法论的探索与实践》，暨南大学出版社，2010，第 95 ~ 103 页。
④ 赖建诚：《布罗代尔的史学解析》，浙江大学出版社，2009，第 1 页。
⑤ 〔澳〕安东尼·瑞德：《东南亚的贸易时代　1450 ~ 1680》（第一卷），吴小安等译，商务印书馆，2010，第 2 页。

关发展并从时间和空间的广阔维度对其进行考察，才能搞清楚其来龙去脉。"① 笔者认为，安东尼·瑞德的学术视角和研究方法值得在澳门学研究中有所借鉴，因为尽管澳门的相关历史文献相当丰富，但如果要想深入了解澳门地区"升斗小民"的生活史的话，采用多学科研究方法、从时间和空间的广阔维度进行考察，不仅是必须的，而且可以说是唯一正确的学术路径。

总而言之，今后的澳门学或澳门历史文化研究如果要想在研究理论和研究方法上有所创新，积极展开多学科整合研究势在必行，在具体的研究过程中，政治学、社会学、经济学、人口学等学科的先进研究方法固然需要借鉴，但彻底突破"史地学"或"沿革地理学"囿限，将澳门学或澳门历史文化研究纳入现代历史地理学的视野，从时间与空间相结合的维度来分析探讨相关问题，也是其中一个必要的、可行的研究路径。

第二节　目前澳门历史地理研究的成就与不足

近年来澳门历史研究已成为学术热点之一，相关研究成果层出不穷，仅澳门编年史、澳门通史类论著、译著即有十数部之多②，这些著

---

① 〔澳〕安东尼·瑞德：《东南亚的贸易时代　1450～1680》（第一卷），吴小安等译，商务印书馆，2010，第2～3页。

② 代表性著作如施白蒂《澳门编年史（十六—十八世纪）》，小雨译，澳门基金会，1995；施白蒂《澳门编年史（十九世纪）》，姚京明译，澳门基金会，1998；施白蒂《澳门编年史（二十世纪1900～1949）》，金国平译，澳门基金会，1999；施白蒂《澳门编年史（二十世纪1950～1988）》，思磊译，澳门基金会，1999；龙思泰《早期澳门史》，吴义雄等译，东方出版社，1997；徐萨斯《历史上的澳门》，黄鸿钊等译，澳门基金会，2000；黄启臣《澳门历史：自远古－1840年》，澳门历史学会，1995；黄启臣《澳门通史》，广东教育出版社，1999；黄鸿钊《澳门史纲要》，福建人民出版社，1991；黄鸿钊《澳门史》，福建人民出版社，1999；黄鸿钊《澳门简史》，香港三联书店，1999；戴裔煊、钟国豪《澳门历史纲要》，知识出版社，1999；邓开颂《澳门历史：1840～1949》，澳门历史学会，1995；邓开颂等主编《澳门历史新说》，花山文艺出版社，2000；吴志良等主编《澳门史新编》，澳门基金会，2008；吴志良、汤开建、金国平主编《澳门编年史》，广东人民出版社，2010；等等。

作无疑是澳门史研究的重要参考文献，不过涉及澳门历史地理研究方面的内容相对较少一些。目前在澳门历史地理研究方面尚无系统性论著，但有一些相关学术研究成果涉及了这方面的问题，已有相关学术成果主要集中在澳门名称源流研究、澳门地名历史掌故研究、澳门历史地图整理与研究、澳门人口史与社区史研究、澳门贸易史与交通史研究、澳门城墙史与城市建筑史研究、澳门历史环境与现代澳门地理研究等方面。

一 澳门名称源流研究

这是澳门史研究者素来关心的问题，近年来更涌现出不少力作，不过在具体论证方面仍然存在一些不同的学术意见。

金国平《Macao、Macau 诸名考异》一文利用中西文资料对舆图上的"Macao"、澳门史地范围、澳门词源、Oquem 一词所指等问题作了深入研究，力主"亚（阿）马（妈）港"说，认为澳门一词各种变体尾部鼻音应为汉语（无论粤音或闽语）"港"字的对音，而托梅·皮雷斯《东方简志》中所说的"Oquem"实际上是"Foquem"讹略形式，是将"福建"一音移植"泉州"①。金国平、吴志良合撰的《澳门今名推陈》《"濠镜"与"海镜"》《广东"濠镜"与台湾"濠镜"》系列论文②，讨论了中文史料中的"濠镜澳"与澳门的关系；其《澳门原本称"澳山"》一文认为澳门地名中的"澳"这字来自"澳山"（该文作者认为可能是"濠镜澳山"），"门"字除作"出口"解，还作"港"，因此，"澳门"原意是位于两山间的"澳港"，而"澳山"一名应当是澳门最最原本的名称③。

黄文宽《澳门史钩沉》一书中则力主 Macao 或 Macau 一词的来源

---

① 金国平：《Macao、Macau 诸名考异》，载《中葡关系史地考证》，澳门基金会，2000，第 1 ~ 26 页。

② 三文分别载于金国平、吴志良《镜海飘渺》，澳门成人教育学会，2001，第 218 ~ 227 页、第 228 ~ 230 页、第 231 ~ 239 页。

③ 金国平、吴志良：《东西望洋》，澳门成人教育学会，2002，第 290 ~ 295 页。

于汉文的"泊口"，认为"天后庙闽粤到处有之，从无以之名地之事。Macao 实为泊口二字闽语之对音。泊口亦作舶口，泊舶通"①。谭世宝《Macao、Macau（马交）与澳门、马角等词考辨》一文赞同黄氏的观点并有所补充，他认为与"泊口"同义的"马（码）头"，在广东闽语的两大代表——汕头话及海康话中可以通过白、文异读的方式，实现由be 向 ma 的对应转换，"葡人在进入珠江三角洲之前已可能在中国南海地区接触到粤西和粤东的闽语，甚至可能在进入中国之前，已在东南亚地区的缅甸泰国等国接触到广东闽语或与广东闽语相近的中国方言，是把'泊口'的'泊'读作'马'（ba 和 ma）的，所以才会把'泊口'之地译作 Macao 或 Macau"②。他的《濠镜澳、澳门与 Macao 等的名实源流考辨》一文则进一步讨论了濠镜澳与澳门，Macao、Machao、Macau 等之名实源流，早期的 Macao 岛与 Macao 市的区分等相关问题③。

汤开建《澳门地名刍议》一文也是澳门名称源流研究的一篇力作，该文细致地研究了嘉靖二十六年成书的《香山县志》记录的九澳山、万历《粤大记·广东沿海图》中的"亚马港"问题，并指出了濠镜澳是澳门半岛上出现最早的名称、香山澳早期是对香山县所属诸澳的通称、澳门一名初期为今澳门地区多处地方之称谓、龙崖门是明代澳门半岛的一个别名等新观点④。

目前学术界在澳门名称源流研究方面，主要是纠缠于葡文 Macau 或 Macao 一词的来源问题，而对中国历史文献中所记载的澳门及其相关地名如濠镜、濠镜濠、香山濠、龙崖门等的渊源尤其是这些地名涵盖地

---

① 黄文宽：《澳门史钩沉》，澳门星光出版社，1987，第 198 页。
② 谭世宝：《Macao、Macau（马交）与澳门、马角等词考辨》，原刊于《文化杂志》（中文版）1998 年第 35 期，后收于谭世宝《澳门历史文化探真》，中华书局，2006，第 114 ~ 164 页。
③ 谭世宝：《濠镜澳、澳门与 Macao 等的名实源流考辨》，载《澳门历史文化探真》，中华书局，2006，第 197 ~ 220 页。
④ 汤开建：《澳门地名刍议》，原刊于《文化杂志》（中文版）1995 年第 23 期，后收于汤开建《澳门早期开埠初期史研究》，中华书局，1999，第 58 ~ 81 页。

域范围的变化关注不够。近代中外史籍尤其是历史地图上显示，澳门（Macau 或 Macao）一词也存在地名搬家的现象，广州城西南就有澳门航道（Macao passage）、澳门炮台（Macao Fort）、马口溪这类地名，其具体所指值得认真研究。更为重要的是，在澳门城市 400 多年的发展史上，澳门一词所涵盖的地域范围其实有一个逐渐扩大的过程，即由澳门半岛的局部而扩展到整个澳门半岛，又由澳门半岛扩展到包括氹仔、路环等离岛在内的现今整个澳门地区。因此，从历史政区地理学的角度而言，不同历史时期澳门政区的边界、范围、层次及相关管理体制都需要细致地加以研究。

二　澳门地名历史掌故研究

这方面的论著不少，葡文方面的著作首推文德泉神父（Padre Manuel Teixeira）的《澳门地名录》（*Toponímia de Macau*），该书共有两卷，分别在 1979 年和 1981 年由澳门官印局出版，其中卷一记录的是"一般街道"，按地理区域和街道附近主要建筑进行分类，包括街道总览、议事会、南湾、教堂和修道院、庙宇、鸦片、花园、喷泉、总督官邸、坟场、BOA VISTA、岗顶剧院、TRONCO VELHO、官印局、海关、东望洋、望厦、内港和外港、其他街道、桥、青洲、氹仔、路环、照片文献 24 个部分；卷二则命名为"人名街道"，着重介绍澳门以人名命名的街道，并特别附上了这些历史人物的生平，包括圣徒、总督、主教和神父、利宵中学教师、历史人物和文学人物、其他人物 6 个部分。两卷共录词条多达 502 条，超过 1200 页的内容涵括了澳门历史上绝大多数的街、围、前地、斜巷的历史沿革，并介绍了街道有关的历史事件、人物、建筑、宗教等相关活动。每个词条，一般分为两个部分：（1）该街道的具体位置、起止地点，此部分大多系原文摘录自 Joaquim Alves Carneiro1957 年编著的《澳门街道名册》；（2）该街道的历史沿革、周边建筑和相关历史事件，所引史料出处大多来自 19 世纪澳门的报纸［如《澳门宪报》、《独立报》（*O Independente*）］和期刊（如《大西洋国》），还有议事会的档案，其中以札谕为多。另有不少 20 世纪各学术期刊上登载的文章得到引用，文德泉神父对其中的观点进行肯定或质疑。书后置专有名词索引和总索引，方便读者查阅搜寻资料。本书的不足主要是：（1）仍有一些街道没有被记录，可以继续增订；（2）大多数的引用都标有出处，但仍有部分引用忘记标明；（3）有些地名的葡文和中文完全不相干，本书仅给出了葡文的得名原因，中文得名方面则语焉不详。

　　澳门教育出版社 1999 年出版的王文达（章憎命）《澳门掌故》一书则是澳门地名历史掌故研究方面重要的中文著作。此书除引言以外，正文共包括澳城记、妈祖阁考古、莲峰庙史乘、普济禅院之历史研究、古庙小志、大三巴牌坊详考、蕃寺锁闻、议事亭话旧、闾巷漫谈、会馆谈往、名园记、名胜古迹掇拾、澳门教育掌故 13 个部分。有评论者称道此书"研究均根据事实，分析不宥于成见"①，"书中对数百年来澳门的重大历史事件，基本上都有涉及"②。不过正如该书作者所认识到的那样，此书的特点在于将"种种轶闻遗事""张罗拉杂成文"，所以虽然书中提供的不少资料颇有助于澳门史地之了解，但限于写作的体例，学术研究的深度方面相应地有所欠缺。郑景滨《澳门"莲"系地名考》也是澳门地名历史掌故方面的力作，认为澳门"莲"系地名的文化内涵涉及史家记录的澳门地貌、诗家描绘的澳门形胜、形家口中的澳门风水、佛家眼里的澳门净土四个方面，作者还探讨了莲花山、莲华峰、莲叶峰等 27 个"莲"系地名的相互关系③，但全文偏重于文学色彩，历史学方面的研究深度不够。

　　澳门地名历史掌故方面比较重要的著作还有唐思（伍松俭）《澳门风物志》（中国友谊出版公司，1998）一书，此书共由 257 篇短文组

①　李成俊：《序》，载王文达《澳门掌故》，澳门教育出版社，1999，第 I 页。引者按："宥"或为"囿"之误。
②　王文达：《澳门掌故》，澳门教育出版社，1999，第 1 页。
③　郑景滨：《澳门"莲"系地名考》，载管林等《莲岛春秋》，澳门近代文学学会，1999，第 215～261 页。

成，涉及澳门地区的人口、造地、街道、山水、公园、庙宇等诸多方面，"举凡名胜古迹、文物珍宝、历史掌故、民情风俗，俱有涉猎，生动地展现了这座小城昔日一幅幅生活画面"①。同一作者的《澳门风物志（续篇）》（中国文联出版社，1999）和《澳门风物志·第三集》（澳门基金会，2004）二书，也各有 253 篇和 130 篇短文，亦均"关注和记录着澳门楼台屋舍、大街小巷及其风土民情的变迁"②，不过正如作者自我评价的那样，这些续篇所收文章"都是业余之作"，加之"资料不全，核实不够深入，难免出现谬误之处"③，尤其是在街名、坊名、村名的演变与分布格局特色等方面仍有补充研究的必要。

三 澳门历史地图整理与研究

度藏于国内和海外图书馆或档案馆、涉及澳门的中外历史地图，数量相当可观，仅清宫武英殿舆图处旧藏相关地图就有 70 多件。这些历史地图，可与文字记载相互印证，是研究澳门历史的重要参考文献资料，但目前学术界对之重视程度不够。目前澳门历史地图整理与研究已有了初步开展，整理收录澳门历史地图较多的著作主要有：纪念葡萄牙发现事业澳门地区委员会主编《澳门：从地图绘制看东西方交汇》（*Macau：Cartografía do encontro ocidente-oriente*）、澳门海事署编印 *Cartografia Nautica De Macau Atraves Dos Tempos*（《历代澳门航海图》，1986）、中国第一历史档案馆、澳门一国两制研究中心选编《澳门历史地图精选》（华文出版社，2001）、中国第一档案馆、广州市档案局（馆）、广州市越秀区人民政府编著《广州历史地图精选》（中国大百科全书出版社，2003）等。这些澳门历史地图集的相继出版，为澳门历史地理研究提供了珍贵的历史地图参考资料。

在澳门历史地图的研究方面，目前尚无系统性的研究著作，只有少

---

① 李成俊：《序》，载唐思《澳门风物志》，中国友谊出版公司，1998，第 1 页。
② 吴志良：《序》，载唐思《澳门风物志（续篇）》，中国文联出版社，1999，第 13 页。
③ 唐思：《澳门风物志》（第三集），澳门基金会，2004，第 263 页。

数专题性论文。汤开建的系列论文《〈粤大记·广东沿海图〉中的澳门地名》《雍正〈广东通志·澳门图〉研究》《祝淮〈新修香山县志〉澳门图研究》《嘉庆十三年〈澳门形势图〉研究》①，分别细致地研究了《粤大记·广东沿海图》、雍正《广东通志·澳门图》、祝淮《新修香山县志》澳门图和嘉庆十三年《澳门形势图》中的澳门地名，在研究与利用明清方志舆图方面进行了初步的尝试。郭声波、高万芬《1560：让世界知道澳门——澳门始见于西方地图年代考》一文通过相关历史地图的精细判读，指出最早标出澳门地名"Maco"的是 1960 年左右佚名葡萄牙人所绘的《暹罗湾到日本的远东海图》，而最早的澳门专题地图则是 1615 ~ 1622 年间葡萄牙曼努埃尔·戈蒂纽·德·埃雷迪亚（Manuel Godinho de Erédia）所绘的《澳门平面图》②。叶农、严忠明《澳门古地图——从地图看澳门城市在 16 世纪至 20 世纪初的发展》一文，利用西文与中文澳门历史地图资料，探讨了葡城初创、葡城发展和葡城建设问题③。郭声波、鲁延召《明清文献舆图所载澳门周边岛屿名实演变研究》一文则利用明清中文历史文献中的相关舆图，研究了澳门周边岛屿名实演变问题④。

应当承认，历史地图整理与研究还有大量的工作要做。例如台湾中研院近代史研究所编印的《澳门专档》中就收有多幅澳门地图，一直到目前都很少有学者提及，这反映出澳门史的研究者大多只重视文字资料而忽视历史地图资料的现状，这多少让人感到有些遗憾。另外，还有

---

① 汤开建：《〈粤大记·广东沿海图〉中的澳门地名》，《岭南文史》2000 年第 1 期；《雍正〈广东通志·澳门图〉研究》，《暨南学报》2000 年第 6 期；《祝淮〈新修香山县志〉澳门图研究》，《暨南学报》2000 年第 3 期；《嘉庆十三年〈澳门形势图〉研究》，《广西民族学院学报》2000 年第 2 期。

② 郭声波、高万芬：《1560：让世界知道澳门——澳门始见于西方地图年代考》，《澳门历史研究》2007 年第 6 期。

③ 叶农、严忠明：《澳门古地图——从地图看澳门城市在 16 世纪至 20 世纪初的发展》，《澳门历史研究》2007 年第 6 期。

④ 郭声波、鲁延召：《明清文献舆图所载澳门周边岛屿名实演变研究》，《澳门历史研究》2008 年第 7 期。

一些手绘澳门地图收藏于民间人士之手，也有待整理研究。当然，澳门历史地图相关资讯的数字化处理更是一个急需进行的工作。

四 澳门人口史与社区史研究

澳门人口史与社区史也是近年来澳门史研究的一个热点。陈伟明《明清澳门与内地移民》一书（中国华侨出版社，2002）是明清澳门社会与内地移民问题研究的重要成果，初步研究了明清澳门人口变化的历史现状与特点、明清澳门内地移民的发展类型、人口构成、管理、社会生活、商贸经营、历史地位与社会影响等相关问题，但由于研究的时间是从明中叶葡萄牙殖民者入住澳门地区开始到公元 1911 年，所以未涉及民国以来澳门人口的变化情况。古万年、戴敏丽《澳门及其人口演变五百年（一五零零至二零零零年）：人口、社会及经济探索》（澳门统计暨普查司，1999）以文字叙述与图表相结合的形式，对历史时期澳门人口的演变、人口增长的动态、人口结构、宗教、婚姻及家庭、在学人口、劳动人口、澳门经济等方面都作了简明的论述，该著述的《附表》共有 13 个部分，统计表格多达 286 个，是有关历史时期澳门社会、人口及经济方面的颇为详尽的统计资料，为同行学者深入钻研有关问题提供了极大的便利。汤开建《明代澳门地区华人居住地钩沉——兼论望厦村妈阁庙及永福古社之起源》、林广志《晚清澳门华商与华人社会研究》、杨仁飞《清中叶前的澳门平民阶层及社会流动》、张廷茂《清代中叶澳门城区华人居住分布考》等论文对相关问题皆有一定创获，但并未涉及近代澳门人口与社区问题[1]。赵利峰新作《明清澳门人口史研究订补》提出澳门开埠初期的葡人"已婚者"、"澳门"所指范围多有

---

[1] 汤开建：《明代澳门地区华人居住地钩沉——兼论望厦村妈阁庙及永福古社之起源》，载《澳门开埠初期史研究》，中华书局，1999，第 254～277 页；林广志：《晚清澳门华商与华人社会研究》，暨南大学博士学位论文，2005；杨仁飞：《清中叶前的澳门平民阶层及社会流动》，《文化杂志》（中文版）2005 年第 57 期；张廷茂：《清代中叶澳门城区华人居住分布考》，《暨南史学》2007 年第 5 辑。

变化、浮家泛宅的疍民问题等在澳门人口史研究中都要引起注意①，在澳门人口史的方法论上较有启示作用，但细节研究尚不充分。

李长森《明清时期澳门土生族群的形成发展与变迁》则是研究澳门土生族群问题的代表性论著，该著在阿马罗（Ana Maria Amaro）《大地之子——澳门土生葡人研究》[《文化杂志》（中文版）1994 年第 20期]；贾渊（João de Pina Cabral）、陆凌梭（Nelson Lourenço）合著，陈洁莹译《台风之乡：澳门土生族群动态》（澳门文化司署，1995）等相关论著的研究基础上又有了较大的推进，系统深入地探讨了澳门土生族群的形成与发展、澳门土生族群的人口状况及其血缘混合特点、动荡与迁徙中的族群、澳门土生族群在社会发展中的历史作用等相关问题，不乏真知灼见，但关于澳门土生族群在澳门地区内部的人口流动、地区分布演变等人口地理学问题的研究方面仍有深化的必要。另外，彭蕙《16~19 世纪澳门黑人的社会职能》《明清时期澳门黑人问题研究》等②，对于澳门的黑人群体作了专门研究，但关于明清以来澳门其他外国人群体的研究工作仍需要加强。

澳门人口史与社区史研究是一个大有可为的研究领域，从历史人口地理学、历史社会（区）地理学的视角对澳门各类人群居住区、活动空间进行比较研究，尤其是明清以来澳门的内地移民与人口构成、明清以来澳门地区的人口数量的变化与地区差异、澳门地区土生族群形成及其分布地区、侨居澳门的外国商民及其分布地区、澳门黑人的来源及其分布地区等相关问题，都需要作细致的研究与分析。

五　澳门贸易史与交通史研究

这是澳门史研究的传统研究领域，相关成果较为丰富。一般的澳门通史性论著都会涉及澳门海外贸易史与交通史的研究。邓开颂、黄启臣

---

① 赵利峰：《明清澳门人口史研究订补》，《澳门历史研究》2009 年第 8 期。
② 彭蕙：《16~19 世纪澳门黑人的社会职能》，《澳门历史研究》2004 年第 3 期；《明清时期澳门黑人问题研究》，暨南大学硕士学位论文，2004。

编《澳门港史资料汇编（1553～1986）》一书（广东人民出版社，1991），涉及澳门港的自然地理条件、澳门港的水路交通、明代澳门港的兴起和繁荣（1553～1644）、清代前期的澳门港（1644～1840）、近现代的澳门港（1840～1949）、澳门的鸦片非法走私贸易、澳门的"苦力"贸易、当代的澳门港（1950～1986）8个部分，是澳门贸易史与交通史重要的相关参考文献。中国第一历史档案馆、北京大学、澳门理工学院合编《清代外务部中外关系档案史料丛编·中西关系卷》（中华书局，2004）、中国第一历史档案馆、北京大学、澳门理工学院合编《清代外务部中外关系档案史料丛编·中葡关系卷》（中华书局，2004）、中国第一历史档案馆《清宫粤港澳商贸档案全集》（中国书店，2002）等也收集有不少澳门贸易史与交通史的档案资料，可资利用。

张天泽《中葡通商研究》（王顺彬、王志邦译，华文出版社，1998）、何芳川《澳门与葡萄牙大商帆——葡萄牙与近代早期太平洋贸易网的形成》（北京大学出版社，1996）都是研究中葡通商史的重要著作，但限于篇幅，不少问题都未展开讨论，为后来的学者留下了研究的空间。相比较而言，张廷茂《明清时期澳门海上贸易史》（澳亚周刊出版有限公司，2005）堪称一部有分量的著作，该书是在其博士论文的基础上扩充而成，论及澳门海上贸易的基础、澳门海上贸易的繁荣、澳门海上贸易由盛转衰的转变、澳门海上贸易的复兴与回落、澳门海上贸易的演变、澳门海上贸易的作用等诸多方面。黄启臣、郑炜明《澳门经济四百年》（澳门基金会，1994）一书也有较多篇幅论及澳门贸易史与交通史问题，如该书第二章至第五章就分别讨论了澳门港市的形成、明代澳门的对外贸易、清代前期澳门的对外贸易、明清政府对澳门海外贸易的管理等相关问题。

近几年来，澳门与内地的贸易史与交通史研究也渐受重视。重要的成果有卜奇文《清代澳门与广州经济互动问题研究（1644～1911）》[①]

---

① 卜奇文：《清代澳门与广州经济互动问题研究（1644～1911）》，暨南大学博士学位论文，2003。

一文，分别讨论了澳门经济发展与市场中心地的形成、广州经济发展与
市场中心地的形成、清前期澳门与广州经济互动、清后期澳门与广州两
个市场中心地经济地位的变迁、清后期澳门与广州两地经济互动等相关
问题，视角比较新颖，有一定的启发意义。徐素琴《晚清粤澳民船贸
易及其影响》① 一文，论述了粤澳民船贸易的区域范围、粤澳民船贸易
的商品结构、粤澳民船贸易对中葡关系的影响等方面，可补前人研究之
缺失。

上述研究论著、论文都从不同角度对澳门贸易史与交通史问题作了
一些探讨，但从历史地理学的视角来看，明清以来的澳门港口体系，澳
门与海外的商业交通网络，澳门与香港的航运交通，澳门与内地水陆交
通网络，尤其是澳门与广州间的内河航道和外海航道，澳门与香山的陆
路交通路线，澳门与佛山、新会、江门、新宁、鹤山、三水等城镇的水
路交通路线，中国高级官员对澳门的巡视情况及其具体出行路线，澳门
与珠江三角洲交通线上的商品流通与民船贸易发展情况，等等，都有深
入研究的空间。

六　澳门建筑史与澳门城市史研究

近年来澳门建筑史与澳门城市史研究领域均取得了较为丰富的研究
成果。在澳门建筑史方面，葡萄牙学者科斯塔《澳门建筑史》一文分
历史、城市建设、建筑物三篇，其中历史篇论述了澳门建筑的开端、衰
落和反作用，城市建设篇论述了自发的城市建设、最初的法规、早期计
划、海岸、局部计划、规划、详细计划、南湾/外港填海区、外港新填
海区，建筑物篇论述了以前的建筑物、在本半岛定居初期的建筑物、20
世纪建筑风格的变化、教育设施、绿色植被区、离岛氹仔的建筑物、离
岛路环的建筑物、原始建材、木材、其他材料等相关问题，可以说是一

---

① 徐素琴：《晚清粤澳民船贸易及其影响》，《中国边疆史地研究》2008 年第 1 期，又
　载于广东省社会科学院历史与孙中山研究所编《广东省社会科学院历史与孙中山研
　究所建所五十周年纪念文集》，（香港）银河出版社，2008，第 920～934 页。

部简明的澳门建筑史①。葡萄牙学者巴拉舒《澳门中世纪风格的形成过程》一文也是澳门建筑史的一篇力作，作者指出"澳门当今的布局中还能发现其原始城市结构的痕迹。当然，这种结构以零散的临时建筑为基础，后来被特点不同的新建筑物巩固下来并最终形成模式。随着城市发展出现的此种形式清楚地向我们展现了中世纪的印记，这正是葡萄牙各古老城市的特点。"②邢荣发《明清澳门城市建筑研究》一书则是明清澳门城市建筑方面的专题研究著作，分章研究了明清澳门城市建筑的环境、澳门城市建筑的历史沿革、耶稣会风格建筑与圣保禄会院教堂、欧陆风格与葡萄牙风格建筑、中式与中西合璧建筑等相关问题，并讨论了鸦片战争以后澳门地域扩展对后世城市建筑发展的影响③。

在澳门城市史研究方面，汤开建《明代澳门城市建置考》一文细腻地考证了明代澳门城区的形成与发展、澳门公共建筑的出现与发展、澳门城垣及堡垒的置废问题④。林发钦《海盗曾一本犯澳与澳门城墙的首建》一文提出"澳门因在一五六八年曾一本犯澳后而兴建的城墙，不仅是一项重要的军事工程，从另一角度看，也是一项重要的城市建设工程"⑤；其《荷兰人犯澳与澳门城墙的大规模扩建》则专门研究了1605年为抵御荷兰人复建城垣和1620年为抵御荷兰人复建城垣的相关情况⑥。严忠明《一个海风吹来的城市——早期澳门城市发展史研究》一书是早期澳门城市发展史的专题研究著作，作者认为城市史学研究

---

① 科斯塔（Maria de Lourdes Rodrigues Costa）：《澳门建筑史》，《文化杂志》（中文版）1998 年第 35 期。

② 巴拉舒（Carlos Baracho）：《澳门中世纪风格的形成过程》，《文化杂志》（中文版）1998 年第 35 期。

③ 邢荣发：《明清澳门城市建筑研究》，（香港）华夏文化艺术出版社，2007。

④ 汤开建：《明代澳门城市建置考》，《文化杂志》（中文版）1998 年第 35 期。

⑤ 林发钦：《海盗曾一本犯澳与澳门城墙的首建》，载《澳门史稿》，澳门近代文学学会，2005，第 123～148 页。

⑥ 林发钦：《荷兰人犯澳与澳门城墙的大规模扩建》，载《澳门史稿》，澳门近代文学学会，2005，第 149～164 页。

"必须能够阐明城市演变过程中人群、生产工具、资本和生活之间的互动关系"，"就是要寻找到城市发展演变各要素之间的这种简明的模式"，按照这样的理论构想，该书分章讨论了澳门城市起源的历史背景、葡萄牙的东方建城模式、澳门城市发展基本框架和史实、早期澳门城市的双核三社区模式、城市社区的发展与管理、澳门的不同族群及其市井生活、澳门精神与澳门城市定位等相关问题①。杨仁飞《澳门近代城市格局》一文则专题研究了近代澳门市区的扩展、城市道路网的建设、城市环境的改善以及都市格局的形成问题②。

客观地说，虽然近年来澳门建筑史与澳门城市史研究领域涌现了不少较有分量的学术研究成果，但从历史城市地理学研究澳门城市发展问题的成果不多，明清以来澳门城市形态、城市功能、城市内部空间结构及其演变等都需要进一步深入探讨。

七　澳门历史环境与现代澳门地理研究

关于澳门地区环境问题的研究，以前主要集中在环境现状研究方面，近年来开始涉及历史环境研究。黄就顺《澳门填海造地、海岸线变迁的历史及土地利用》一文系统研究了澳门半岛填海拓地、海岸线变迁历史，氹仔路环填海拓地、海岸线变迁的历史，以及澳门填海造地、海岸线变迁对澳门的影响③。童乔慧《澳门城市环境与文脉研究》一书则辟有专章讨论了澳门城市环境的历史源流，并与印度的葡萄牙殖民地进行了比较分析④。叶农《澳门地区台风考》一文依据中外文史料，探讨了1554～1881年间澳门台风的历史记载、台风给澳门地区造

---

① 严忠明：《一个海风吹来的城市——早期澳门城市发展史研究》，广东人民出版社，2006。
② 杨仁飞：《澳门近代城市格局》，《文化杂志》（中文版）1997年第32期。
③ 黄就顺：《澳门填海造地、海岸线变迁的历史及土地利用》，载杨允中主编《澳门现代化进程与城市规划》，澳门大学澳门研究中心，2007，第226～239页。
④ 童乔慧：《澳门城市环境与文脉研究》，广东人民出版社，2008，第1～45页。

成的损失和在这个时期内的台风气象观测问题①。德国汉学家普塔克《〈澳门记略〉中的鸟类记载》一文认为，若要撰写一部澳门自然史，《澳门记略》无疑是一个起点，按照这个认识，作者逐一列出《澳门记略》中记载的鸟类，并参考《广东新语》《职方外纪》《坤域图说》等相关材料对其详细讨论②。

在现代澳门地理研究方面，葡萄牙学者 Ernesto Julio Carvalho de Vasconcellos 所著《葡属殖民地：自然、政治、经济地理》（*As Colonias Portuguezas：Geographia Physica，Politica e Economica*）一书是值得重视的一部著作，该书收集了 19 世纪末至 20 世纪初葡属殖民地的地理情报，其中澳门部分详细介绍了澳门的自然地理、政治地理和经济地理。值得注意的是，该书虽然属于现代地理著作，但因为出版时间较早，相应地也可称作是重要历史地理文献资料，例如，书中记载当时测量的数据是，澳门最长 4400 米，最宽 1680 米，总面积约为 10 平方公里，其中澳门半岛面积为 3.23 平方公里，就可据之与后来的澳门土地面积作比较研究；同书中还有 1882～1897 年的历史气候记录表，1880 年、1881 年、1882 年、1890 年、1891 年、1893 年诸年份的鸦片进出口情况表，1881 年、1882 年、1891 年、1892 年诸年份的丝绸和茶叶的进出口资料，1896 年 2 月 13 日的人口普查资料（城区、氹仔、路环合计 78627 人）等，也比较珍贵③。中文方面的澳门现代地理著作较多，代表性的著作有刘南威、何广才主编的《澳门自然地理》，何大章、缪鸿基的《澳门地理》，缪鸿基等的《澳门》，黄就顺等的《澳门地理》，吴春刚的《澳门地区医学地理》等④。其中何大

---

① 叶农：《澳门地区台风考》，《文化杂志》（中文版）2001 年第 43 期。

② 〔德〕普塔克：《〈澳门记略〉中的鸟类记载》，赵殿红译，《澳门研究》2009 年第 52 期。

③ Ernesto J. de C. E. Vasconcellos, *As colónias Portuguezas：Ernesto Juliode Carvalho Vasconcellos*, Lisboa：A Editora, 1903, pp. 391 –413.

④ 刘南威、何广才主编《澳门自然地理》，广东省地图出版社，1992；何大章、缪鸿基：《澳门地理》，广东省立文理学院，1946；缪鸿基等：《澳门》，中山大学出版社，1988；黄就顺等：《澳门地理》，澳门基金会，1997；吴春刚：《澳门地区医学地理》，军事医学科学出版社，2000。

章、缪鸿基的《澳门地理》有不少内容涉及澳门历史问题，如关于澳门开埠过程、人口演进及分布、交通之演进、住居之拓展等方面皆有专门章节的论述；此书因为出版时间较早，更是不可多得的澳门历史地理研究文献，如书中关于当时澳门特种产业（赌业、妓业和鸦片烟业）、渔业、工业、商业的发展与分布，以及市区之分布的研究成果，均为澳门历史地理研究提供了重要的参考资料。

总之，上述研究成果尽管多多少少已经涉及澳门历史地理方面的内容，但这些研究成果大致都可归入传统的澳门史、澳门沿革地理或现代澳门地理研究的范畴。尽管在相关问题的研究方面都有不同程度的进展，但也存在明显的不足，不仅研究的内容有一定的局限性，而且总体上缺乏时间与空间相结合的研究，从现代历史地理学视角出发的澳门历史地理研究仍有更多的工作需要完成。

第三节　澳门地区历史地理研究的基本思路、主要内容和研究方法

历史地理学视野下的澳门学研究，其实质是从时间与空间相结合的维度来分析探讨相关问题，换一个说法，也就是澳门地区历史地理研究。

澳门地区历史地理研究的基本思路应该是在前人相关研究的基础上，根据中外史籍、档案、碑铭、族谱、古旧地图等相关历史文献记载，结合实地野外考察调研和口述资料的搜集整理，全面研究和论述从16世纪中叶澳门开埠以来至20世纪末（公元1999年）这段时间内，澳门名称源流与政区演变，澳门地区历史环境变迁与自然灾害，澳门地区水陆交通格局的演变，澳门地区人口分布格局的演变，澳门城市形态、功能与内部空间结构的演变，澳门地区农业和渔业地理格局的演变，澳门地区工业和金融业地理格局的演变，澳门地区宗教信仰空间的演变，澳门地区慈善、文教事业的空间运作及其演变等澳门历史地理的

相关问题，以期对于澳门地区历史地理环境、城市地域空间结构的形成过程和演变规律能够形成一个完整清晰的认识。澳门地区历史地理研究要特别注意以下三点：

一是在研究对象上，要突破以往主要以澳门城区为主的囿限，而是以整个澳门地区（包括澳门半岛和两个离岛）为研究对象；

二是在研究内容上，不是澳门通史性论述或传统的澳门史地研究，而是历史地理学视野下、时间与空间相结合的澳门地区历史地理学专题研究；

三是在研究方法上，力求避免单一化的研究倾向，采用多学科交叉的方法，注重分期研究与区域比较研究结合、历史文献考证与实地调研考察结合、宏观与微观分析结合、定性与定量分析结合，以提高研究成果的研究质量和实际参考价值。

基于以上的分析，笔者认为澳门地区历史地理研究主要研究内容可以初步考虑以下几个方面：

（1）相关学术史回顾暨理论方法问题；

（2）澳门名称源流与政区演变；

（3）地区历史环境变迁与自然灾害；

（4）澳门地区水陆交通格局的演变；

（5）澳门地区人口分布格局的演变；

（6）澳门城市形态、功能与内部空间结构的演变；

（7）澳门地区农业和渔业地理格局的演变；

（8）澳门地区工业和金融业地理格局的演变；

（9）澳门地区宗教信仰空间的演变；

（10）澳门地区慈善、文教事业的空间运作及其演变。

至于研究方法，拟借鉴现代城市地理学、区域经济地理学的最新理论和方法，综合利用历史文献考证、野外实地考察调研等历史地理学研究手段，以及历史学、考古学、城镇规划学、政治学、经济学、社会学、文化学、生态学等诸多相关学科的理论和方法，通过对相关历史文献的整理、分析和重新解读，从多重视角对澳门地区历史地理诸问题进行全面的探讨与研究。

在具体研究过程中，当注意以下研究方法的综合运用：

1. 时空交织分析法

可根据澳门城市发展的特点，划分出澳门开埠初期（16 世纪中叶～1643 年）、清中前期（1644～1840 年）、近代以来（1840～1999 年）等三个大的时期（可在三个大的时期内再细分出若干小的时段）；并根据澳门地区之地理、历史、文化等方面差异特征，结合现行行政区划状况，将澳门地区划分为澳门半岛和澳门离岛两大区域，其中澳门半岛地区要考虑城区与郊区的差异，离岛地区也要重视市区与郊区村落的差异，以突出区域地理研究的特色。采用时空交织分析方法，既有分期研究，又有空间定位和区域比较研究，以全面揭明澳门地区历史地理环境、城市地域空间结构的形成过程和演变规律。

2. 历史文献考证与实地调研考察结合法

在全面搜集整理、考证分析相关历史文献资料的同时，加大实地调研考察和口述资料的搜集的力度，以弥补、纠正文献记载的疏漏和错误，提高研究成果的科学性。调研内容以实地考察澳门地区历史文物古迹、经济现状、城乡社区发展和生态环境演变情况为主，兼顾珠江三角洲地区的相关情况；调研方式可采用区域普遍调查和典型个案调查相结合的方法。

3. 宏观研究与微观分析结合法

在子课题设计中，既有从宏观方面探索澳门历史环境变迁，水陆交通格局演变，人口分布格局的演变，城市形态与功能演变，工业和金融业地理格局演变，澳门与内部空间结构的演变，澳门地区近代广东侨乡地区的城镇发展历史阶段和城镇体系、城镇市场圈发展演变等方面的内容；又有从微观角度研究澳门城市内部空间结构、城市居民社区、妈祖信仰圈等方面的内容。

4. 定性研究与定量分析结合法

在研究过程中注重定性分析与定量分析相结合，除采用因果分析法、功能分析法、区位分析法、比较分析法等定性研究方法外，如基础资料条件允许，也应尽可能地充分运用层次分析法、途径分析法等技术手段进行综合分析研究。在此基础上制作的大量研究性图表，有利于增加成果表现方式的多样性，并提高学术研究的科学精度。

第二章　澳门地名源流相关
问题的再探讨

第一节　西文 Macao（Macau）一词的来源
与"亚马港"的方位

一　西文 Macao（Macau）一词与"亚（阿）马（妈）港"的关系

关于西文 Macau 或 Macao 一词的来源，长期以来，一直是学术界争论不休的一个热门话题，迄今也无定论。

早在 20 世纪 40 年代，何大章、缪鸿基在《澳门地理》一书中就曾对西文 Macau 或 Macao 一词的来源作过一番梳理：

> 至于外人称澳门曰"马交"（Ma-cao）一说谓为"泊口"之讹音，明嘉靖十四年，前山寨都指挥黄庆请上官蕃移舶于濠镜，名其地曰"泊口"或"泊澳"，葡人讹为 Macao。一说谓澳门南端有天后庙，为福建渔民所建，闽人称曰"阿妈阁"（即今妈祖阁，照片 1），外人讹为 Amacao，辗转讹为 Macao；一说谓澳门东北海角有马蛟石，葡人初到时，闻土人说 mcoa，故名其地。相沿至今，国人称此地曰"澳门"，外人称曰

Macao，葡语则为 Macau①。

金国平先生曾引用了上引文中的部分文字，指出"蕃移舶""似应为'移蕃舶'"，并断定说"'泊口'说概以何大章、缪鸿基为开山鼻祖"②。笔者按，"蕃移舶"确当为"移蕃舶"之笔误，上引《澳门地理》文字的前段文字中有"盖即谓珠江外蕃舶出入之门户也"③ 一句可以为证。不过，金国平先生言何大章、缪鸿基为"泊口"说开山鼻祖，似略可商榷，因为《澳门地理》实际上是三说并存，"泊口"说（或者"泊澳"说）只是其中之一说，虽然置于第一说中，但并不一定就代表了作者自己的观点。

值得注意的是，自何大章、缪鸿基《澳门地理》一书问世之后，澳门史地研究日渐形成气候，相关成果层出不穷，但关于西文 Macau 或 Macao 一词的来源仍然是众说纷纭，学术争论不仅没有平息，而且还有愈演愈烈的趋势。汤开建先生仍归纳为三种，但已与何大章、缪鸿基略有不同：（1）Macau 一词是由澳门半岛上的"马交石"而来。Wells Williams《中国通商指南》、张天泽《中葡早期通商史》、澳门汉学家文德泉神父《澳门及其教区》均持此说。（2）Macau 一词系泊口之变音。澳门汉学家高美士《澳门诸名考》及黄文宽《澳门史钩沉》均持此说。（3）Macau 一词系"妈港"的译音。例如金尼阁（Trigault）《中国基督教传教史》、龙思泰（Ljungstedt）《葡萄牙在华居留地史纲》、葡萄牙著名汉学家白乐嘉（Braga）《西方的开拓者及其澳门的发现》及郭永亮《澳门与香港

---

① 何大章、缪鸿基：《澳门地理》，广东省文理学院，1946，第3页。
② 金国平：《Macao、Macau 诸史考异》，载《中葡关系史地考证》，澳门基金会，2000，第1~26页。
③ 何大章、缪鸿基合著的《澳门地理》，无疑在澳门历史地理研究方面有开创之功，但此书似是战乱年代仓促出版之作，不仅不少观点不太成熟，文字校对方面也有一些缺憾，错讹字、空白字较多，此即其一例也。

早期关系》均持此说①。金国平先生的总结较为复杂，共分为"舶口"说、"马蛟石"说、"马角（阁）"说、"娘妈角"与"妈阁"说、"亚（阿）马（妈）港"说五种说法，其中最后一种说法具体又分为马（妈）宫说、"亚妈滘"说、"亚（阿）马（妈）澳"说、"亚（阿）马（妈）港"说这四种②。

客观地说，尽管学术界目前对于西文 Macau 或 Macao 一词的来源仍有不同的说法并存，但影响较大的主要是"泊口"说和"亚（阿）马（妈）港"说。

关于"泊（舶）口"说，如前所述，何大章、缪鸿基在《澳门地理》一书中就曾有提及。后来黄文宽著有《澳门史钩沉》一书，该书第三篇《地志考》中，认为阿妈（Ama 或译阿姆）说"为后人穿凿附会之谈"，马蛟石说"显然为故意歪曲历史"，并力证"泊（舶）口"说之可信，他认为"舶口 Macau 二字为闽南语之对音，葡萄牙人之所以不用粤语音译而用闽南语音译者，盖因当时自浙闽海上败退，不少闽浙海盗奸民相随而来，充当奸细之故。由此舶口之一名词，正可充分说明澳门原始真实之性质也。"至于舶口闽南语之对音，何以变为马蛟，黄文宽提出"葡文无 B 音，凡 B 音均作 M 音，因此舶口之对音遂变为马蛟。亚妈庙据庙中碑记之可考者为万历间街坊所建，已在澳门开埠之后，自然不可能以亚妈庙为马蛟得名之由来。"③

对于黄文宽的有关考证，金国平先生的总体评价是："黄文宽将此说发挥得淋漓尽致"，"作者结论如山，但无任何考据。"④ 话说得有些重，但多少反映出黄氏的立论在证据上还是有些欠缺。李德超就曾批驳

① 汤开建：《澳门诸名刍议》，《文化杂志》（中文版）1995 年第 23 期；此文的修订稿收于《澳门早期开埠史研究》，中华书局，1999，第 58～81 页。
② 金国平：《Macao、Macau 诸名考异》，载《中葡关系史地考证》，澳门基金会，2000，第 1～26 页。
③ 黄文宽：《澳门史钩沉》，澳门星光出版社，1987，第 198～199 页。
④ 金国平：《Macao、Macau 诸名考异》，载《中葡关系史地考证》，澳门基金会，2000，第 1～26 页。

黄氏的说法："按澳门在明洪武间，确有福建省籍居民，如望厦赵氏，即闽人之宦游至粤，作宰香山者，惟未必与舶口之音译为有关联。倘葡人以舶口为其所到之澳门地名，又何不以其曾到之大门、浪白、上川等地名为舶口？且笔者亦尝浅习葡文，确知葡文非无 B 音，亦非以 B 读如 M 者。如英文之银行（BANK），葡文则作 BANCO，读如ㄅㄤㄍㄨ，葡萄牙史家巴罗斯，其名即为 Joas Barros，皆以 B 字读如ㄅ，等英文之 B 音，故黄氏所据者为非是，故余谓马交之名，仍应信其来自妈阁也。"[①] 另外，肯定"（阿）妈港"说的汤开建先生，也质疑说"即使从对音上讲，"泊口"二字的粤音或闽南音能与 Machao 或 Macau 对音，那与 Machao 同时出现的也是同指一地的 Amacauo 或 Amaquo 等词又怎么可以与"泊口"二字相对呢？我认为，将 Macau 一词认作'舶口'二字的译音是证据不足的，也是很难解释通的。"[②]

不过，也有学者支持黄文宽的说法，如谭世宝先生就撰有《Macao、Macau（马交）与澳门、马角等词的考辨》一文，认为黄氏所论"在破除两种谬说方面固然有力，在论证澳门即为舶（或泊）口方面也是持之有故，言之成理，完全可以成立的"[③]。

笔者认为，"舶口"说虽然也有一些史料上的依据，但不少论断无法自圆其说。相比较而言，"（阿）妈港"说能够得到更多的史料支持：

其一，平托 1555 年 11 月从"亚/阿 - 妈/马 - 港"发出的函件有多种抄件，写法各异，引起了不少学者对其真实性的怀疑。但据吴志良、金国平先生的合作研究成果，在罗马耶稣会档案馆"果阿档"中

---

① 李德超：《澳门得名之由来与葡人之初来地为大门岛考》，载香港珠海文史研究会主编《罗香林教授纪念论文集》（上册），新文丰出版公司，1993。转引自谭世宝《Macao、Macau（马交）与澳门、马角等词的考辨》，《文化杂志》（中文版）1998 年第 35 期。
② 汤开建：《澳门诸名刍议》，《文化杂志》（中文版）1995 年第 23 期。又见于汤开建《澳门开埠初期史研究》，中华书局，1999，第 58 ~ 81 页。
③ 谭世宝：《Macao、Macau（马交）与澳门、马角等词的考辨》，《文化杂志》（中文版）1998 年第 35 期。

已找到了平托那封信的亲笔抄件①。现知的平托签名的文献都是他从东方回到阿尔马达（Almada）留下的手迹，此系唯一一份在他仍是耶稣会初修生期间所写的函件，可称是葡语"澳门"的"出生纸"。此函的起始与结尾处出现了写法完全相同的"amaquão"。"ão"是明显的尾鼻音，"quão"同"cão"。因此"amaquão"念作"amacão"。"amacão"是汉语"亚/阿 - 妈/马 - 港"的对音，为葡语中各种以尾鼻音结尾形式之滥觞。在各种葡语"澳门"的异写中，"amaquão"是最原始的写法。至于拉丁文最早的正式写法，是教宗额尔略十三世（Gregorio XIII）1576 年 1 月 23 日颁布教谕中的"Machao"。葡萄牙语中，"Macao"实际上是"Macão"脱落了鼻音符号"～"的写法。现知最早出现"Macão"这种形式的档案是哑喏唎归（Gil de Góis）使团秘书若昂·埃斯科巴尔（João Escobar）发表于 1565 年的出使报告②。与哑喏唎归使团同行的安德烈·平托（Ir. André Pinto）修士 1564 年 11 月 30 日函件中作"Amacao"③ 和"amacao"④。葡萄牙语中，"Macao"和"Macão"同"Amacao"和"amacão"。在葡语语音学上，此种现象称"Aférese"（词首字母省略）。词首音节脱落的现象在汉语里也有，阿妈港/亚马港亦可作妈港/马港⑤。

其二，16 世纪曾经居留澳门的意大利传教士利玛窦提道："葡萄牙人首先抵达中国南方的海岸，那里的居民把他们叫做佛朗机（Franks），这是撒拉逊人对所有的欧洲人的称呼。……这种交往持续了好几年，直到中国的疑惧逐渐消失，于是他们把邻近岛屿的一块地方划给来访的商人作为一个贸易点。那里有一尊叫做阿妈（Ama）的偶像。今天还可以

---

① ARSI（罗马耶稣会档案馆），Goa, 10, fls, pp. 349 - 351。
② ARSI, Goa, 38, fl. 69v.
③ ARSI, Jap. - Sin. , 5, fl. 152v, p. 165.
④ ARSI, Jap. - Sin. , 5, fl. , p. 164.
⑤ 吴志良、金国平：《从葡、西早期档案资料探究"澳门"各种书写形式的嬗变》，《澳门研究》2009 年第 52 期。

看见它，而这个地方就叫澳门，在阿妈湾内。"① 这条史料说明，在利玛窦的记述中，可以看到阿妈（Ama）偶像和阿妈湾与澳门的关联。张天泽认为，"既是由于误会也可能是方便的原因，ma-kao 只不过是阿妈澳（A-ma-ao）的缩写，或是广东话 A-ma-ngao（ng 发成重鼻音）的缩写，也就是阿妈湾的意思，阿妈是保佑出海者的女神，在澳门有专门的神庙。因为 A-ma-ngao（阿妈澳）是广东水手常常用来称呼这个港口的熟悉的名字，'a' 只是个首码，可以被省略，所以很有可能葡萄牙人是从他们那里学到这个称呼的。"② 所说有一定道理，大致可从。

其三，郭棐《粤大记》中的《广东沿海图》"香山县部分"，标有"亚马港"的文字注记，旁边还绘有标明为"番船"的两只大船③。此图实际上是《广东沿海图》的 34 幅分图之一，本无图名，有的学者引用时或称作《粤大记全广海图》④，或称作《香山县图》⑤，都不是十分准确。关于《粤大记》的刊成时间，饶宗颐《港九前代考古杂录》（载《饶宗颐史学论著选》）定为成于万历年间，林天蔚《广东方志学家郭棐及其著作考》（《汉学研究》第 3 卷第 2 期）定为刻于万历二十一年至二十四年间（1593～1596 年），黄国声经过严密之考证，确认此书刊刻时间当在万历二十六年（1598）左右⑥。也有学者认为，《粤大记》在万历二十三年（1595）前已刊行，"此书一般被视为一部记载了西元1577 年至 1595 年前已知的广东地方史料"⑦。值得注意的是，国家图书馆藏万历十九年（1591）刻本宋应昌《全海图注》中也收有《广东沿

① 利玛窦、金尼阁：《利玛窦中国札记》，何高济等译，中华书局，1983，第 140 页。
② 张天泽：《中葡通商研究》，王顺彬、王志邦译，华文出版社，2000，第 74 页。
③ （明）郭棐撰，黄国声等点校《粤大记》卷三二《政事类·海防》，中山大学出版社，1998，第 914 页。
④ 金国平：《Macao、Macau 诸名考异》，载《中葡关系史地考证》，澳门基金会，2000，第 1～26 页。
⑤ 郑炜明、黄启臣：《澳门宗教》，澳门基金会，1994，第 6 页。
⑥ （明）郭棐撰，黄国声等点校《粤大记·前言》，中山大学出版社，1998，第 7 页。
⑦ 郑炜明、黄启臣：《澳门宗教》，澳门基金会，1994，第 6 页。

海图》，图的内容与《粤大记》中的《广东沿海图》几乎完全相同，但地图及其文字注记更为清晰，二者之间似有因袭关系（参见图 2 - 1 和图 2 - 2）。究竟何人是《广东沿海图》的第一作者？目前尚难下一定的结论，但《全海图注》既然是万历十九年（1591）刻的，则其中的《广东沿海图》当大致在万历十九年（1591）以前就已成图。关于《粤

图 2 - 1　《粤大记·广东沿海图》"香山县部分"

图 2 - 2　《全海图注》中的《广东沿海图》"香山县部分"

大记》中的《广东沿海图》的成图年代,据汤开建先生考证:"该图绘
于何时,据《粤大记》袁昌祚序,知该书于万历初年即着手编纂,图
中记濠镜澳甚详,上有望下村,下有亚马港,中绘有番人房屋,还称有
陆路至香山县,唯不见万历二年建成的关闸,故推断该图绘于万历二年

之前。图绘成于书前。"① 如果按照这个考证，则《广东沿海图》的成图年代可能更早一些。根据《粤大记》中的《广东沿海图》上的相关资讯，郑炜明考证说："在今天的澳门地区（图中显示为一小岛）上，有濠镜澳一名，右侧印有房屋图像右（引者按：当作若）干，旁注小字'番人房屋'，足证其时葡人已于澳门建有房屋，以供居住之用；再向右则有亚马港一名，相信即今之妈祖阁所在处；按此名足证澳门临海旧有一港名亚妈，故可信葡文澳门古名 Amaquam 应与此名有关，……在亚马港一名再向右有十字门一名，对下印有番船图像及番船二字。所以我们有理由相信葡人最初来到澳门时，只知澳门名亚妈港，故名之为 Amaquam。则亚马港（或亚妈）应为澳门最早见于文献的中文地名。现在流行的澳门外文名字 Macao 或 Macau，很可能只是一种省略法而已。"② 郑炜明先生观察细腻，所论持之有据，是值得重视的。

其四，17 世纪初日本人林罗山所著《林罗山文集》卷一二中有《谕阿妈港》《谕阿妈港诸老》《寄阿妈港父老》诸篇，可见"当时日本人亦称澳门为'阿妈港'。亦当为葡人所称 Amacauo 或 Amaquo 的译音。"③ 另据金国平、吴志良提供的相关信息④，日本史料中涉及亚妈港、阿马港、阿马港诸名的相关记载还有不少，如《古事类苑》⑤ 中提道："亚妈港［入］　修交、讨来舶、漂流、放刑人亚妈港。"⑥ 该书还有关于"亚妈港"的解说："（《书言字考节用集》二乾坤）阿妈港　南蛮种类（《野史》二百九十《外国传》）阿妈巷，或阿马港又亚

① 汤开建：《澳门诸名刍议》，载《澳门开埠初期史研究》，中华书局，1999，第 79 ~ 80 页，注 37。另外，此书第 283 页附图三下的说明云："濠镜澳岛上未见有关闸，大致判定此图应绘制于万历二年（1574）以前。"
② 郑炜明、黄启臣：《澳门宗教》，澳门基金会，1994，第 6 ~ 7 页。
③ 汤开建：《澳门诸名刍议》，载《澳门开埠初期史研究》，中华书局，1999，第 64 ~ 65 页。
④ 吴志良、金国平：《从葡、西早期档案资料探究"澳门"各种书写形式的嬗变》，《澳门研究》2009 年第 52 期。
⑤ 此书为明治十二年（1879）文部大书记官西村茂树建议编纂的类书，明治四十年（1907）编纂工作基本完成，大正三年（1914）三月全部印刷出版，前后花费了 35 年的时间。
⑥ 神宫司厅编《古事类苑》（神宫司厅藏版），大正三年（1914），外交部，第 170 页。

妈巷,《增译异言》或香山澳,……《增译异言》引《支那纪行》往昔此地有神名亚妈,能保护船舶,此地船舶凑会要津也,支那人呼曰俄于港也,因并其神名呼亚妈港,世人促曰妈港或妈谷焉。"① 这些日文史料记载时间稍晚,但揭示了亚妈港与香山澳的关系以及亚妈港的诸多汉文异写。至于日本人所谓的"阿妈港"或"亚妈港"与《粤大记·广东沿海图》中的"亚马港"的关系,可能《广东沿海图》中"亚马港"仅指澳门半岛尾端的港口部分,而不是像西方人或日本人一样以"阿妈港"通指当时的整个澳门②。

其五,在现庋藏于罗马耶稣会秘密档案公馆中的利玛窦与罗明坚合著的《葡中字典》手稿第 170 页反面和第 171 页反面上可以看到"Maguao = 蚝镜澳"③。根据这条资料,金国平先生得出的结论是:"这一资料对于 Macau 一名的考证十分重要,它解决了一个数百年的疑案。也就是说西方语言系统的澳门称谓的确源自《粤大记》中标示的'亚马港',但汉语中与'亚马港'对称的称呼却是'蚝镜澳'。它与汉籍吻合。我国早期载籍称今澳门为'蚝镜'或'蚝镜澳'。这种同地异名情况在澳门现存地名中比比皆是。它反映了澳门这一东西交汇之地最独特的文化融合过程的遗痕。"④ 这一考证,为"(阿)妈港"说提供了更为坚实的证据。

综合来看,目前支持"(阿)妈港"说的证据较为充分,在没有新的有力反面证据提出之前,西文 Macao 或 Macau 的"亚(阿)马(妈)港"说,当是最合理、可信的说法。

二 《广东沿海图》中"亚马港"的方位

"亚(阿)马(妈)港"是西文 Macao 或 Macau 一词的来源,但不

---

① 神宫司厅编《古事类苑》(神宫司厅藏版),大正三年(1914),外交部,第 1197~1198 页。
② 汤开建:《〈粤大记·广东沿海图〉中的澳门地名》,《岭南文史》2000 年第 1 期。
③ 此手稿的庋藏号为 ARSI·Jap-Sin. I, 198,成于 1588 年之前。
④ 金国平:《Macao、Macau 诸名考异》,载《中葡关系史地考证》,澳门基金会,2000,第 1~26 页。

等于说两者是等同的关系。因为西文 Macao 或 Macau 一词既指澳门半岛上的葡人早期居住地，也指当地的港口，而亚（阿）马（妈）港主要是港口名称。汤开建先生分析《粤大记》中的《广东沿海图》上所谓"亚马港"与西文 Macao 或 Macau 关系时认为，"'阿（亚）妈港'一词很明显不是中国人所取的地名，中国人对此地取的中文名是'娘妈角'。西方人则称'阿妈港'，省称为'妈港'，被中国人接受后，又转译成'马交'、'马高'"，并且提出"'亚马港'一名在《粤大记·广东沿海图》上明确标明是澳门半岛顶端的一个港湾，而葡人则将 Amaquo 作整个澳门半岛的名称。"① 所论不尽可取，但据《广东沿海图》所示地名指出了中文"亚马港"与西文 Amaquo 所指地域范围有所不同，还是有一定道理的。

如前所述，关于"亚马港"的具体位置，郑炜明据《粤大记》中的《广东沿海图》"香山县部分"（郑氏称为"香山县图"），"相信即今之妈祖阁所在处"②，而汤开建则明确地说"今澳门半岛南端妈阁庙前的港湾明万历以前就叫做'亚马港'，葡人从这里登陆而知此名，故称这一块地方为 Amacauo，省称则为 Macau"③。另外，吴志良、金国平的论文引述汤开建的研究结论而参以己见，认为"汉籍仅指马阁庙对面水域，而葡语以此泛指整个华人称为'濠镜澳'的澳门半岛"④。其实，无论是郑炜明的"妈祖阁所在处"说，还是汤开建的"今澳门半岛南端妈阁庙前的港湾"说或"澳门半岛顶端的一个港湾"说，抑或吴志良、金国平的"马阁庙对面水域"，似均未必十分准确。

如果细读《全海图注》中的《广东沿海图》"香山县部分"，就可发现一些规律性的现象，今澳门半岛上"濠镜澳"与"番人房屋"这两条文字注记与其中所夹的 6 间房屋图形，实际上共同构成一组，"濠

---

① 汤开建：《澳门诸名刍议》，载《澳门开埠初期史研究》，中华书局，1999，第 65 页。
② 郑炜明、黄启臣：《澳门宗教》，澳门基金会，1994，第 6 页。
③ 汤开建：《澳门诸名刍议》，载《澳门开埠初期史研究》，中华书局，1999，第 64 页。
④ 吴志良、金国平：《从葡、西早期档案资料探究"澳门"各种书写形式的嬗变》，《澳门研究》2009 年第 52 期。

镜澳"表示地名，"番人房屋"表示房屋性质，6 间房屋图形并非确定数目，而是表示房屋较多，其所在的位置实际才真正反映出"濠镜澳"与"番人房屋"的所在。在《广东沿海图》中，"濠镜澳"仅指半岛中部葡人居住区，并不是包括了整个澳门半岛。Macao 或 Macau 在早期也是这样的概念，这可从目前所见的澳门第一张平面图（见图 2 - 3）

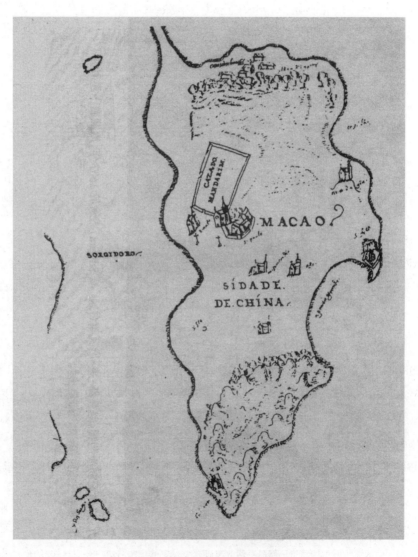

图 2 - 3　澳门第一张平面图

中得到证明。此图为曼努埃尔·戈迪纽德·埃雷迪亚（Manuel Godinho de Erédia）约作于 1615 ~ 1622 年，图中清楚地显示：当时被称为 MACAO 的葡人租住区只是位于澳门半岛中部的一小片地方，约占半岛的 1/4，半岛的西南部及东北部均为中国官方控制的地区①。利玛窦与罗明坚合著的《葡中字典》中说"Maguao = 蚝镜澳"，也说明"濠镜澳"（至少在狭义层面上）也仅指澳门半岛中部葡人居住区。在《广东沿海图》上，"濠镜澳"左侧（即东北方向）标注有"望下村"（即望厦村），字体、字号略同，也可佐证上述推断的不误。

值得注意的是，从《全海图注》中的《广东沿海图》"香山县部分"还可以看到，在"濠镜澳""番人房屋"和六间房屋图形组合的右侧，"亚马港""番船"这两条文字注记与两条大船图形正好也组合成一组，如果按前述地图作者的绘图思路来分析，两条大船的性质就是"番船"，"亚马港"是停泊港名，而两条大船的位置正是港口的具体位置。在此图中，两条大船在文字注记"亚马港"之右侧偏下方一点，考虑到此图是上南下北的方位安排，也可以说真正的"亚马港"是在"亚马港"文字注记的西北方向，如果我们将"亚马港"文字注记的地方判断为今澳门半岛顶端妈祖阁所在处，则当时的港口区当主要在妈祖阁西北一带。从图中周围岛屿名称的分布情况来推测，"亚马港"正是今澳门内港的所在。在过去，妈祖阁对面，尤其是其西南、东南方向，风浪较大，不宜停泊船只，只是内港的入口处，而不是主要的港口区。这一点从有关澳门历史地图中也可得到印证，如在嘉庆十三年（1808）两广总督吴熊光等随折进呈的《澳门图说》（见图 2 - 4）中，在内港一带绘有多条大船，并注明"此系商船湾泊之所"②。嘉庆十四年（1809），两广总督百龄等为筹议控制澳门等事宜奏折中所附《澳门图说》

---

① 纪念葡萄牙发现事业澳门委员会：《澳门：从地图绘制看东西方交汇》（*Macau：Cartografia do Encontro Ocidente-oriente*），东方基金会，第 112 ~ 113 页。

② 中国第一历史档案馆、澳门一国两制研究中心选编《澳门历史地图精选》，华文出版社，2001，第 77 页，图版 46。

（见图 2 - 5）中，也清楚地在内港标明"西洋夷船向泊于此"①。皆说明
澳门内港一直到 19 世纪初仍然是澳门地区主要的港口和商船停泊处。

图 2 - 4　吴熊光等绘《澳门图说》（局部）

① 中国第一历史档案馆、澳门一国两制研究中心选编《澳门历史地图精选》，华文出版
社，2001，第 75 页，图版 45。

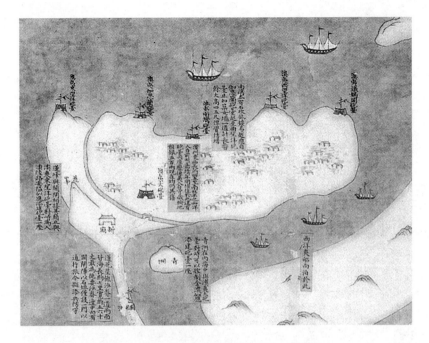

图 2 - 5 百龄等绘《澳门图说》（局部）

第二节 濠镜澳之得名及其相关问题的再探讨

一 濠镜与濠镜澳在史籍中出现之时间

濠镜澳简称濠镜，是澳门半岛最早之名称。或谓濠镜"又名濠镜澳。因为当时舶口可称为'澳'，濠镜也因而被称为濠镜澳。此名第一次见于庞尚鹏1564年（明嘉靖四十三年）的奏稿《陈末议以保海隅万世治安事》中：'广州南有香山县，地当濒海，由雍麦至濠镜澳，计一日之程，有山对峙如台，曰南北台，即澳门也。'"① 实际上，文中提到的地名是"濠镜澳"并非"濠镜"，换句话来说，1564年（明嘉靖四十三年）只是"濠镜澳"在史籍中出现的最早时间。

---

① 吴志良、杨允中主编《澳门百科全书》（修订版），澳门基金会，2005，第570页。

从目前掌握的资料来看，"濠镜"出现的时间当略早一些。

濠镜，本作蚝镜，嘉靖《广东通志》中即有记载：

> 布政司案查得递年暹罗国并该国管下甘蒲沰、六坤州与满刺加、顺搭、占城各国夷船，或湾泊新宁广海、望峒；或新会奇潭，香山浪白、蚝镜、十字门；或东莞鸡栖、屯门、虎头门等处海澳湾泊不一①。

这是中文文献中第一次出现"蚝（濠）镜"之名。黄启臣《澳门通史》引上述文字时有"1561年成书的黄佐《广东通志》写道"②云云，显然是认为"蚝（濠）镜"最早是在1561年见于中国史籍之记载。汤开建的考证略有不同："黄佐将上述布政司文系于林富上疏通番舶之后。查《明实录》，林富上奏请通番舶在嘉靖八年（1529）冬十月，则可知'蚝镜'一名正式出现于文献中在嘉靖八年左右。又见文中所言为'递年'所见，亦可证蚝镜之名的出现已经是嘉靖八年之前的事了。"③此说将"蚝（濠）镜"最早在中文文献中出现的时间上提了32年，已被有些学者所认同④。当然，从嘉靖《广东通志》的有关记载中，我们也可以大致明确，在澳门正式开埠之前，珠江口一带至少有9处澳口有洋船湾泊，其中仅香山县沿海就有3处，而蚝镜仅是其中之一处，并无特别的地方。

濠镜的西文译名Oquem似比其中文本名在史籍中出现的时间还要早一些。据黄启臣考证，"1937年曾发现过葡萄牙亲王阿丰素宫廷的药剂师皮莱斯于1512～1515年东来马六甲、爪哇和柯钦等地侦察东方各国情况后而写成的一本书《远方概览》（*Suma Oriental*）抄本，其中在

① （明）黄佐：（嘉靖）《广东通志》卷六六《外志三》，广东省地方史志办公室誊印本，1997，第1723～1724页。
② 黄启臣：《澳门通史》，广东教育出版社，1999，第6页。
③ 汤开建：《澳门诸名刍议》，载《澳门开埠初期史研究》，中华书局，1999，第67页。
④ 王颋：《"海月"与澳门别称"蚝镜"》，《澳门历史研究》2007年第6期。

第 162 页上记载了濠镜的名字，说'除广州港口之外，另有一港名濠镜（Oquem），陆行三日程，海行一日一夜'。说明在明朝正德年间，濠镜之名已存在了。"① 其中提到的"皮莱斯"，即 Tome Pires，一译作"托梅·皮雷斯"，一译"皮莱资"；《远方概览》（*Suma Oriental*）一书，一译作《东方诸国记》，一译《东方记》，一译《东方简志》。诸家引述之时，译文长短不一，用词也稍有不同，其中汤开建的引文多出"此港是琉球人及其他民族的泊所"② 一句，而金国平在相关论文中的引文则更完整一些，特移录于此，以便进一步讨论时参照："除广州港外，尚有一港名 Oquem。陆程 3 天，水路昼夜可至。此为琉球人及其他国家使用的港口。此外，尚有多处港口，需长篇巨幅方可完述，故不拟在此赘言。本文范围仅至广州，因为它是打开中华王国的钥匙。"③

对于 Oquem 一词所对应的汉语地名，汤开建认为，"根据皮雷斯书中提供的行程，结合当时在广州附近出现港口，再考虑对音关系，不难确定 Oquem 应当是'濠镜'了"④。不过，金国平则有不同的看法，他认为"阿尔曼多·科尔特藏在著名汉学家慕阿德（Arthr Christopher Moulr）的协助下将 oquem 还原为福建。从语音上来分析，考证无误"，并且补充论证说，"《明史》，《食货五》称：'泉州通琉球'，则文中 oquem 港当指泉州。托梅·皮雷斯的写作素材来自口头传说，将'福建'一音移植'泉州'不当为奇"⑤。为了证明这一观点，他还特意征

---

① 黄启臣：《澳门通史》，广东教育出版社，1999，第 6 页。
② 汤开建：《澳门诸名刍议》，载《澳门开埠初期史研究》，中华书局，1999，第 67 页。
③ 阿尔曼多·科尔特藏（Armando Cortesão）：《东方简志》，科英布拉大学出版社，1978，第 368～369 页。译文引自金国平《Macao、Macau 诸名考异》，载《中葡关系史地考证》，澳门基金会，2000，第 15 页。相关译文又见金国平《〈东方简志〉新释》，载《中葡关系史地考证》，澳门基金会，2000，第 142 页，唯 Oquem 一词译作"福建"。
④ 汤开建：《澳门诸名刍议》，载《澳门开埠初期史研究》，中华书局，1999，第 67～68 页。
⑤ 金国平：《Macao、Macau 诸名考异》，载《中葡关系史地考证》，澳门基金会，2000，第 15 页。

引了托梅·皮雷斯记叙琉球的相关文字："琉球人亦称'古螺'。两名均可，但琉球使用较多。其国王为异教徒。所有人为华人国王的贡臣。其岛距（引者按：此字疑误）大，人口众多。有类似中国平底帆船的小船。经常不断地有 3、4 条在中国采买东西。此外，在中国及满刺（引者按：此字疑误）加无其他贸易。有时随同华人，有时单独去福建港进行贸易。它位于中国大地，近广东。之间的航距为一昼夜。"① 得出的结论是："应该特别注意的是'……之间的航距为一昼夜。'与'……水路昼夜可至。'完全吻合。可以说'oquem'实际上为'foquem'的讹略形式。"② 这些新的考证，提出了一些新观点和新资料，但论证却有不尽合理之处，因为由泉州或漳州到达广东东部境界，或许可说"之间的航距为一昼夜"，但要到达广东省城广州，以当时的航运条件而言，"水路昼夜可至"无论如何是办不到的，因此，相比较而言，将 Oquem 对译作"濠镜"似更为可信一些。

二　关于濠镜澳得名的诸种说法

关于濠镜澳之得名，学者之间有不同的看法，甚至可以说争议较大，归纳起来大致有如下几种观点：

1. "规圜如镜"说

其说由来已久，影响较大。清人印光任、张汝霖的《澳门记略》中就记载说："有南北二湾，可以泊船，或曰南环。二湾规圜如镜，故曰濠镜，是称澳焉。"③

---

①　阿尔曼多·科尔特藏（Armando Cortesão）：《东方简志》，科英布拉大学出版社，1978，第 371~372 页。译文引自金国平《Macao、Macau 诸名考异》，载《中葡关系史地考证》，澳门基金会，2000，第 16 页。

②　金国平：《Macao、Macau 诸名考异》，载《中葡关系史地考证》，澳门基金会，2000，第 16 页。可参见金国平《〈东方简志〉新释》，载《中葡关系史地考证》，澳门基金会，2000，第 149~150 页。

③　（清）印光任、张汝霖著，赵春晨点校《澳门记略》卷上《形势篇（潮汐风候附）》，广东高等教育出版社，1988，第 2 页。

"规圜如镜"何以就"故曰濠镜"？《澳门记略》的作者没有讲明白。实际上，"濠镜"本当作"蚝镜"，"濠"字是"蚝"之雅化。澳门史前辈学者戴裔煊解释说："蚝镜是蚝的外壳的一部分，平滑如镜，故名。广东沿海一带地方，往日妇女裁衣服时，常用蚝镜画白粉线在布上为尺寸长短记号。显然，蚝镜澳的得名是因其形似蚝镜之故。把'蚝'写作'濠'或'壕'与镜连用，在文字上是没有什么意义的。可能因嫌其原名不雅驯而改写作'濠'，遂习非成是。"① 今人多有从此说者②，《澳门百科全书》"濠镜"条更有推陈出新之论述："濠镜，本作蚝镜，原为澳门的本名。其得名是因为澳门半岛东、西两侧各有环形海湾（后经多次填海拓地，现在海岸线已渐趋平直），每当风平浪静的月明之夜，海水泛着银光，平滑如镜，好像牡蛎外壳的内壁一样。澳门及其附近盛产牡蛎，粤语叫蚝，其壳的内壁平滑光亮如镜，人称蚝镜。澳门遂以此得名。……从濠镜一名，后来又引申出濠江、海镜、镜海、镜湖等一连串澳门的别名。"③ 然则此种说法将"蚝镜"理解为"蚝（牡蛎）"之外壳如"镜"，似不尽合于事实。据《辞海》的释文："牡蛎（Ostrea）简称'蚝'。瓣鳃纲，牡蛎科。壳形不规则，大而厚重；左壳（或称下壳）较大较凹，附着他物；右壳（或称上壳）较小，掩覆如盖。"④ 可见，"蚝（牡蛎）"之"壳形不规则，大而厚重"，不可以"平滑如镜"一词当之。正因如此，此说既出，就引来不少批评意见。如成长于澳门的台湾学者李德超就指出，此说"乃扪烛扣盘，臆测之说而已"⑤。

① 戴裔煊：《〈明史·佛郎机传〉笺正》，中国社会科学出版社，1984，第53页。
② 赵春晨：《澳门记略校注》，澳门文化司署，1992，第221页；黄启臣：《澳门历史》，澳门历史学会，1995，第7页。
③ 吴志良、杨允中主编《澳门百科全书》（修订版），澳门基金会，2005，第570～571页。
④ 辞海编辑委员会编《辞海（1997年版）缩印本》，上海辞书出版社，1980，第1444页。
⑤ 李德超：《澳门得名由来与葡人之初来地为大门考》，载香港珠海文史研究会主编《罗香林教授纪念论文集》，新文丰出版公司，1993，第492页。

不过，对于《澳门记略》的"规圜如镜"说，还有另外一种阐释。谭世宝先生考证云："今澳门的妈阁庙山上仍有清张玉堂所书'海镜'的摩崖石刻，在氹仔天后宫附近海边巨石上也刻有'海镜'二字。……因此，澳门之所以有海镜及濠镜之称，当因为海、濠音义皆相近而互通。作蚝则音近似而义远离，故为讹转。澳门半岛有南北二湾，与海镜之壳两片相合成形如镜圆相类，故名之为海镜，音转为濠镜。如《澳门记略》对澳门半岛中的'濠镜'地名的解释，最为正确，唯惜未明言濠与海的关系。"① 此论观点新颖，但也存有不少疑问，有学者即针对性地指出："姑不论作者所云'蚝镜'显然是'海镜'毫无依据，即就摩崖上的'澳镜'字样来说，也并不一定是澳门名号的反映，而更可能是对眼前景色的写照，义为'平海如镜'；正因如此，才会有半岛和与之隔海峡相望的氹仔等地不止一次地出现。而摩崖'澳镜'二字，即使真是澳门的称呼，也出现时代过晚，如何能'音转'为较之出现早得多的'濠镜'、'蚝镜'呢？"② 可见，谭世宝先生的新说也是可以商榷的。

2. 出产"蚝镜（海月）"说

"规圜如镜"说虽然见于《澳门记略》，并有不少学者进行了阐发，但也有学者认为此说今人"分析起来似乎很有道理"，但却有"望文生义"之嫌。按《永乐大典》卷 11907 引《广州府志》云："沙螺，一名西施舌，其味亚于香螺。惟番禺县沙湾村所产香螺、蟛、龟脚螺、刀鞘螺、脂甲螺、鹦鹉螺、拍掌螺、红螺、马甲柱、蚝镜、瓦屋（即蚶也），比东海者稍大。"③ 汤开建先生据此分析说："这条材料明确指出，'蚝镜'本身就是一种动物，同香螺、红螺、马甲柱一样，都是水生动物。清人张心泰《粤游小志》亦称：'粤产蚝镜，取饰窗户，可代玻璃，谓之明瓦。'据此可知上述对蚝镜的解释完全是望文生义。而蚝镜澳得名

---

① 谭世宝：《濠镜澳、澳门与 Macao 等的名实源流考辨》，载《澳门历史文化探真》，中华书局，2006，第 198～199 页。

② 王颋：《"海月"与澳门别称"蚝镜"》，《澳门历史研究》2007 年第 6 期。

③ 《永乐大典》（第九册），中华书局影印本，1986，第 8431 页。

应是指澳门附近因产'蚝镜'这一水生动物而得名。"① 王颋先生亦撰文力证此说，认为"这一澳门附近所产的'水生动物'就是'海月蛤'亦'海月'。由'海月'的别名'蛎镜'之'蛎'，今'南土'人呼作'蚝'，于是，'蛎镜'也就被称作'蚝镜'。……早在东晋之际，'海月'就已是'东莞县'前身'东官郡'的主要海产之一。也就是说：澳门之出产'蛎镜'亦'蚝镜'，由来已久"②。但据《辞海》之释文："海月（Placuna placenta）：也称明窗。瓣鳃纲，不等蛤科。贝壳近圆形，极扁平，薄而透明。放射肋及同心生长线极细密。壳面白色，壳顶微紫色；壳内面白色，有云母光泽。产于暖海中，五至六月间产卵。我国东南沿海常见。肉可食；贝壳古代建筑用来嵌门窗，以透光线。《文选·郭璞〈江赋〉》：'玉珧海月，土肉石华。'李善注引《临海水土物志》：'海月大如镜，白色正圆。'"③ 可见此物我国东南沿海一带均有之，不独产于澳门半岛一带沿海。另外，"蚝镜"一词最早见于《永乐大典》卷11907引《广州府志》中，但据上面之引文可知，原文说的是"番禺县沙湾村所产"者，并不涉及香山县之澳门。如此说来，出产"蚝镜（海月）"说虽为新出之说，但可信度尚不及"规圜如镜"之旧说。

3. 出产"海镜"说

此为金国平、吴志良先生之新说。其《"蚝镜"与"海镜"》一文中考证云"澳门诸名之一的'海镜'亦为一动物"④，而《广东"蚝镜"与台湾"蚝镜"》一文又云："首先我们知道了蚝镜的正名为海月。其次，蚝镜与海镜为一物，同为海月的异称。大概从明代起，已有用海镜盛放膏药的习俗，故有'膏菜盘'之称。……澳门曾广泛流行明瓦窗，在某些古老房屋上至今仍保存此种建筑风格。澳门还有一种中葡结

---

① 汤开建：《澳门诸名刍议》，载《澳门开埠初期史研究》，中华书局，1999，第66页。

② 王颋：《"海月"与澳门别称"蚝镜"》，《澳门历史研究》2007年第6期。

③ 辞海编辑委员会编《辞海（1997年版）缩印本》，上海辞书出版社，1980，第941页。

④ 金国平、吴志良：《"蚝镜"与"海镜"》，载《镜海飘渺》，澳门成人教育学会，2001，第228~230页。

合的明瓦窗，在半圆形的窗眉部分使用中国传统的明瓦装饰采光，而其下部则装置了由葡人传来的木质百叶窗。"①　此说也有不足之处，其一如王颋先生所指出的那样，"'蛎黄'、'蚝光'，本来就与'蚝'亦'蛎'有关。所以作者是将'海镜'、'海月'亦'蚝镜'、'蚝'混为一谈"②；其二就其所论述情形而言，"海镜（膏菜盘）"是"崖州产者佳"，而明瓦窗之建筑风俗，也不独澳门有之，"粤、闽、浙一带沿海小城镇，至今仍有许多较古老的房屋窗嵌明瓦"，所以此说与前述出产"蚝镜（海月）"说一样，未揭示出"蚝镜澳"是因为"出产海镜"而得名的直接证据，因而同样难以取信于人。

　　4. 多种得名说

　　《澳门百科全书》是多种得名说的主要代表者。此书如上引文所说，是持"规圜如镜"说的，但同时又认为濠镜是"澳门的别名。蚝镜或海镜为一海洋生物，学名曰月贝。澳门水域产量丰富，因而得名。"③　这就是说，此书的作者是同时采用了"规圜如镜"说和出产"蚝镜或海镜"说。此说实际上是将诸说杂陈同一词条释文之中，未加斟酌取舍，令人莫衷一是。

三　濠镜澳最早名作"南湾/南环"考

　　关于濠镜澳之得名，笔者是赞同"规圜如镜"说的，即同意谭世宝"《澳门记略》对澳门半岛中的'濠镜'地名的解释，最为正确"这个基本论断。笔者又与谭世宝先生的观点稍有不同，即在"濠与海的关系"上，不同意其"澳门半岛有南北二湾，与海镜之壳两片相合成形如镜圆相类，故名之为海镜，音转为濠镜"之说法，而认为濠镜澳盖因"规圜如镜"，与蚝镜（海月）贝壳近圆形相类而得名。要论证

---

①　金国平、吴志良：《广东"蚝镜"与台湾"蚝镜"》，载《镜海飘渺》，澳门成人教育学会，2001，第231～239页。

②　王颋：《"海月"与澳门别称"蚝镜"》，《澳门历史研究》2007年第6期。

③　吴志良、杨允中主编《澳门百科全书》（修订版），澳门基金会，2005，第570页。

这个新的观点，得从濠镜澳的最早的名称谈起。

前引清人印光任、张汝霖的《澳门记略》有云："有南北二湾，可以泊船，或曰南环。二湾规圜如镜，故曰濠镜，是称澳焉。"① 这几句话亦可断句为："有南北二湾，可以泊船。或曰南环二湾，规圜如镜，故曰濠镜，是称澳焉。"考虑到《澳门记略》的首段文字中即有"濠镜澳之名，著于《明史》。……或曰澳门有南台、北台，两山相对如门云。"② 则后一种断句更为合理一些。

无论如何断句，《澳门记略》的相关文字实际上提示了当时濠镜澳（澳门）原有一个名称叫做"南环"，这一点素未引起学者的丝毫注意。

由于《澳门记略》中提到濠镜澳（澳门）"有南北二湾"，同时又说濠镜澳（澳门）"或曰南环……"云云，极容易使人误认为这里的"南环"即"南北二湾"中之南湾。如已故澳门掌故专家王文达曾云："考南湾，在澳门之南，当未填海时，真是一湾如眉，风景绝佳，所以又称南环。'澳门纪略'云：'南环二湾，规圜如镜。'又据'广东新语'，屈翁山之'澳门篇'有云：'濠镜在虎跳门外，去香山东南百二十里，有南北二湾，海水环之。'"③ 这个考证显然有误，因为《澳门记略》明确说濠镜澳（澳门）"有南北二湾"，并且这"南环二湾，规圜如镜"，显然是不能以今人通常所说的澳门南湾当之的，当时的"南环"当别有所指。

实际上，濠镜澳最早的名称当作"南环"，《澳门记略》的"南环"之"南"，不是位于澳门之南的意思，而是相对香山县城而言的。"南环"亦作"南湾"，除印光任、张汝霖的《澳门记略》记载濠镜澳（澳门）"或曰南环"以外，同治六年（1867）以前绘制的《广东水师营兵驻防图》香山南部沿海，即澳门半岛之西北的海湾，标有"南湾"二字，所

① （清）印光任、张汝霖著，赵春晨点校《澳门记略》卷上《形势篇（潮汐风候附）》，广东高等教育出版社，1988，第 2 页。

② （清）印光任、张汝霖著，赵春晨点校《澳门记略》卷上《形势篇（潮汐风候附）》，广东高等教育出版社，1988，第 1 页。

③ 王文达：《澳门掌故》，澳门教育出版社，1999，第 275 页。

指显然是一地。《广东水师营兵驻防图》的香山东南部沿海，即澳门半岛之东北的海湾，又标有"东湾"二字，大概也是因方位而得名。

濠镜澳属于香山县，故早期有"香山濠镜澳"之说法，简称"香山澳"。所谓"南环"或"南湾"，盖亦"香山南环"或"香山南湾"之简称，从地域范围上讲，实指香山县南境的前山一带沿海山地与澳门半岛和对面山（湾仔）共同包围起来的湾澳，与澳门半岛南北二湾是部分重叠关系，即澳门半岛之北湾（后来湮没不存）是其重点部分，而澳门半岛之南湾（后来因填海又分出一个西湾）则不在其间。

在澳门正式开埠以前，香山之"濠镜澳"与"南环"或"南湾"当为同义语，外国人又称之为"阿妈澳"。本指湾澳而言，并不包括陆地部分。至于以"濠镜澳"代指澳门半岛的陆地，当是澳门半岛在开埠之后，居民日众、商业逐渐发达的缘故。在"濠镜澳"代指葡人聚居的澳门半岛之后，"香山濠镜澳"中的"香山"二字就变得可有可无，甚至因为澳门半岛之南湾重要性的增加，而使得"香山南环"或"香山南湾"之名也不再彰显，只在《澳门记略》和《广东水师营兵驻防图》等极少数的文献中有些许的反映。

由于不明白这个道理，不少学者对《澳门记略》的相关记载无法理解，往往断章取义，甚至不惜改动原文以适应自己的论证需要。粗略地归纳，大致分为以下几种情况：

其一，改"南环"为"南北"。如《港澳大百科全书》的"濠镜澳"词条即云："乾隆年间出版的《澳门纪略》则言：'濠镜之名，著于《明史》。东西五六里、南北半之，有南北二湾，可以泊船。或曰南北二湾，规圆如镜，故曰濠镜。'"[1]《澳门大辞典》的"濠镜"词条引文略同，又将"规"字误作"夫"字[2]。不仅遗漏了"著于《明史》"与"东西五六里"之间的数百字，损失原文语义，而且改"南环"为

---

[1]　港澳大百科全书编委会编《港澳大百科全书》，花城出版社，1993，第649页。

[2]　黎小江、莫世祥主编《澳门大辞典》，广州出版社，1999，第59页。

"南北"，显然是误断原书中的"南环"是错讹之记载。

其二，改"南环二湾"为"南环"。如黄文宽《澳门史钩沉》引《澳门记略》有云"南环规如镜"①，不仅遗漏"南环"后面的"二湾"二字，而遗漏了"规圜"二字中的"圜"字，粗疏特甚。

其三，改"南环二湾"为"南环一湾"。如林子昇《十六至十八世纪澳门与中国之关系》一书引《澳门记略》云："东西五六里，南北半之，有南北二湾，可以泊船。或曰：南环一湾，规圜如镜，故曰濠镜。"② 显然是将"南环"理解为澳门半岛的"南湾"，故不惜改"二"为"一"，以适应自己的论证需要。

四 从"南湾/南环"的形状推测濠镜澳的得名

在澳门正式开埠以前，香山之"濠镜澳"与"南环"或"南湾"即为同义语，则可从"南湾/南环"的形状，进一步推测濠镜澳的得名的缘由。

林子昇改动《澳门记略》的文字固然不妥，印光任、张汝霖的"南环二湾，规圜如镜，故曰濠镜，是称澳焉"之说也并非无懈可击。如果仅以澳门半岛的南北二湾而言，虽然皆为半圆形，但二湾相背，不可能形成"规圜如镜"的形状。如此说来，费成康所谓"这一半岛的南部有南北两个海湾，'规圜如镜'，故被命名为蚝镜。"③ 同样也无法成立。

其实，"濠镜澳"本名既然作"南环"或"南湾"，则其得名当与澳门半岛东南侧之"南湾"的形状无涉，而应当从澳门半岛以西北的"南环"或"南湾"的形状进行思考。

从同治六年（1867）以前绘制的《广东水师营兵驻防图》（见图2-6）中可以明显看到④，香山"南湾"的北、东、西三面分别由前山

---

① 黄文宽：《澳门史钩沉》，澳门星光出版社，1987，第198～199页。

② 林子昇：《十六至十八世纪澳门与中国之关系》，澳门基金会，1998，第21页。

③ 费成康：《澳门四百年》，上海人民出版社，1988，第1页。

④ 中国第一历史档案馆、澳门一国两制研究中心选编《澳门历史地图精选》，华文出版社，2001，第84页，图版51。

陆地、澳门半岛或对面山岛围绕，南面直接大洋，但开口较小，其形状大致符合"规圜如镜"之说法。

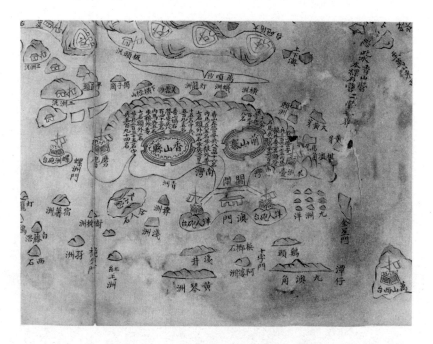

图 2-6 《广东水师营兵驻防图》（局部）

香山"南湾"之所以又称"南环"，也以形而得其名。印光任《南环浴日诗》云："海岸环如抱，新潮浴渴乌。镕金看跃冶，丹药走洪炉。舟泛桃花味，龙盘赤水珠。蛮烟顿清廓，万象尽昭苏。"[①] 其中的"海岸环如抱，新潮浴渴乌"二句，章文钦解释说："南环海岸形成一道弧形的湾环，拥抱着大海；一轮红日在新涨的海潮中冉冉升起。"[②] 所释南环海岸为"一道弧形的湾环"，似理解成了澳门半岛的南湾。实则，香山南环本身就近似圆环形。又，《临海水土物志》称"海月大如

---

① （清）印光任、张汝霖著，赵春晨点校《澳门记略》卷上《形势篇（潮汐风候附）》，广东高等教育出版社，1988，第2页。
② 章文钦笺注《澳门诗词笺注·明清卷》，珠海出版社、澳门特别行政区政府文化局，2003，第124页。

镜，白色正圆"①，而海月为蚝镜之异称。很明显，濠镜澳当得名于香
山南湾或南环之形状，而不是得名于南环的南北二湾之形状（见图 2 -
7 ~ 图 2 - 9）。

图 2 - 7 《澳门记略》中的《正面澳门图》（左）

---

① 《太平御览》卷 942 引，中华书局影印宋刊本，1963，第 4189 页。

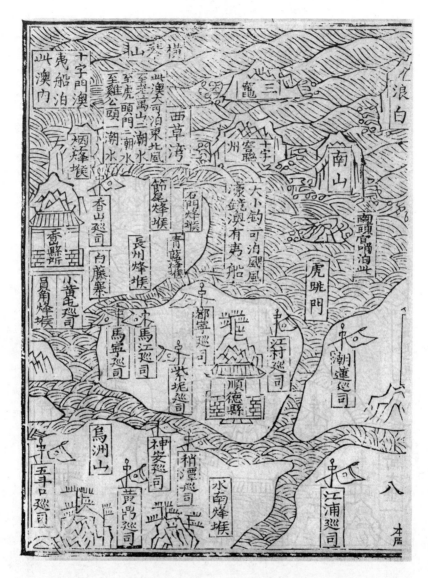

图2-8　《苍梧总督军门志》中的《全广海图》局部（1）

　　大致由明入清以后，随着澳门半岛的开发，澳门南湾的影响已超过原来的香山南湾，致使后者地名不显，甚至被人们所遗忘。至少在印光任、张汝霖编纂《澳门记略》之时，已不明旧日"南环"之所指，故而产生了误说。谭世宝先生考证说："澳门半岛有南北二湾，与海镜之

壳两片相合成形如镜圆相类，故名之为海镜，音转为濠镜。"① 其所受
《澳门记略》的错误说法影响较大，未必可作定论。

图 2 – 9　《苍梧总督军门志》中的《全广海图》局部（2）

---

①　谭世宝：《濠镜澳、澳门与 Macao 等的名实源流考辨》，载《澳门历史文化探真》，中
华书局，2006，第 199 页。

第三节　近代西方文献所记广州城西南的
"澳门航道"（Macao passage）

一　西方文献中通常所说的"澳门水路"（Macao Road）

"澳门水路"，又作"澳门水道"或"澳门航路"，在西方著述通常写作 Macao Road，顾名思义，通常即是指出入澳门的海上航行路线，尤其是指澳门半岛东南侧与氹仔岛之间的航路。在现藏澳门旅游娱乐有限公司由詹姆斯·库克船长（Capt. James Cook）于 1780 年所绘制的铜刻版《氹仔及澳门全图》（*SKECH of the TYPA and MACAO*）上，即清楚地在相应的位置标注有 Macao Road 字样（见图 2 - 10）①。

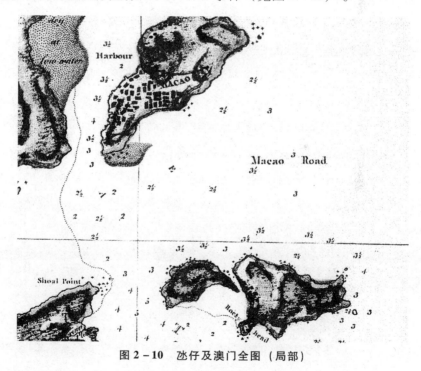

图 2 - 10　氹仔及澳门全图（局部）

---

① 中国第一历史档案馆、澳门一国两制研究中心选编《澳门历史地图精选》，华文出版社，2000，第 73 页。

澳门半岛西南侧的航路，即对面山与大、小横琴岛之间的航路，一般称为马骝洲水道，与"澳门水路"略有区别。15～16世纪，一个葡萄牙领水员从澳门至日本丰后（Bungo）的航行志中记载说，某年的"6月19日，星期六，我们离开了澳门水道西侧那个称为蚝田（Outeas）的岛屿，扬帆驶向满剌加海舶抵达使用的那个入口"。这里所说的"蚝田（Outeas）"和"那个入口"，金国平分别注释为"对面山"和"十字门"①，这显示出"澳门水道"应当是在"对面山"以东，亦即是在马骝洲水道的东面。

"澳门水路"或"澳门水道"仅指澳门半岛东南一带的水路，这还可以从其他西方文献中找到更多的证据。如马士在《东印度公司对华贸易编年史》中提到，英国商船"归来号"于1674年9月5日"离开澳门水路；14日在三灶及横琴之间航行，然后下令'航往浪白澳'"②。这条史料显示，"在三灶及横琴之间航行"就已算作是"离开澳门水路"。1797年，"十七艘船的船队于6月16日离开老万山群岛，在19日即遇台风，以致船队分散，'博达姆号'（Boddam）损害严重，决定驶回修理，并由快艇'新月号'随伴。该两船于7月7日到达南丫岛（Grand Lema），24日碇泊澳门航路附近；27日又刮台风，'新月号'被吹出海，它返回时丧失前桅和船头斜桅"③。1806年，英国商馆为了防止海盗，将双桅船"羚羊号"在孟买改装成为巡洋舰，于5月5日驶抵澳门，9月间，葡萄牙当局明令"羚羊号"离开潭仔碇泊所，"羚羊号"虽然不准驶入澳门口岸，但仍继续活动，10月20日的记载称："今天早上，有一队海盗船艇驶经〔澳门〕航路，但经'羚羊号'开了几炮后，它们全速向东面驶去。"④

---

① 金国平编译《西方澳门史料选萃（15～16世纪）》，广东人民出版社，2005，第43页。

② 〔美〕马士：《东印度公司对华贸易编年史（1635～1834年）》（第一、二卷），中国海关史研究中心组、区宗华译，林树惠校，中山大学出版社，1991，第43页。

③ 〔美〕马士：《东印度公司对华贸易编年史（1635～1834年）》（第一、二卷），中国海关史研究中心组、区宗华译，林树惠校，中山大学出版社，1991，第608页。

④ 〔美〕马士：《东印度公司对华贸易编年史（1635～1834年）》（第一、二卷），中国海关史研究中心组、区宗华译，林树惠校，中山大学出版社，1991，第31页。

这后面的两则史料则说明当时人们所说的"澳门水路"（Macao Road）的确是仅仅指澳门半岛东南侧的水路。

当然，西文 Macao Road 中的 Road 一词，或可作别解。光绪《重修香山县志》引英国金约翰（John. W. King）《海道图说》（*The China Pilot*）云：

> 澳门可泊船处，曰沙沥。西面潮退尽时，仅深三拓。近东界与三角岛间，深四拓半至五拓，泥土甚松，抛锚恒易埋没。若船体入水过深入者，可距澳门三里半至五里向西偏北与西西之向，相距四里至五里，潮退尽时，深四拓半之处，较便停泊。若船体入水不及十八尺者，视澳门为西西北之向，距十字门一里半，即可停泊。值西南恒风时，船体小者，可近十字门口南角潮退尽深约三拓之处停泊，即于九澳北面稍向内停泊亦可。若值东北恒风时，于北岸近九澳与澳门间，探得水深三拓至三拓又四分拓之一，对沙岸间停泊亦可（澳门停泊处）①。

上引文字中的首句中"沙沥"一词，金国平先生撰文解释说："葡语作'Rada（锚地）'。英语作'Road'，参见 *The China Pilot*, pp. 15, 16 及 *The Chinese Commercial Guide*, p. 12。"② 这是一个新的理解，可资参考。然而，从上引文来看，所谓的"沙沥"有好几处，其具体位置似均与《氹仔及澳门全图》（*SKECH of the TYPA and MACAO*）上标注的 Macao Road 有一定出入。

不过，笔者在这里想要特别强调的是，在近代西方文献记载中，除

---

① 田曜明主修，陈澧等纂（光绪）《重修香山县志》卷八《海防》，学生书局，1985，第 568～569 页。

② 金国平：《西方近代水文资料译文对澳门方志的影响》，《澳门研究》2009 年第 54 期。

了澳门半岛东南侧的"澳门水路"（Macao Road）以外，在广州城西南方向还有一条被称为"澳门航道"的航路，极易与前者相混，需要专门地进行研究。

二　西方文献所记广州城西南的"澳门航道"（Macao Passage）

美国人亨特所著《旧中国杂记》着重记述了作者关于鸦片战争以前中国方面情形的见闻，其中涉及当时广州城西南的"澳门航道"问题："中国的农历新年，大家都放假。旧中国的外国侨民中的年轻成员，在那美好的日子里，总会趁机到各个花园去游览，并在该处吃饭。那些花园叫做花地（Hwa-Te），就在珠江一条支流的河口，离澳门航道（Macao Passage）不远。"① 这里所谓的"澳门航道"（Macao Passage）明显不是在澳门附近，而是在广州城西南的花地一带。章文钦先生校注云："白鹅潭以南的珠江后航道，为当年外国商馆的成员乘艇从番禺、顺德、香山的内河水道前往澳门的必经之路，西人称为澳门航道。"② 此一解释相当明确，大致是不错的，这可从《旧中国杂记》中找到更多的证据。亨特在此书中又记述说："广州的南郊，沿着所谓的澳门航道，有重型帆船战船把守。兵船作三层排列，停泊在整个江面上，露出船沿，在凤凰岗炮台（Te-To-Tum Fort）的正下方。这样灵活部署的用意在于他们可以控制从南边水路来的任何东西。再往下游大约四五英里，河道就被数以百计的叛船所占据，大部分是被掠来的商船。这些'小舰队'之间，不分白天黑夜，常常发生一些无害的交火，吵闹声不息，但毫无结果。"③ 这里提到了"澳门航道"是在

---

① 〔美〕亨特:《旧中国杂记》，沈正邦译，章文钦校，广东人民出版社，1992，第7页。
② 〔美〕亨特:《旧中国杂记》，沈正邦译，章文钦校，广东人民出版社，1992，第7页，校注②。
③ 〔美〕亨特:《旧中国杂记》，沈正邦译，章文钦校，广东人民出版社，1992，第94~95页。

凤凰岗炮台附近，而凤凰岗正与花地隔江相对，可见洋人所谓的"澳门航道"，就是白鹅潭以南的珠江后航道（即珠江南水道，旧时又称省城南河）。这个观点，也可从当时的外文地图中得到印证，如在一幅出版于 1845 年、名作 *Map of CANTON RIVER*（《广州河地图》）的英文地图的附图 *Part of CANTON RIVER*（《广州河部分》）中（见图 2-11）[1]，清楚地显示出，白鹅潭以南的珠江后航道确实被外国人称为"澳门航道"（Macao Passage），而其东南侧的炮台则被称为"澳门炮台"（Macao Fort）。在另一幅反映当时广州附近河道情况的名作 *PEARL RIVER LEADING TO CANTON*（《通往广州的珠江》）（见图 2-12）的地图中，相关地名有更为清晰的标绘[2]。这些外国人所绘的地图提醒我们，在光绪十三年（1887）以后、由清代兵部七品京官程鹏所绘的《沿海七省口岸险要图》之《广州口图上》中所标注的"马口""马口炮台""马口溪"中的所谓"马口"[3]，大概正是洋文"Macao"一词的音译。

　　大概是因为"澳门航道"江面宽阔，水又较深，所以不仅其北口一带江面上可布置大量清军的"重型帆船战船"，南面河道上也可停泊"数以百计的叛船"。当然除了清军战船和参加太平军起义的"叛船"在"澳门航道"停泊以外，外国侵略者也不甘于落后，据亨特所记，"当英国军队在 1841 年开到广州城外时，人民的好奇心异乎寻常。房屋顶上、江边的街上，到处挤满了大群的中国人，都要争睹这群奇怪的魔鬼。当英国船只停泊在城市前面通澳门水道上靠近水面的

---

① 该图收录于 James Orange ed. , *Chatercollection Pictures Relating to China* , Hongkong , Macao , *1655-1866*, London：Butterworth, 1924, p. 142。此据暨南大学古籍所叶农博士提供的电子图件，特此致谢。

② *Foreign Mud* , *Being an Account of the Opium Imbroglio at Canton in the 1830's and the Anglo-Chinese War that followed /Collis , Maurice* , London：Faber Paper, p. 39。此据暨南大学古籍所叶农博士提供的电子图件，特此致谢。

③ 中国第一历史档案馆、广州市档案局（馆）、广州市越秀区人民政府编著《广州历史地图精粹》，广州大百科全书出版社，2003，图版 37《广州口图上》。

**图 2 - 11　《广州河地图》（*Map of CANTON RIVER*）附图
《广州河部分》（*Part of CANTON RIVER*）（局部）**

说明：图中的 CANTON 即广州，HANAN（HONAM）即广州城南珠江南岸的河南（岛），GOUGH I.，在光绪年间程鹏所绘《沿海七省口岸险要图·广州口图上》中译作"高佛洲"。

地方时，它们的图形被刻在木板上，印成无数份，在城里城外到处贩卖，每张不到半个便士。"① 另外，亨特还提到，1841 年 3 月，他与同事"在澳门航道上，离商馆两三海里，在船上吃饭的时候"，皇家炮舰"摩底士底号"（Modeste）舰长艾尔斯（Captairs Harrg Eyres）曾向他讲述过一个关于中国人夜间用一些燃烧着的大木筏攻击英国军舰

---

① 〔美〕亨特：《旧中国杂记》，沈正邦译，章文钦校，广东人民出版社，1992，第 203 页。

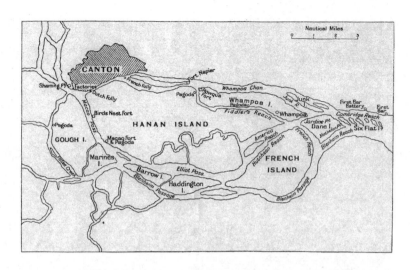

图 2 – 12　《通往广州的珠江》（*PEARL RIVER LEADING TO CANTON*）

　　说明：图中的 CANTON 即广州，HANAN ISLAND 即广州城南珠江南岸的河南岛，Whampoa 即黄浦，FRENCH ISLAND 即法国人岛，Haddington 在光绪年间程鹏所绘《沿海七省口岸险要图·广州口图上》中译作"哈停登州"。

的故事①。

　　亨特还著有《广州"番鬼"录》一书，主要描述在 1844 年中美《望厦条约》签订以前，外商在广州口岸行动的情形，同样也涉及广州城西南的"澳门航道"："驳艇经常经由被称为'澳门航道'的水道，这是珠江的一条宽阔的支流，离商馆西面约半海里，流向正南；驳艇鱼贯驶进商馆时，浩浩荡荡，很是壮观。"② 从文字描述可以看出，这里所谓的"澳门航道"与《旧中国杂记》所说的"澳门航道"完全是一致的，所以译者所作的注即称："即白鹅潭以南的珠江后航道。"③

　　西方文献中的 Macao Passage，一汉译作"澳门道路"。《澳门新闻

---

①　〔美〕亨特：《旧中国杂记》，沈正邦译，章文钦校，广东人民出版社，1992，第 206 ~ 207 页。

②　〔美〕威廉·C. 亨特：《广州"番鬼"录——缔约前"番鬼"在广州的情形，1825 ~ 1844》，冯树铁译，骆幼玲、章文钦校，广东人民出版社，1993，第 60 页。

③　〔美〕威廉·C. 亨特：《广州"番鬼"录——缔约前"番鬼"在广州的情形，1825 ~ 1844》，冯树铁译，骆幼玲、章文钦校，广东人民出版社，1993，第 60 页，注①。

纸》在记述珠江口一带地理情况时也提道："因此处之河口甚多，我等不能得全知之，即在中国人亦名之为万岛，各色本地船只出入不少，我等诚望封港之兵足可以保守之。虎门乃系本地船只到广东省城最近之路，河道亦宽大，直通至塾头，为外国船只到省之独一条路；又有一河道名为澳门道路，为外国人坐驾本地船在广东省城所必由之路。此外在各岛中，尚有河道甚多，珠江所分之枝，即系不少，其河口多系在澳门之西，内有一河，直通广东省城邻近最富盛之佛山镇。珠江河之最大河口，多系在虎门东边，大约有七、八十里长，所以必须要大兵严守之。"① 所说"澳门道路"，当即 Macao Passage 之汉译。唯此种译法，不见水路特色，故而从之者不多。

"澳门航道"不在澳门，而在广州，这难免要让不少人感到诧异，其实当时的洋人之所以要将广州白鹅潭以南的珠江后航道称为"澳门航道"，乃取其通往澳门之义。亨特所著《旧中国杂记》卷首有一幅《十三行商馆平面图》（见图 2-13），就明确地在白鹅潭以南的珠江后航道标注有"往澳门"三字，而在广州城正南的珠江河道（即珠江前航道或北水道，旧时又称省城北河）上标注有"往黄埔"三字，这就颇能说明一些问题。在亨特的笔下，通往黄埔的珠江前航道被称为"中国帆船河道"或"大帆船河道"，他曾描述说，"从 1825 年直到《南京条约》签订的 1842 年为止，河南那边的江边总是停满了一排一排的航海的中国大帆船，大约绵延一英里半的距离"，"紧靠这些中国帆船的停泊处的下游，就是江面开阔的'中国帆船河道'（Junk River），江面豁然开朗。这条河道流过黄埔岛的北边，而磨碟沙涌则流过岛的南边，两条水道都通往外国商船的破泊所，船上的小艇往返广州时也走这两条水道"②；另外，有一次广州地区发生了比较大的动乱，

---

① 《澳门六月二十七日新闻纸（即中国五月二十八日）》，载中国史学会主编《鸦片战争》（二），上海人民出版社、上海书店出版社，2000，第 487 页。

② 〔美〕威廉·C. 亨特：《广州"番鬼"录——缔约前"番鬼"在广州的情形，1825~1844》，冯树铁译，骆幼玲、章文钦校，广东人民出版社，1993，第 22~23 页。

亨特与小 A. H. 租用 P. S. F. 先生的纵帆快艇"亚塔兰塔号"（Atalanta），由"澳门航道"顺流而下到达黄埔进行考察，然后又从黄埔"进入广州近旁的大帆船河道"，返回自己的住处①。

十三行商馆平面图

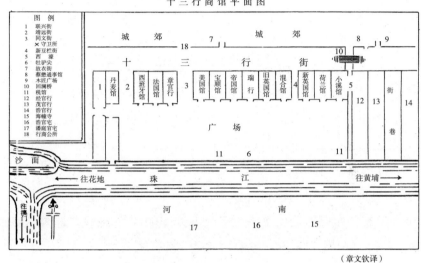

（章文钦译）

图 2 - 13 十三行商馆平面图

亨特《旧中国杂记》和《广州"番鬼"录》中所记广州城西南的"澳门航道"，在其他外国人的著作中也有记述，如葡萄牙人徐萨斯所著《历史上的澳门》中就记载，在 1840 年中英澳门关闸之战后，"赫伯特舰长占领了澳门水道（Macao Passage）的炮台，霍尔舰长率'复仇女神（Nemesis）'号和几只武装船只从澳门出发，由内河向广州进军，沿途击毁了所有中国炮台，还打败了一支中国舰队"②。美国人马士所著《东印度公司对华贸易编年史》中也曾提到，英国的一个使团"于 1817 年 1 月 1 日到达广州，他们于下午 2 时在澳门水道

① 〔美〕威廉·C. 亨特：《广州"番鬼"录——缔约前"番鬼"在广州的情形，1825～1844》，冯树铁译，骆幼玲、章文钦校，广东人民出版社，1993，第 95～97 页。
② 〔葡〕徐萨斯：《历史上的澳门》，黄鸿钊、李保平译，澳门基金会，2000，第 197 页。

（Macao passage）上的黄滘（Whonghong）会见"①。关于这里的"澳门水道"（Macao passage），章文钦先生注云："西方著作称白鹅潭以南的珠江后航道的一段为澳门水道。因该处为广州经香山水道至澳门必经之路。"② 这个注释，与其为美国人亨特所著《旧中国杂记》译本中所作的校注略同。但是章文钦先生为"黄滘"（Whonghong）一词所作的注释，似更应当引起充分关注："Whonghong 疑作 Whongkong 或 Whongkcao，指黄滘（或称大黄滘）。其地正当珠江后航道的澳门水道。"③ 此说大致不误。如果与中文史料对比一下的话，就不难发现，洋人所说的"澳门航道"或"澳门水道"，实际上正是珠江南水道（亦称珠江后航道，旧时也叫做"大黄滘支河"），而不是"大黄（王）滘"南面的那条略显细小的"大黄（王）滘"水道④。不过，笔者在此想要特别强调指出的却是，外国军舰和使团同样取道"澳门航道"，这说明"澳门航道"上其实可以行驶较大排水量的船只，而外国商船一律走外洋，经虎门北上，停泊黄埔后，再以驳船在黄埔与十三行仓库之间进行运输，应该在很大程度上是受到清朝政府出于多种考虑而特意规定的贸易制度的影响。

黄埔在广州东南侧，珠江口内，水道距广州约30公里（17海里）。隋唐时期即成为广州外港，其地点在今黄埔港老港区与新港区之间的庙头村西，古称扶胥港，后面是丘陵山地，前面是狮子洋，由于地理条件优越，历隋、唐、宋、元四朝而不衰。元代以后，东江三角洲继续发育，扶胥港前的海滩淤积增长，狮子洋面积缩小，这里已不适应港口进一步发展的需要，遂逐渐衰落。到明清时期，广州外港已由扶胥港内迁

---

① 〔美〕马士：《东印度公司对华贸易编年史（1635～1834年）》（第三卷），中国海关史研究中心组、区宗华译，林树惠校，中山大学出版社，1991，第269页。

② 〔美〕马士：《东印度公司对华贸易编年史（1635～1834年）》，中国海关史研究中心组、区宗华译，林树惠校，中山大学出版社，1991，第269页，注①。

③ 〔美〕马士：《东印度公司对华贸易编年史（1635～1834年）》，中国海关史研究中心组、区宗华译，林树惠校，中山大学出版社，1991，第269页，注②。

④ 吴宏岐：《大黄滘地名考》，《岭南文史》2007年第4期。

到黄埔洲与琵琶洲一带水域，始称黄埔港。当时的黄埔洲与琵琶洲是两个小沙洲，四周海阔水深，东有长洲岛为屏，风平浪静，宜于中外船舶停泊。鸦片战争前，广州外港黄埔港为全国唯一合法对西方贸易的口岸，是黄埔港历史上空前繁荣的时期。从 1685 年至 1842 年签订《南京条约》为止，150 多年时间内，中外史书上所指的广州对西方的贸易，实际上是广州外港黄埔港的贸易。外国商船进入黄埔贸易的手续相当严格。进入黄埔港之前，必须先下锚于虎门口外洋面，在澳门办理手续，领取进港牌照，聘雇水员、通事、买办，将船开进虎门检查，然后才能进黄埔开舱贸易。进出口货物，皆由领有牌照的驳船往来于黄埔与十三行仓库之间进行运输①。

　　然而，我们从相关西方文献中发现，当时居住、活动于广州与澳门两地的外国商人，如果不是搭乘商船的话，尤其是在属于"私人"来往之类的情况下，往往不是经过黄埔、虎门至澳门，而是从广州直接取道珠江后航道的"澳门航道"南下，经内河航线驶向澳门，"到澳门距离，如果把河道的弯弯曲曲也算进去约 120 英里，一般要走 3 至 4 天"②。

　　严格地讲，近代西方文献中所谓的"澳门航道"或"澳门水道"，实际上主要是指广州城西南白鹅潭以南的近南北向的珠江后航道的一段，既不是珠江后航道的全部河段，也不是指整个广州至澳门的内河水道。白鹅潭南的花地和凤凰岗一带是珠江后航道的北口，自然也就是"澳门航道"（即"澳门水道"）的北口所在。"澳门航道"（即"澳门水道"）的南端究竟到达何处？亨特在《旧中国杂记》中曾提到，1837 年十三行里一些年轻的外国商人组织了一个"广州划船俱乐部"，这个俱乐部"所有这些船都是在河南澳门水道的尽头处，由一个完全秃头

① 吴家诗主编《黄埔港史（古、近代部分）》，人民交通出版社，1989，第 4～5、81 页。

② 〔美〕威廉·C. 亨特：《广州"番鬼"录——缔约前"番鬼"在广州的情形，1825～1844》，冯树铁译，骆幼玲、章文钦校，广东人民出版社，1993，第 60 页。

的老人建造的"①。这里的"河南澳门水道的尽头处"云云，显示出"澳门航道"并非包括整个珠江后航道，其南端是在珠江后航道东侧的河南某地，具体地说，应当就是在大黄滘水道北口一带。相关研究揭示，如从广州取道内河水道至澳门，则其最为捷径的路线大致应当是：从广州城南的珠江南河上的天字码头或五仙门外的总巡口（今广州市沿江西路广州医学院附属医院一带）首途，西经行后口（今广州市沿江西路南方大厦一带）、西炮台口（今广州市黄沙），在白鹅潭转入珠江南水道，过凤凰岗，在大黄（王）滘炮台（今广州城西南之荔湾区鹤洞立交一带）附近改走"大黄（王）滘"水道，过东平水道继续南行至今佛山市南海区北境之陈村，入陈村水道南行，经紫坭口（今广州市番禺区与佛山市顺德区交界处，市桥西南8公里）转入潭州水道（顺德水道），过顺德北境之乌洲，在顺德东南之潭州口转入容桂水道，西行至小黄圃或容奇头，再经支河南下横过桂洲水道至大黄圃，再经黄圃水道南下转入鸡鸦水道、阜沙涌至横径，再由横径河转入小榄水道东南行而至香山县北境之港口镇，然后转入石岐河水道西南行，经停香山口（今中山市石岐），达于磨刀门水道，东南行出西江海口，然后东经前山水道可到达澳门内港，或者经南面的马骝洲（"猴子岛"）水道而至澳门内港入口处的娘妈角炮台②。

亨特在《广州"番鬼"录》中曾经提到，1830年间他因患病而特意从广州的"澳门航道"南下，经内河航线到澳门休整了一段时间，并记述说："外国人往返澳门时所坐的艇，称为'内河快艇'（如果人数众多，则用驳艇）。它们既宽敞又舒适方便，船舱内可容客人站立，两边还有宽大的铺位，上面铺着干净的席子，人可以在上面睡觉，船窗装有绿色的软帘，船舱中央悬挂着一盏灯。设备可供4人之用，在主舱之后有一个较小的舱，是给仆人和厨子住的；艇尾部则

① 〔美〕亨特：《旧中国杂记》，沈正邦译，章文钦校，广东人民出版社，1992，第290页。
② 吴宏岐：《清代广州至澳门的内河水道考》，《澳门历史研究》2007年第6期。

由舵手和两三名操纵主帆的水手居住。船上的一个部分是厨房，主舱前面覆以平甲板，直到船头；在这里竖起一杆前桅，设有 10 到 12 枝桨。水手为 12 或者 15 人，他们总是机敏地努力操作，而且性情和善。沿河上下航行是特别愉快的，暂时摆脱了室内事务，赋予人一种新的感觉；而且，如果是乘西南季候风航行，没有什么比在商馆忙完后领受那种海上吹来的清新微风更爽快的了。全程的租艇费用为 80 元，而通常的赏钱是 10 到 15 元多，根据个人在旅途上的痛快或沉闷的心情而定。"①

上述记载至少提供了以下两方面的信息：一是由广州取道内河航线到澳门一般是租用当地人的快艇或驳艇，服务周到，价格合理，比之取道黄埔、虎门乘商船去澳门要方便一些；二是内河航行在沿途可领略风光，具有旅游休闲性质，这一点对于洋商来说也颇具吸引力。根据亨特在《广州"番鬼"录》中的记载，外国商人从澳门到广州大多也是取道内河航线北上，通过"澳门航道"而至于广州的商馆。不过由于"从澳门返回广州也是当地生活的一件大事"，外国商人往往结伴而行，如在 1831 年 10 月，亨特所在的公司要离开澳门时，商馆主任马治平就曾邀请亨特一同前往广州，当时公司大概租用了多条快艇，其中一只分配给小马礼逊和亨特使用②。

三　广州城西南的"澳门航道"上所举行的船赛活动

在鸦片战争以前，广州城市发展比较稳定，与澳门间的水运交通比较正常，侨居在广州的外国商人除了利用"澳门航道"南下澳门外，还可以在这条水道上进行娱乐活动。据亨特所记，1837 年十三行里一些年轻的外国商人组织了一个"广州划船俱乐部"（Canton Regatta

① 〔美〕威廉·C. 亨特：《广州"番鬼"录——缔约前"番鬼"在广州的情形，1825～1844》，冯树铁译，骆幼玲、章文钦校，广东人民出版社，1993，第 63～64 页。

② 〔美〕威廉·C. 亨特：《广州"番鬼"录——缔约前"番鬼"在广州的情形，1825～1844》，冯树铁译，骆幼玲、章文钦校，广东人民出版社，1993，第 60 页。

Club）并在"澳门水道"（即"澳门航道"）上举行了一次游艇比赛，第二次比赛则移师在澳门海面，但因遭遇飓风而发生不幸事故，所以后来的相关比赛活动都在广州城南的"澳门水道"里举行。据亨特的相关记载可知，在 1837 年和 1838 年两年间，"广州划船俱乐部"在"澳门水道"大致共举行了四次划船比赛活动，其中一次是游艇比赛，三次是帆船比赛。1939 年 3 月因大多数外国商人被清政府要求离开广州前往澳门和口外面的一些碇泊所，在"澳门水道"里举行的划船比赛活动遂告中止。鸦片战争以后，"广州划船俱乐部"又在香港重新建立起来①。

关于外国商人在广州和澳门等地举行的划船比赛活动情况，当时的英文报纸《广州纪录报》（*The Canton Register*）中有更为详细的记录。张坤博士就曾依据《广州纪录报》对英商在广州与澳门的船赛情况进行了较为细致的研究，据其博士学位论文《英商在广州与澳门（1827～1839)》中所提供的统计资料，东印度公司的在华英国商人从 1828 年起就开始举办船赛，1828～1833 年，连续举办 6 届，每届两三天不等，最多时每届有 6 天比赛。6 年间比赛的总天数为 17 天，总场数 50 余次，总比赛项目 77 个，堪称盛大的赛事。其中 1828 年 11 月 12 日、13 日，1831 年 10 月某日和 11 月 9 日，1832 年 10 月 26 日、27 日和 11 月 3 日、5 日、9 日、11 日，1833 年 10 月 30 日、31 日，1833 年 11 月 1 日的各场船赛都是在广州附近的河道里进行；只有 1829 年 10 月 8 日、15 日、21 日、22 日各场船赛是在澳门附近的铜鼓海面上进行。1834 年，东印度公司的垄断在广州终结，该年度没有船赛消息。1835 年，出现了两场小范围的船只性能测试赛，一次是在当年的 1 月底至 2 月初，另一次是在 10 月 16 日，地点大致都在金星门以东的伶仃洋海面（也就是铜鼓海面）。至于"广州划船俱乐部"在 1837 年和

---

① 〔美〕亨特：《旧中国杂记》，沈正邦译，章文钦校，广东人民出版社，1992，第 290～294 页。

1838 年所举办的船赛情况，《广州纪录报》也有报道，可与亨特的《旧中国杂记》的记载互相补充①。

张坤博士的相关研究成果无疑颇有价值，丰富了我们对当时在华外商尤其是英国商人在广州与澳门的社会生活和文化体育活动的认识。不过，该论文将英商在广州的船赛地点全部考订为"黄埔（河道）"或"黄埔的澳门水道"，却有值得商榷的地方。"黄埔（河道）"与"澳门水道"处于广州的不同方向，不可混为一谈，《广州纪录报》明确记载 1837 年"广州划船俱乐部"成立后的首次船赛是在白鹅潭南的"澳门水道"，比赛地点与黄埔没有任何关系，当时颁布的船赛中规定："比赛路线将由携带俱乐部旗帜的船行驶标出，蓝底白字，上写'C. R. C'（Club Regatta Club，船赛俱乐部名字的缩写）。裁判船和位于澳门水道北端的另一艘在场的船，是比赛的起点和终点。两艘船将标出赛程的转弯处，赛船必须从其中之一绕过而返回起点。"② 另外，亨特在《旧中国杂记》明确记载说，当年的游艇比赛规模较大，"这在羊城的珠江河上，真是一幅前所未有的欢乐场景"，"主要比赛项目过后，大家聚集到船舱里来，兴高采烈地共进午餐。最后，天色晚了，我们在牡驴尖登岸，为俱乐部的成立典礼取得成功而洋洋自得。"③ 牡驴尖（Jackass Point）为英国东印度公司新商馆前面的陆地伸入珠江的地角，英公司在该处设有小码头④。此地与凤凰岗隔白鹅潭相望，距离较近，所以参加船赛的商人们在澳门航道比赛后，消磨了不少时光，还能够相当从容地在牡驴尖登岸，返回十三行的商馆休息。

---

① 张坤：《英商在广州与澳门（1827～1839）》，暨南大学博士学位论文，2007，第 97～117 页。

② *The Canton Register*, Vol. 10 Tuesday, July 11th, 1837, No. 28。译文参见张坤《英商在广州与澳门（1827～1839）》，暨南大学博士学位论文，2007，第 115 页。

③ 〔美〕亨特：《旧中国杂记》，沈正邦译，章文钦校，广东人民出版社，1992，第 293 页。

④ 〔美〕亨特：《旧中国杂记》，沈正邦译，章文钦校，广东人民出版社，1992，第 2 页，注①。

另外，从 1828 年至 1833 年间在广州举行的船赛确实被取名为"黄埔船赛"（Whampoa Regatta）这一信息可知，该船赛大致是在黄埔附近的河道里进行的。英文报纸在第一场船赛报道时明确说明了举行这类活动对于外国商人的特殊意义："由于中国一般被描绘为给外国居民提供单调无聊生活的地方，我们很满意地发现了人们已创造出很多的活动以给这生活增添乐趣。尽管这些活动仍处在一个很有限的空间内。黄埔船赛的宣布将带来很多惊喜，将为英国的业余爱好者们（他们把该娱乐活动之一发挥到极致）增添些许欢笑。"① 早期的"黄埔船赛"可能是起源于外国商人在珠江上进行的日常游乐活动。按照清朝政府的有关规定，"广州城郊称为'十三行'的那一部分，在订约以前是'番鬼'居住的唯一地方"，"禁止外出游荡，而且永远不得离开一名通事"，但实际上外国商人并不完全受这些规定的限制，借用亨特的语气来形容就是："我们满不在乎地按照自己的方式行事，照料我们的生意、划船、散步、吃喝，使岁月尽可能过得愉快一些"；另外，"按照'老规矩'，在黄埔的船只，将船上的一切事情弄得井井有条之后，就可以给全体船员一个'游散日'，到广州去"，一般是趁着早潮离开大船，划小艇游赏珠江河道的自然与人文风光，"在十时以前，小艇就穿越水面上密集的各式各样大小不一的船艇，从城的一端直到另一端，船头直指牡驴尖"，然后上岸，到新豆兰街（Hon Lane）等地购物、游玩②。

从现在掌握的资料来分析，当时的"黄埔船赛"虽然举行了多次，但参赛船只类型复杂，比赛规模不等，也并无固定的比赛河段。如 1831 年 11 月 9 日举行的东印度公司主任杯划船赛的地点是在黄埔河段③，而 1832 年 11 月 5 日的比赛路线则是在旧河道的低处，两船平行

---

① *The Canton Register*，Vol. 1 Wednesday, December 3rd, 1828，No. 40。译文参见张坤《英商在广州与澳门（1827~1839）》，暨南大学博士学位论文，2007，第 97 页。

② 〔美〕亨特：《旧中国杂记》，沈正邦译，章文钦校，广东人民出版社，1992，第 1~4 页。

③ *The Canton Register*，Vol. 4 Tuesday, 15th November, 1831，No. 22。笔者按："黄埔河段"的原文为"Hhampoa Reach"，张坤译为"黄埔海滩"（《英商在广州与澳门（1827~1839）》，第 98 页），当是将其中的"Reach"误读为"Beach"所致。

行驶大约两射程的距离，离广州一英里半①，显然是在珠江前航道的西段，比较靠近广州城的地方。

但是，黄埔至广州之间的珠江河段是当时珠江三角洲地区中外商船来往最为繁忙的一段航线，外国人的游船、船赛活动难免要引起地方当局的不满。据美国人马士所著《东印度公司对华贸易编年史》记载，在 1828 年 10 月间，"驻广州与黄埔的军官报告，近来有大量外国人，经常在下午 4 时至 7 时之间乘帆船或划船游览。于是总督张贴布告，禁止这种行为"，而东印度公司特选委员会也抱怨说"总督关于游河的谕令，其目的似乎要取消呼吸新鲜空气的唯一机会，致使外国人在这个国家的娱乐，只准在极其有限的范围内"②。官方的命令对外国商人没有太大的制约力，但可以想象，外国人的游船、船赛活动难免会不时地受到水上巡役的检查或警告，与当地船只发生冲突也是在所难免的。也许正是出于这些方面的考虑，尽管 1828 ~ 1833 年的船赛活动都如期在黄埔或黄埔至广州之间珠江后航道上举行了，但 1837 年"广州划船俱乐部"正式成立以后，还是决定将船赛地点转移到广州城西南的"澳门航道"上。

广州城西南的"澳门航道"对于外国人船赛而言，应该是更为合适的场所。这里不仅距离十三行商馆区较近，而且来往的商船相对较少，更有利于组织划船。不过，由于中西文化上的差异，外国商人在"澳门航道"上组织的船赛活动仍然不能被当地官员和市民所充分理解，正如亨特所记述的那样："我们最初比赛的时候，令广州人感到极其惊奇；在行商们看来，这俱乐部的创举是一噩梦。在中国话表示划艇比赛的字眼里，多少可以看出对于会发生事故的担忧：他们叫做'斗舢板'，按字面来解释就是'小艇打架'。由于当地的中国人对划艇比赛一无所知，所以他人就把这推断为用桨和艇

---

① 张坤：《英商在广州与澳门（1827~1839）》，暨南大学博士学位论文，2007，第 98 页。

② 〔美〕马士：《东印度公司对华贸易编年史（1635~1834 年）》（第四、五卷），中国海关史研究中心组、区宗华译，林树惠校，中山大学出版社，1991，第 185 页。

钩进行的搏斗。"① 当然，为了减少冲突的可能性，组织者似乎也花费了一些心思，在首次举办船赛时还特意"高价租用了一只花艇。它外观漂亮，使船主可以免受水上巡役的'紧急友好访问'"，"租用它来给不参赛的会员、来宾和裁判员乘坐"，同时载着"瑞行的厨师瑞伯做的一顿午饭"，"在宽敞船舱里的餐桌上（那是一朵'水中之花'），摆弄了同文街吉星铺（Cutshing）的酒杯"②，可谓是一举多得。由于有专人负责站岗、警戒和保持竞赛的水路畅通，以至于"中国船只对这项运动也表露出浓厚的兴趣，它们自己也在防止有人出来妨碍比赛"③。

实际上，在被洋人称为"澳门航道"的广州城西南这段珠江河道，在清朝初年曾被选定作水师操练的主要河段。清人樊封《南海百咏续编》记：凤凰岗"在珠江，南近大黄滘口，国初称水军寨，舟师操防处也。"④有趣的是，1837 年"广州划船俱乐部"成立伊始进行游艇比赛后不久，第一次帆船比赛也"于同一年在澳门航道举行，围绕一艘停泊在凤凰冈炮台附近的船航"⑤。白鹅潭南的珠江河道由清朝水师的操防基地演变为外国商人的船赛场所，这固然反映了珠江河道开放程度的增加，但也从另一个层面揭示了鸦片战争期间清朝水师之所以不堪一击，除了洋人船坚炮利客观原因之外，更与清军武备松懈的主观因素有着较大的关系。

当然，"广州划船俱乐部"所组织的船赛的作用和影响，不仅仅限于洋人的自娱自乐，也多少促进了广州尤其是河南地区民间造船业的发展。亨特在《旧中国杂记》中记载说："有几十艘供比赛用的单人划艇和轻便小艇"，"供帆船赛的有三艘约 26 英尺长的双桅纵帆船"，"所有

---

① 〔美〕亨特：《旧中国杂记》，沈正邦译，章文钦校，广东人民出版社，1992，第 291页。

② 〔美〕亨特：《旧中国杂记》，沈正邦译，章文钦校，广东人民出版社，1992，第 292 ~ 293 页。

③ 〔美〕亨特：《旧中国杂记》，沈正邦译，章文钦校，广东人民出版社，1992，第 293页。

④ （清）樊封：《南海百咏续编》卷一《名迹·凤凰岗》，广陵书社，2003，第 35 页。

⑤ 〔美〕亨特：《旧中国杂记》，沈正邦译，章文钦校，广东人民出版社，1992，第 293 ~ 294 页。

这些船都是在河南澳门水道的尽头处，由一个完全秃头的老人建造的"，据说"他的手艺一流，特别是为保罗·福布斯建造的快艇'亚特兰大号'，那是一艘50吨的双桅纵帆船，按照遐迩闻名的'美利坚号'游艇的式样建造的"①。所谓"河南澳门水道的尽头处"，大概是指珠江后航道东岸的河南洲上的南石头（今南箕）一带，此地与大黄滘（今东塱）隔珠江相望。广州河南造船素来比较发达，清初广东省设有四大官船厂，其中河南船厂居首位而且长期保持着优势②，河南地方民间造船业规模也相当可观并形成了墟市，据说"造船以河南为聚处。工厂约八十间"，另有制造桨橹之类的作坊约40间，制造葵蓬之类的作坊约20间③。而且，亨特所述广州河南船匠仿照美国游艇的式样建造快艇之事，侧面反映了"澳门航道"上船赛活动的开展在一定程度上促进了中外造船技术交流这一客观事实。

第四节 《澳门专档》所见葡汉双语澳门地图及《中葡澳地名译名对照表》问题

这里所说的葡汉双语澳门地图，是指台湾中研院近代史研究所编印的《澳门专档》（三）中编号511档所见的佚名地图。编号511档是一组独立的档案，其中又包括两个档案，一为第830页的一幅佚名地图（目录页题作"地图一纸"）④，另一为第831页的《中葡澳地名译名对照表》（原表亦无名称，此据目录页所题）⑤。关于这幅佚名地图（见图2-14），澳门史、中葡关系史的相关著述多未见引用，仅见费成康《澳

---

① 〔美〕亨特：《旧中国杂记》，沈正邦译，章文钦校，广东人民出版社，1992，第290页。
② 黄任恒：《番禺河南小志》卷二《建置·官署》，载广州市海珠区人民政府编印《海上明珠集》，1990，第55页。
③ 黄任恒：《番禺河南小志》卷二《建置·墟市》，载广州市海珠区人民政府编印《海上明珠集》，1990，第68页。
④ 庄树华等编《澳门专档》（三），台湾中研院近代史研究所，1995，第830页。
⑤ 庄树华等编《澳门专档》（三），台湾中研院近代史研究所，1995，第831页。

时空交织的视野：澳门地区历史地理研究

门：葡萄牙人逐步占领的历史回顾》一书有所言及①。鉴于《澳门专档》
（三）中编号511档所收的佚名地图是现存涉及清末中葡澳门勘界问题的
一份珍贵文献资料，笔者在此拟依据相关历史档案文献记载，对这幅地
图的作者、底图来源及其他相关问题略作研究，以就正于同行专家学者。

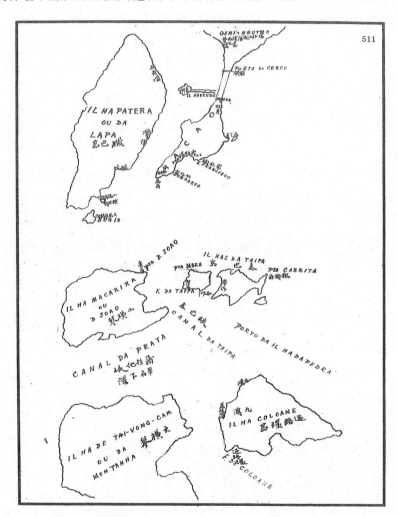

图 2-14　《澳门专档》（三）中编号 511 档所见佚名地图

---

① 费成康：《澳门：葡萄牙人逐步占领的历史回顾》，上海社会科学院出版社，2004，
第 221 页。

一 《澳门专档》（三）511 档所见葡汉双语澳门地图的作者

关于《澳门专档》（三）中编号 511 档所见葡汉双语澳门地图的作者，虽然地图本身并无注记说明，不过却是不难考证的，因为《澳门专档》（三）中收录了一些相关的文件，已提示出此图的作者当是清末驻法兼葡、西两国公使刘式训。

清朝末年，由于葡萄牙在澳门的扩张日益严重，中葡界务争端不断加剧，1908 年 2 月发生的"二辰丸"事件，成为中葡双方重启划界谈判的导火索。光绪三十四年九月（1908 年 10 月），澳葡当局蓄意在勘界之前为"澳门属地"制造既成事实，公然侵犯中国主权、违背既订条约，派人驾轮船到澳门半岛西南大横琴岛之马料河（亦称"马尿河"）等处，向当地居民勒收公钞并肆意拘押抗税华人。更有甚者，葡萄牙政府居然在中葡双方未选定勘界委员、举行勘界会谈之前，先向澳门派出了三艘军舰，对中国采取武力威胁，并企图强占澳门附近陆地、海道及各大小岛屿，其中先期抵达澳门者，竟停泊于中国兵轮驻泊之地——对面山之银坑湾①。外务部收到两广总督张人骏的报告后，旋即电饬驻法兼葡、西两国公使刘式训："亲赴葡都，向葡外部切实诘问，务请其迅电澳督，将种种违约举动严行禁阻，并停止遣派兵轮来澳。"②

刘式训是个用心人，在与葡萄牙当局交涉之同时，也非常注意相关情报的收集工作，并组成了一个翻译班子。细读相关档案则不难发现，《澳门专档》（三）中编号 511 档中所见佚名地图，当是刘式训在驻葡参赞吴道等人的帮助下，依据葡文地图重新编译而成。其证据有如下几条：

其一，光绪三十四年十二月（1909 年 1 月）刘式训在致两广总督

① 黄庆华：《中葡关系史（1513－1999）》（中册），黄山书社，2006，第 903～904 页。
② 《外务部致驻法公使刘式训电》，载中国第一历史档案馆等编《明清时期澳门问题档案文献汇编》（四），人民出版社，1999，第 158～159 页。

张人骏的一封信函中，就曾提到他曾经"嘱驻葡参赞吴道随时摘译，以觇舆论而备参观"，此信函后面还专门附有译报二篇、澳门附近地方中葡名目表一纸①。在同月致张人骏的另一信函中，刘式训也提到了参赞吴道等人的姓名，亦附有译报三则②。

其二，光绪三十四年十二月二十八日（1909年1月19日）刘式训致外务部信函中提到"九月间奉寄图说，谅速请将葡文地名对照我图，指驳较准"③，说明刘式训光绪三十四年九月间的确曾经给外务部寄过相关地图一幅。

其三，上述信函中有一个附件，实际是刘式训对所寄地图中相关地名的说明，亦即所谓"图说"的文字部分，其中提到的腊巴、泰巴、过路环岛、马加利亚、加布烈他、泰巴峡、西库关、堪卜耐脱落、蒲拉他峡等地名，均能在511档中所见佚名地图找到对应的汉语或葡语地名。

从以上证据大致可以推知，《澳门专档》（三）中编号511档中所见葡汉双语澳门地图，当是光绪三十四年（1909）九月间驻法兼葡、西两国公使刘式训寄给外务部的澳门勘界相关参考地图。

二 《澳门专档》（三）511档所见葡汉双语澳门地图的底图来源

关于《澳门专档》（三）511档中所见葡汉双语澳门地图是依据葡语地图改绘而来，当了无疑问。不过其底图来源问题，尚可作进一步的推测研究。

费成康《澳门：葡萄牙人逐步占领的历史回顾》一书中曾引用了

---

① 《驻法大臣刘式训函粤督张人骏》，载庄树华等编辑《澳门专档》（三），台湾中研院近代史研究所，1995，第512页。此信函，《澳门专档》（三）分类目录中题作《驻法大臣刘式训电》，似误。
② 《驻法大臣刘式训函粤督张人骏》，载庄树华等编辑《澳门专档》（三），台湾中研院近代史研究所，1995，第506页。
③ 《外部收驻法大臣刘式训函》，载庄树华等编辑《澳门专档》（三），台湾中研院近代史研究所，1995，第511页。

一幅加有中文注记的佚名葡文地图（见图 2 - 15）来说明 1908 年 "二辰丸号" 事件的相关情况，并且在地图下方有这样一段文字说明："通过这张刊登于葡萄牙赛古罗报、后收入《澳门专档》的地图，可以看到日船'二辰丸'号的卸货位置，看到在 1908 年澳葡当局已在凼仔、路环驻兵，还可以看到清政府也已驻兵于对面山和大、小横琴岛，这些

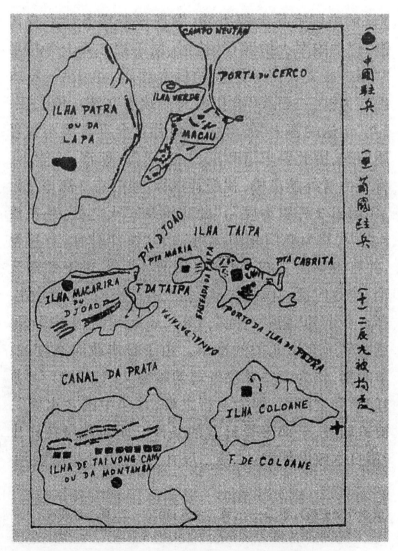

**图 2 - 15　费成康《澳门：葡萄牙人逐步占领的历史回顾》
所引加有中文注记的葡文地图**

岛屿尚未被葡萄牙占领。"① 这个说法颇有可商榷之处。

首先，费成康所引地图中有三个特殊注记符号，与之相对应，该地图边框外右侧也有"中国驻兵""葡国驻兵""二辰丸被拘处"这三个中文注记说明，这些符号与文字注记，确实让读者"可以看到日船'二辰丸'号的卸货位置，看到在 1908 年澳葡当局已在凼仔、路环驻兵，还可以看到清政府也已驻兵于对面山和大、小横琴岛，这些岛屿尚未被葡萄牙占领。"但是，《澳门专档》（三）511 档中所见葡汉双语澳门地图却无这样的资讯，两幅地图中的要素及其所反映的内容，有较为明显的差别。

其次，费成康所引地图与《澳门专档》（三）511 档中所见地图只是澳门半岛及其附近岛屿的轮廓有雷同之处，但前者的地名注记全部为葡文地名，而后者的地名注记除了大量的葡汉双语地名以外，也有不少单纯的汉语地名标注，如马交石、石角嘴、湾仔、银坑、石澳、荔枝湾等，另外还有少量特殊的文字注记，如"译义局外营盘"。显然两图的内容有所不同，不能混为一谈。如果仔细阅读，还不难发现，费成康所引地图与《澳门专档》（三）511 档中所见地图上的外文地名虽然大致雷同，但不少地名的位置不完全相同，说明两者之间可能存在因袭关系，或者是有着共同的底图资料，但却不能因此便断定为两者是同一幅地图。

再次，费成康所引地图言明是原刊于"葡萄牙赛古罗报"，但据相关档案文献记载，光绪三十四年十二月十三日（1909 年 1 月 4 日）刘式训致伯玉（其人身份待考）信函附寄有葡文译报四则，其中"译一千九百八年十二月十六号葡国《绘图日报》"的《论澳门之附属地》和《九澳岛之经线》中分别提到"友人出澳门地图指示余等""请观地图"等语句②，则又进一步说明，刘式训所编译的地图的底图及相关地名资料，有可能主要是来源自 1908 年 12 月 16 号葡国《绘图日报》，而非《赛古罗报》。

① 费成康：《澳门：葡萄牙人逐步占领的历史回顾》，上海社会科学院出版社，2004，第 221 页。

② 《驻法大臣刘式训函》，载庄树华等编辑《澳门专档》（三），台湾中研院近代史研究所，1995，第 508 页。

三　《澳门专档》（三）511 档中所谓《中葡澳地名译名对照表》问题

《澳门专档》（三）中编号 511 档第 831 页的《中葡澳地名译名对照表》（见图 2 - 16），应当是前页地图亦即光绪三十四年（1909）九月间驻法公使刘式训寄给外务部寄过澳门勘界相关参考地图的附件。不过，这个文字表格式的特殊档也有一些问题可以进一步研究。

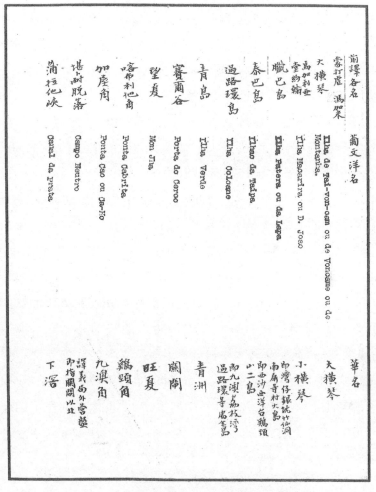

图 2 - 16　《澳门专档》（三）中编号 511 档所见
《中葡澳地名译名对照表》

首先，前引光绪三十四年十二月（1909 年 1 月）朔日（初一日）刘式训在致两广总督张人骏的一封信函中曾提到"顷复译送到葡报二篇又《澳门附近地方中葡名目表》一纸，该表虽未必悉皆符合，堪备查考之一助，兹特寄呈，乞鉴是荷"①。可见，刘式训本人将这类档命名为《澳门附近地方中葡名目表》，可径用之，不必另起"中葡澳地名译名对照表"这样的新名称。

其次，光绪三十四年十二月（1909 年 1 月）朔日（初一日）刘式训致两广总督张人骏的信函的附件中、光绪三十四年十二月二十八日（1909 年 1 月 19 日）刘式训致外务部信函的附件中，均有《澳门附近地方中葡名目表》，相关内容有重合之处但详略各有不同。另外，这两份表格的内容与光绪三十四年（1909）九月间寄给外务部类似文件相比较，均无葡文洋名，显然是两种不同的简化版《澳门附近地方中葡名目表》。

再次，刘式训等在编译"葡汉双语澳门地图"和《澳门附近地方中葡名目表》时，似进行过一些学术研究工作。如在光绪三十四年（1909）九月间刘式训寄给外务部的《澳门附近地方中葡名目表》中有"马加利亚堂约翰"这个"前译"地名，其"葡文洋名"为"Ilha Macarira ou D. Joao"，"华名"为"小横琴"。在光绪三十四年十二月（1909 年 1 月）朔日（初一日）刘式训致两广总督张人骏的信函的附件中（见图 2 - 17），"马加利亚堂约翰"的"前译"地名被简译作"堂约翰"，其"葡文洋名"栏目处则空缺，"华名"仍为"小横琴"。但在光绪三十四年十二月二十八日（1909 年 1 月 19 日）刘式训致外务部信函的附件中（见图 2 - 18），共列出了 11 个地名并作了相应地解释，"马加利亚堂约翰"一名被析成两个地名，其中"马加利亚，即小横琴岛"，而且对于"堂约翰岛"这个地名，作者另行考证云："特即

_____

① 《驻法大臣刘式训函粤督张人骏》，载庄树华等编辑《澳门专档》（三），台湾中研院近代史研究所，1995，第 512 页。

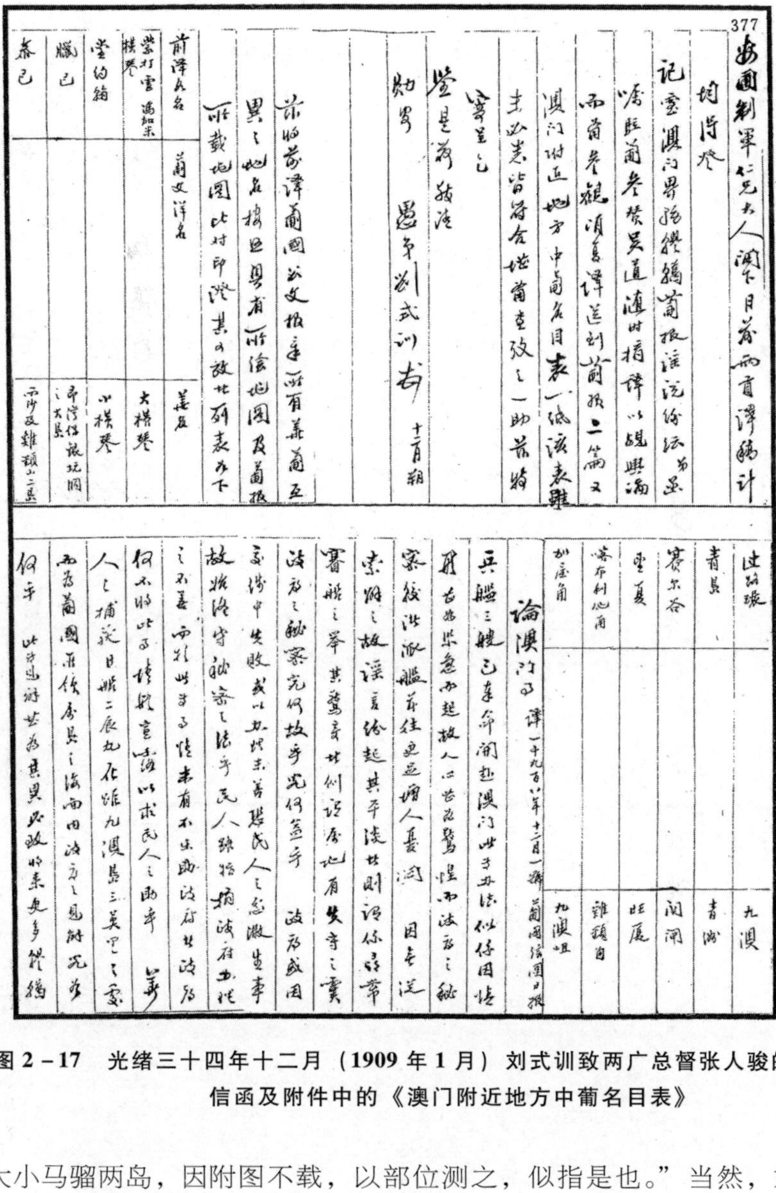

图 2-17 光绪三十四年十二月（1909 年 1 月）刘式训致两广总督张人骏的
信函及附件中的《澳门附近地方中葡名目表》

指大小马骝两岛，因附图不载，以部位测之，似指是也。"当然，刘式
训这个新的研究结论未必正确，因为后来中葡勘界会谈时葡使第一说帖
中明言"唐若望即小横琴"[1]，葡使第二说帖中也明言"唐若澳即小横

----

① 黄鸿钊编《中葡澳门交涉史料》（第二辑），澳门基金会，1998，第 38 页。

琴”或径直采用“小横琴（唐若澳）”的提法[1]，由此可见，所谓“唐若望”“唐若澳”其实均为葡语地名 Ilha Macarira ou D. João 之简译，正式的译名当作“马加利亚堂约翰”，不宜将其分译作“马加利亚”“堂约翰岛”两个地名。总的来看，刘式训在编制相关地图时，不仅参考了葡语地图，而且还对相关地名问题作过较为深入的研究，并能据之提出自己独立的思考，这一点值得给予充分的肯定。

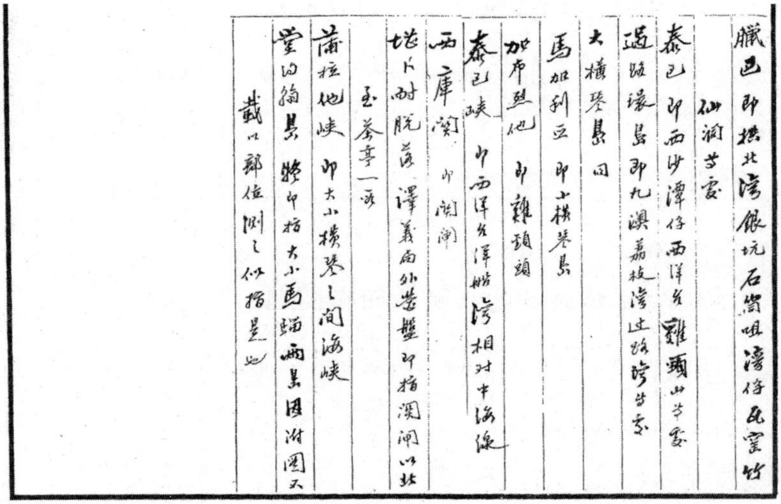
臘亞 即横北湾銀坑石笏咀湾仔瓦窑竹
仙洞等處
泰巴 即西沙潭仔西洋名雞頸山等處
過路環島 即九澳荔枝湾过路湾等處
大横琴島 同
馬加利亞 即小横琴島
加布烈他 即雞頸頭
泰巴峡 即西洋名洋船湾相对中海線
西庫閘 即關閘
塔卜耐脱落 譯義兩外瑩盤 即指澳門以北
玉簪亭一所
蒲拉他峡 即大小横琴之間海峡
堂狗翰島 將即指大小馬蹄兩島因附圖又
截以鄰位測之似指是也

图 2-18　光绪三十四年十二月二十八日（1909 年 1 月 19 日）刘式训致外务部信函附件中的《澳门附近地方中葡名目表》

① 黄鸿钊编《中葡澳门交涉史料》（第二辑），澳门基金会，1998，第 40、46 页。

第三章　澳门地区政区演变与行政管理问题研究

第一节　澳门地区政区演变的基本情况

一　澳门开埠前政区归属及相关问题

澳门地区自古就是中国的领土，六七千年前即有人类在今澳门地区活动，这一点已被澳门路环岛黑沙遗址的考古材料所证实。澳门的考古史以 1990 年为时间分界点，大致可分为前后两个阶段。第一阶段的考古工作主要是 1992 年、1993 年、1977 年及 1985 年在黑沙遗址的调查和发掘①。对于以上几次调查发掘的重要成果，考古学家的理解主要有两点：第一，在澳门初次认识到沙堤遗址自古以来就是人类的聚居地。从距今 6000 ～ 7000 年前新石器时代早期、新石器时代晚期、青铜器时代、汉、唐、宋以至明、清的文物古迹，都在沙堤堆积中有所反映，这和环珠江口人类早期生活的历史有着共同的特征。第二，黑沙出土文物中距今 6000 ～ 7000 年前的陶器、石器的数量较多，提供了对新石器时代早期阶段人类

① 关于澳门路环黑沙遗址这几次考古调查和发掘的具体情况，参见 W. Kelly, "Coloane, Macau," *Journal of the Hong Kong Archaeological Society*, Vol. IV, 1973, pp. 12 – 18; W. Meacham, "Hac Sa Wan," *Journal of the Hong Kong Archaeological Society*, Vol. VII, 1979, pp. 27 – 33; W. Meacham, "Hac Sa Wan," *Journal of the Hong Kong Archaeologica l Society*, Vol. XI, 1986, pp. 97 – 106。

文化的初步认识①。第二阶段的考古工作主要是在 1995 年 1 月，香港中文大学中国考古艺术研究中心与澳门大学中文系在澳门基金会的支持下，在澳门路环黑沙遗址发掘，发现了新石器时代两个不同时期的文化层。在距今约 4000 年前的文化层中，确认了一处红烧土与砾石构筑遗址，同时出土一些水晶玉石饰物制品。目前，环珠江口以至印支半岛东部沿海地区，曾发现过数十处新石器时期至青铜器时代的玉石环块作坊遗址。通过是次黑沙的发掘和研究，对环珠江口特别是澳门史前史某些问题，提供了新的认识基础②。考古学者初步断定，三四千年前澳门地区便有人群相对稳定地居留③。

澳门地区旧属香山县（含今广东中山市和珠海市范围）管辖。据嘉靖《香山县志》之记载："香山本《禹贡》扬州之南裔，百粤海屿地也。秦平百粤，以地属南海郡。汉时北入番禺县。晋成帝咸和六年分南海之东为东官郡，恭帝元熙二年分南海之西为新会郡，其地入焉。隋开皇十年改东官郡为宝安县，属广州。唐至德二年更名东莞，其地颛属焉，是为文顺乡香山镇。宋元丰五年广东通判徐九思用邑人进士梁杞言请建为县，不果行，止设寨官一员，仍属东莞。宋绍兴二十二年，邑人陈天觉建言改升为县，以便输纳，东莞县冷姚孝资以其言得请于朝，遂割南海、番禺、东莞、新会四县濒海地归之，因镇名为香山县，属广州。元属广州路。……国朝洪武元年广州平，以县属广州府。"④ 乾隆《香山县志》也有类似说法⑤。由此可见，从行政区划的角度而言，自秦汉以来，澳门地区相继属南海郡番禺县、东官郡、

---

① 邓聪：《古代澳门与东亚的世界》，载吴志良、金国平、汤开建主编《澳门史新编》（第一册），澳门基金会，2008，第 4 页。

② 邓聪、郑炜明：《澳门黑沙》，香港中文大学出版社、澳门基金会，1996。

③ 《华侨报》1995 年 2 月 12 日。

④ （明）邓迁修，黄佐纂（嘉靖）《香山县志》卷一《风土志·建置》，载《日本藏中国罕见地方志丛刊》，书目文献出版社，1991，第 294 页。

⑤ （清）暴煜主修，李卓揆辑（乾隆）《香山县志》卷一《建置》，学生书局，1985，第 61 ~ 62 页。

新会郡、广州宝安县、广州东莞县管辖，自南宋绍兴二十二年（1152）香山县建立后始归广州香山县，元朝属广州路香山县，明朝属广州府香山县。

澳门地区属香山县南境，地濒海。其地在明清时期之具体归属，也可据地方志书之记载略加讨论。有学者认为，"香山立县初，设置 10 个乡，其中长安乡包括今山场、前山、澳门、万山、唐家、下栅一带，即澳门被划入长安乡。明洪武十四年（1381），改乡为坊都，长安乡改为恭常都，一直沿用至清代。"① 不过在嘉靖二十七年（1548）刊刻的《香山县志》中，"长安乡恭常都故延福里恭字围、常字围，在县东南一百里，图三，一百二十里内村二十二"②，但无一村在今澳门地区。鉴于《香山县志》在前一年就已编成，这就说明，"在嘉靖二十六年前，今澳门地区没有任何一个行政村落。"③ 有研究者称："宋代澳门已有龙田村和龙环村。村上居民，靠渔业为生。"④ 看来只是没有史料根据的推测之词。

不过，澳门地区在当时虽然没有行政村落，这并不等于可以进一步推论说"在嘉靖二十六年前，明朝在今澳门地区并没有任何行政性的建置"⑤。因为长安乡或恭常都本身就是行政性的建置，只不过治所不在今天的澳门地区而已。

另外，值得注意的是，嘉靖《香山县志》还记载说："右在南洋，不在版图者，其诸岛今列于左，曰：小湖洲……浪白……九澳山（上东南，西对横琴，中水，曰外十字门），其民皆岛夷也。"⑥ 其中的

① 吴志良：《澳门政制》，澳门基金会，1995，第 7 页。
② （明）邓迁修，黄佐纂（嘉靖）《香山县志》卷一《风土志·坊都（街巷乡村附）》，载《日本藏中国罕见地方志丛刊》，书目文献出版社，1991，第 296 页。
③ 汤开建：《明代澳门地区华人居住地钩沉——兼论望厦村妈阁庙及永福古社之起源》，载《澳门开埠初期史研究》，中华书局，1999，第 271 页。
④ 黄启臣：《澳门历史》，澳门历史学会，1995，第 20 页。
⑤ 汤开建：《明代澳门地区华人居住地钩沉——兼论望厦村妈阁庙及永福古社之起源》，载《澳门开埠初期史研究》，中华书局，1999，第 254 页。
⑥ （明）邓迁修，黄佐纂（嘉靖）《香山县志》卷一《风土志·山川》，载《日本藏中国罕见地方志丛刊》，书目文献出版社，1991，第 320 页。

"岛夷"作何理解？汤开建先生解释云"岛夷，当非中国人，应指外国商人"，并且认为"南洋海岛诸国之人可称为'岛夷'，琉球人更可称之为'岛夷'。这是明代文献常用的一个对东西洋各国夷人的称呼"①。此说或有可商榷之处。按，嘉靖《香山县志》所言的"南洋"中的"岛夷"，亦见于嘉靖《广东通志》："（香山县）南入于牂牁大洋，是为南海。大洋中山最多，皆岛夷所居。台山岐海惟香山。"② 金国平、吴志良先生对于相关史料的看法是："县志与通志这番话的意思是，所列举的香山无境内的岛屿上均有'岛夷'居住。史实告诉我们，外番的分布从未如此广泛。据《广东通志》，嘉靖八年林富疏开海禁后，香山境内也只有'浪白、蚝镜、十字门'辟为'洋澳'，故岛夷未必是外番。……僚、畲、蜑三族应该为澳门地区最原始的居民。"③ 谭世宝先生则提出，"因为'澳门地区'及邻近的一些海岛之居者'皆岛夷'，所以就把它们都排列于香山县的户籍版图之外了"④。认为"岛夷"并非外国商人而是未入"户籍版图"的中国居民，似更有合理之处。

二 澳门开埠后澳城的行政司法管理问题

明嘉靖三十三年（1554）澳门开埠后，香山县的坊都多有省并，但恭常都维持不变。大致到隆庆末万历初，随着入澳华人的增多，澳门北部的望厦村开村，其依据有二：一是郭棐《粤大记·广东沿海图》（绘于万历二年以前）上标有望下村；二是据死于1598年的荷兰画家狄奥多·德·布里（Theodore de Bry）绘制的一幅《早期澳门全图》

---

① 汤开建：《澳门地名刍议》，载《澳门开埠初期史研究》，中华书局，1999，第59、68页。
② （明）黄佐：（嘉靖）《广东通志》卷一三《舆地志一·山川上》，广东省地方史志办公室，1997，第299页。
③ 金国平、吴志良：《澳门地区原住民研究》，载《镜海飘渺》，澳门成人教育学会，2001，第247~256页。
④ 谭世宝：《关于开埠前澳门半岛上的"村"的传说探真》，载《澳门历史文化探真》，中华书局，2006，第15页。

上，在今望厦地区，画着一位在耕地的中国农夫，田地旁边还出现了一片村舍，这可以表明，这时望厦（当时作望下）村已经开村，大约在隆庆之时①。

另据道光七年（1827）刊刻《香山县志》，"长安乡恭常都故延福里恭字围、常字围，在城东南一百里，图二，今增场都，图三，村七十九"，涉及今澳门地区的有 6 村，其中"望厦，县丞署，去城一百三十八里，去寨十八里；……澳门，去城一百四十里，去寨正南二十里；龙环，去城一百四十里，去寨南二十里；过路环，一名盐灶湾，去城南一百六十里，去寨南四十里；潭仔，去城南一百五十二里，去寨南三十二里；……龙田，去城南一百三十八里，去寨正南十八里"②。或谓"当时恭常都辖村共 80 个，村中有望厦、澳门、过路环、潭仔"③，所述恭常都所辖村的统计数字合于道光《香山县志》的实际记载情况，但遗漏了位于今澳门地区的龙环、龙田两村。从道光《香山县志》的记载也可获知，在当时清朝官员的意识中，葡人所占据的"澳门"仅限于澳门半岛中南部，仅是香山县恭常都所辖 80 个村、或者说当时在今澳门地区内所设 6 村（其中澳门半岛 5 村，路环岛 1 村）之 1 村而已。

然则这个"澳门"村却非同一般的村，为葡人占据，人口日众，商业发达，俨然是一个国际性港口城市，时人多以"澳城"视之。这个"澳城"，有城墙环绕，与城外相分别。城墙以内，称为"澳内"，葡人居之，后华人移民渐众，形成华洋杂居局面；城墙以外，称为

---

① 汤开建：《明代澳门地区华人居住地钩沉——兼论望厦村妈阁庙及永福古社之起源》，载《澳门开埠初期史研究》，中华书局，1999，第 260～261 页。

② （清）祝淮主修，黄培芳等辑（道光）《香山县志》卷二《舆地下·都里》，学生书局，1985，第 183～185 页。参见（清）田明曜主修，陈澧等纂（光绪）《重修香山县志》卷五《舆地下·都里》，学生书局，1985，第 207～209 页。笔者按："沙梨头建村最早可能就在明朝末年"（汤开建：《明代澳门地区华人居住地钩沉——兼论望厦村妈阁庙及永福古社之起源》，载《澳门开埠初期史研究》，中华书局，1999，第 271 页），何以在道光《香山县志》中未见记载？或此村当时为渔村，故仍如谭世宝所说的那样，"被有关朝廷政府暂时性地排之于县的户籍版图之外"。

③ 吴志良：《澳门政制》，澳门基金会，1995，第 8 页。

"澳外"，原为华人分布地区，鸦片战争以后，葡人势力逐渐浸入，但其地人民仍然以华人居多。

关于明清政府对澳门的管理情况，《澳门记略》记载说："前明故提调备倭巡缉行署三，今惟议事亭不废。国朝设有海关监督行台及税馆。"① 按明朝地方治理体制，广东官府对澳门实行垂直管理，省、府、县之行政命令层层下达，对澳门的司法管治则主要通过香山县知县来行使。香山知县既是地方行政长官，又兼理地方司法，遇到重大案件发生，需要上报广州府，并逐级上报②。明王朝在澳门的设官置守是十分严密的，先澳内（提调、备倭、巡缉及澳内抽分官），后澳外（海道副使、海防同知、市舶提举、关闸把总、香山参将），逐一建置，由疏到密。然而，明王朝在澳门的设官置守虽然名目繁多，但官守之职权并不十分明确，且无严格的制度化，加上职官经常废罢，因此，明朝在澳门的管理上显得纷杂无序。清王朝在澳门设澳门同知总管其军民事，设香山县丞具体处理其行政、司法问题，设前山副将掌管其军事防御，设关部行台总管其税务，各职许可权均十分明确，且成一贯之制度③。

不过，葡萄牙人定居澳门后，由于贸易兴旺、聚者日众，开始形成组织进行自我管理。1560 年，居澳葡人已选出驻地兵头（Capitão de Terra）、法官和四位较具威望的商人，处理社区内部事务。1580 年，里斯本派出首位大法官（Ouvidor，《澳门记略》称为判事官）主持公道。1583 年，在萨主教（D. Leonardo de Sá）的倡议和主持下，居澳葡人首次举行选举，议事会或称议事公局（Senado）正式成立。1584 年，印度总督孟尼斯（D. Duarte）扩大议事会的行政、政治和司法管理权，军事权由巡航兵头（Capitão das Viagens）专管，特殊重大事务则须交市

① （清）印光任、张汝霖著，赵春晨点校《澳门记略》卷上《形势篇（潮汐风候附）》，广东高等教育出版社，1988，第 2 页。
② 何志辉：《明清澳门的司法变迁》，澳门学者同盟，2009，第 15 页。
③ 汤开建：《明代在澳门设立的有关职官考证》，载《澳门开埠初期史研究》，中华书局，1999，第 197 页。

民大会（Conselho Geral）表决①。

明清时期澳门这种华洋共处分治的特殊政治法律状况，有的葡萄牙学者归纳为"混合管治"（mixed jurisdiction）或"双轨制"（dualism），认为议事会在中国政府默认下行使政治权力，管理司法、宗教、贸易甚至市政建设②；也有人将其上升到主权层面，如英国澳门史专家博克塞（C. R. Boxer）则认为，"若无中国的默许或明示，葡萄牙国王在澳门的主权便无法行使"③；更有学者称，澳门的"主权由两个民族共同行使"④。

中国学者的观点大为不同，大多认为这种华洋共处分治的情况只是反映了当时中国政府对澳门的管理体制问题，不存在主权共同行使问题。不过，早期澳门行政的总体特征是混合、多元与自治，具体表现为：（1）华、葡二元，共处分治；（2）多元主体，多重权力；（3）职能融合，规章初具；（4）自治行政，中、葡复合。"该行政模式，既非中式，亦非葡式，而是由中、葡自治行政拼接复合而成的特别形式的自治行政体制"⑤。从司法层面而言，"在澳葡竭力与明政府共处分治澳门司法时，澳葡一方面表现出明政府的'恭顺'，另一方面又在不遗余力地争取司法自治"，"康乾年间，澳门虽为华洋杂处，治安较为良好，秩序基本稳定。其间虽有澳葡试图破坏司法权，但大多仍按中国司法制度审理，实与清政府治理澳门的有效执法密不可分。然自《王室制诰》颁行以来，澳葡当局先是在一系列华洋命案中强横交涉；继而听从1803 年葡国王室的命令，拒绝将华洋命案之外籍凶犯交中方处置；至

---

① 吴志良：《澳门政制》，澳门基金会，1995，第 9～10 页。

② 参阅 Rui Afonso, Francisco Gonçalves Pereira, "The Political Status and Goverment Instituition of Macau," *Hong Kong Law Journal*, No. 16, 1986。转引自吴志良《澳门政制》，澳门基金会，1995，第 22、70 页。

③ C. R. Boxer, *Estudos para a História de Macau*, Lisboa, Fundação Oriente, 1991, p. 183.

④ Jorge Noronha e Silveira, *Subsídios para a História do Direito Constitucional de Macau*（*1820 - 1974*）, Macau, Pulicações-O Direito, 1991, p. 12.

⑤ 娄胜华：《混合、多元与自治：早期澳门的行政》，载吴志良、金国平、汤开建主编《澳门史新编》（第一册），澳门基金会，2008，第 156～160 页。

1826 年严亚照案交涉时，中国官员则沦至只能亲临澳门监狱审问犯人。至此，双方在司法权上的较量，终于逐步发生了惊人的逆转。……在鸦片战争之后，随着澳葡总督亚马留及其继任者的趁火打劫，中国政府对澳门主权遭到他们的肆意侵夺"①。

笔者认为，尽管中外学者对明清时期澳门这种华洋共处分治局面的性质存在争议，但都不否认华洋共处分治这个事实。这就是说，必须承认在澳门早期的权力结构中，澳葡具有"有限自治权力"。当然，在鸦片战争之前，澳葡的"有限自治权力"的情况实际上仅限于澳门半岛中南部的"澳城"地区，而不涉及城外的望厦等中国人的村落。

三　殖民扩张时期的澳门省暨澳门地区的市政区

鸦片战争之后，澳葡政府加快了海外扩张的步伐。1844 年 9 月 20 日，葡萄牙女王玛利亚二世（D. Maria Ⅱ）颁布命令，解除澳门对印度总督的从属关系，将澳门连同地扪（Timor，又译作帝汶）和梭罗（Solor，又译作索洛）一起组成自治海外省，省会设于澳门。这法规被视为"澳门组织章程最原始的直接前身"。根据法规第四条的规定，澳门总督由政务委员会辅助，所谓政务委员会（Conselho de Governo）则由四名厅长、市政厅主席及检察长组成②。澳门、帝汶暨梭罗省与圣·多美与普林西比省等级相同，由一位总督常驻澳门管治，另在帝汶暨梭罗岛设一位副督（Governador Subalterno）③。同时，将原属于议事会的公物会独立出来，成立澳门、帝汶、索洛省公物会，且逐步制度化而演变为一个政府的内政部门④。澳门从印度脱离出来自成一省后，也于1846 年 4 月 18 日获王室训令批准出版政府公报，首期《澳门、地扪暨

---

① 何志辉：《明清澳门的司法变迁》，澳门学者同盟，2009，第 48、194 页。

② 萧伟华（Jorge Noronha e Silveira）：《澳门宪法历史研究资料（1820~1974）》，沈振耀、黄显辉译，法律翻译办公室、澳门法律公共行政翻译学会，1997，第 26~27 页。

③ 吴志良：《澳门政制》，澳门基金会，1995，第 35 页。

④ 吴志良、汤开建、金国平主编《澳门编年史》（第三卷），广东人民出版社，2009，第 1592 页。

梭罗省宪报》于同年发行①。

1869 年的命令使省委员会（Junta Geral da Provincia）成为自主机关，单纯拥有行政职责，但只限于规模较大的省份。然而，澳门没有设立省委员会②。所以，萧伟华（Jorge Noronha e Silveira）指出，"欠缺政治行政方面的自主性，同样是妨碍澳门发展的其中一个因素。澳门地区受到里斯本官僚政府的强烈限制，里斯本屡次对澳门当地情况及有关问题漠不关心。澳门反反复复被纳入或脱离无稽的澳门、地扪暨梭罗省，这只会使到澳门地区已出现匮乏的财政资源承受更大负担。而澳门在一八九六年才确定转变为自主的省份"③。

上引萧伟华文中的"而澳门在一八九六年才确定转变为自主的省份"之说法，可能有误。因为直到 1914 年，葡萄牙才首次对海外属地定出一个真正的特别政治行政组织。这个组织载于第 277 号法律（《海外省民政组织法》）及第 278 号法律（《海外省财政组织法》）。这两项法律采纳了英国的殖民地管理模式，使海外省的政治及立法自治情况有显著的发展④。尤其根据第 277 号法律第三条，各海外省组织法由本省政务委员会起草，听取殖民地委员会意见后送交中央政府通过。正因如此，才有学者认为，"直至 1914 年海外省行政组织法的颁布，澳门才逐渐获得真正意义上的自治"⑤。

1914 年，葡萄牙政府又先后颁布了多个相关法律，如 1917 年《澳门省组织章程》、1920 年第 7030 号法令、1926 年《澳门殖民地组织章程》、1933 年《葡萄牙殖民地帝国组织章程》、1955 年《澳门省章程》、

---

① 吴志良：《澳门政制》，澳门基金会，1995，第 35 页。
② 萧伟华（Jorge Noronha e Silveira）：《澳门宪法历史研究资料（1820~1974）》，沈振耀、黄显辉译，法律翻译办公室、澳门法律公共行政翻译学会，1997，第 34~35 页。
③ 萧伟华（Jorge Noronha e Silveira）：《澳门宪法历史研究资料（1820~1974）》，沈振耀、黄显辉译，法律翻译办公室、澳门法律公共行政翻译学会，1997，第 38 页。
④ 萧伟华（Jorge Noronha e Silveira）：《澳门宪法历史研究资料（1820~1974）》，沈振耀、黄显辉译，法律翻译办公室、澳门法律公共行政翻译学会，1997，第 40~41 页。
⑤ 吴志良：《澳门政制》，澳门基金会，1995，第 41 页。

1963 年《澳门省政治行政章程》和 1972 年《澳门省政治行政章程》等，在不到 60 年的时期内，澳门政治行政组织伴随葡萄牙政局翻来覆去，变化无常，直到 1976 年 2 月 17 日《澳门组织章程》颁布生效，才揭开了澳门政治行政史的新的一页。

值得注意的是，1844 年成立澳门、地扪暨梭罗省以后，不仅该省由三个地方构成，而且随着澳葡政府扩张政策的逐渐得逞，所谓的"澳门"，也是由澳门半岛与离岛地区（主要包括氹仔岛和路环岛）这两个部分组成。1878 年成立氹仔过路湾政务厅后，依照澳门华政衙门的体制，在氹仔、路环两离岛单独设置行政机构，标志着澳葡政府已尝试将澳门地区分成两个相对独立的市政区进行行政管理①。1887 年中葡签订《和好通商条约》之后，葡人获得了永居和管理澳门的权利，市政管理制度逐渐完善。

就总体而言，澳门的公共行政架构可以划分为中央行政（Administração Central，即总督）和地方行政（Administração Local，即澳门市政区和海岛市政区）。中央行政又可分为直接行政（administração directa）和间接行政（administração indirecta）。直接行政是指从等级上隶属总督的本身机关，可以是简单的组织单位（如行政暨公职司），可以是有行政决定权的行政自治机关（如卫生司），也可以是既有行政决定权又有自身预算的行政、财政自治机关（如政府印刷署）。间接行政是指自治并有法人资格的机构，可以独立行事，公开接受澳门自治机关（如总督、立法会、市政议会）的监督，其组织和运作与直接行政的简单组织单位并无明显的区别，唯其拥有法人资格，可以从技术和法律角度上提高效率；也可以是公共基金会（如澳门基金会），除了具备行政、财政自治权和法人资格外，还拥有自身的财产及其管理权；还可以是公共企业，即拥有公共资本和公共管理，但从结构上却具有企业性质并接受由公法和私法混合制度约束的法人。此外，

---

① 详细参见本章第三节相关论述。

还有公共社团，即由不同公私机构组成的法人机构，例如澳门土木一程实验室和东方葡萄牙学会等①。

有资料显示，1941 年的中央行政架构比较简单，在澳门政府下仅设民政机关和军政机关，下设总局、部、局、所等机构。其中民政总局辖有澳门市政局和海岛市政局这两个独立的市政局。

1949 年澳门政府民政机关中的民政总局，仍旧辖有澳门市政局和海岛市政局这两个独立的市政局。其中：

澳门市政局设局长 1 名，下设书记室和市政警探部。书记室设主任 1 名，书记若干名；市政警探部设探长 1 名，副探长 1 名，一等葡籍警探 2 名，二等葡籍警探 2 名，三等葡籍警探 10 名。书记室管理澳门市民的出生、死亡登记，婚姻注册，外籍人员入境登记，派发居民证，市民申请在政府医院留医，贫民申请救济和调处劳资纠纷等。警探部负责管理调查外侨护照，执行移民法例，监督社会风化，政治活动、开会选举等社团活动，稽查工厂、当押业、戏院、酒店、舞场、娱乐场所等。

海岛市政局专门负责氹仔和路环两离岛的一切行政事务，下设镇长 1 名、书记 1 名、路环站长 1 名、总务 1 名。另设海岛镇行政委员会，镇长担任主席；设员警分局长 1 名、副局长 1 名、员警 24 名。行政局本身还分设法院、市政委员会、财政分局、港务分局、邮电分局等机构②。

四　《澳门组织章程》颁布生效后的澳门市政区和海岛市政区

1976 年 2 月 17 日《澳门组织章程》的宪法性法律效力，在同年 4 月 25 日颁布生效的《葡萄牙共和国宪法》中获得确认和维持，新宪法

---

① 吴志良：《澳门政制》，澳门基金会，1995，第 77 ~ 78 页。
② 黄启臣：《澳门通史》，广东教育出版社，1999，第 402 ~ 407 页。

首次承认澳门为葡萄牙管理下的中国领土。1990 年 5 月 10 日，葡萄牙国会最后一次大幅修改《澳门组织章程》（第 13/90 号），以配合 1988 年 1 月 15 日生效的《中葡联合声明》，在过渡期内加强澳门的立法和司法自治权，规定澳门拥有自治且适应澳门特殊情况的司法组织，司法组织的纲要由葡萄牙国会制定（《澳门组织章程》第 51 条）。根据章程，澳门地区包括澳门半岛、氹仔和路环两岛（第 1 条），是一个内部公权法人，在不抵触葡萄牙宪法与本章程的原则以及尊重两者所定的权利、自由和保障的情况下，享有行政、经济、财政及立法自治权（第 2 条）[①]。

1987 年，澳门当局开始考虑改革市政法律制度，并聘请葡萄牙学者对澳门的市政现状进行比较性考察和研究。研究结果在同年 6 月公布，要点为：

（1）澳门地区维持两个市政区——澳门市政区和海岛市政区；

（2）每个市政区有决议和执行两个机关，决议机关成员由选举产生，以反映居民的意愿，监督市政事务；

（3）市政区享有行政、财政和资产自治权，中央行政仅行使监察权；

（4）加强市政区功能和职权，增加市政人力技术资源和扩大组织架构；建立独立自主的财政制度。

这些结论，在 1988 年 10 月颁布的《市政法律制度》（Regime Jurídico dos Municípios，10 月 3 日第 24/88/M 号法律）中得到充分体现。根据这个法律，澳门地区有两个市政区，即澳门市政区和海岛市政区，后者的范围包括氹仔和路环两岛。两个市政机关均是具有公权的法人，各自有独立的管理机关及财产，并享有行政和财政自主权（第 1 条）[②]。

---

① 吴志良：《澳门政制》，澳门基金会，1995，第 61~63 页。

② 吴志良：《澳门政制》，澳门基金会，1995，第 134 页。

新制度下，市政区的职能亦得到大大加强，其主要职责涉及以下几条（第2条）：

（1）本身及其管辖范围内资产的管理；

（2）市政发展；

（3）城市规划和建设；

（4）公共卫生和基本清洁；

（5）文化、娱乐和体育活动。

每个市政区有两个管理机关——市政议会（Assembleia Municipal）和市政执行委员会（Camara Municipal，俗称市政厅），依法独立行使各自的职能（第5条、第6条）。总督或其授权的一位政务司仅对市政机关进行行政监管（第46条），可以通过分析市政机关会议记录督促市政机关遵守法律；对市政机关及其部门的活动进行督察调查，以及要求市政机关限期对已作出的任何决议进行解释（第47条第1款）。

澳门市政议会由13名议员组成，海岛市政议会由9名议员组成。澳门市政议会成员5名由直接选举产生，5名由间接选举产生，其中2名在经济利益代表中选出，3名在道德、文化和慈善利益代表中产生，另外3名由总督委任。海岛市政议会成员3名由直接选举产生，3名由间接选举产生，其中1名在经济利益代表中选出，2名在道德、文化和慈善利益代表中产生，另外3名由总督委任（第15条）。市政机关领导人任期4年，不得延期（第39条）。

澳门市政执行委员会和海岛市政执行委员各由1名主席、1名副主席和3名委员组成。除主席和副主席外，还有1名全职执行委员进行专职工作。主席和专职执行委员由总督委任，副主席和另外2名兼职执行委员则由市政议会选出。市政执行委员会成员的任期与市政议员相同①。

---

① 吴志良：《澳门政制》，澳门基金会，1995，第134～139页。

澳门，根据《中葡联合声明》的庄严规定，已于 1999 年 12 月 20 日平稳而顺利地回归中国，成为一个直属中央人民政府的特别行政区。澳门地区的行政管理由此进入了一个崭新的发展阶段。

根据《中华人民共和国澳门特别行政区基本法》规定，澳门特别行政区政府也就是澳门特别行政区的行政机关。澳门特别行政区行政机关的最高首脑是澳门特别行政区行政长官，即行政长官，他不仅是澳门特别行政区的首长，也是澳门特别行政区政府的首长，具有双重身份，故行政长官享有领导澳门特别行政区政府、决定政府政策和发布行政命令、制定行政法规并颁布执行、提名并报请中央人民政府任命澳门特别行政区政府主要官员、依照法定程式任免公职人员等职权。

在行政长官之下，基本法规定了四级澳门特别行政区的政府架构，即在行政长官之下设司、局、厅、处四级行政架构。在澳门回归后，根据澳门实际情况，澳门特别行政区设立了五个司，即行政法务司、经济财政司、社会文化司、运输工务司和保安司。每个司下面都设有相应的局、厅、处单位。此外，根据基本法规定，澳门特别行政区还设立了海关和员警总局①。其中行政法务司属下的民政总署，作为行政、财政及财产自治的公务法人，前身为临时澳门市政局及临时海岛市政局，组织法规为第 17/2001 号法律、第 32/2001 号行政法规、第 260/2001 号行政长官批示及第 2/2002 号行政长官批示。其主要职责包括：促进及执行文化、康乐及体育范畴内的工作；促进环境卫生，尤其是确保公共地方的清洁及动物的监管；规划、促进及执行公民教育的资讯及培训活动；提升居民的生活质素，尤其是推动重整城区及更新有关的设备，以及改善环境条件；鼓励及辅助民间组织，促进社会利益和社群之间的互和睦邻精神；执行有关城市规划范畴的

---

① 吴志良、杨允中主编《澳门百科全书》（修订版），澳门基金会，2005，第 498～499 页。

工作，参与城市规划及道路交通整治工作；发出营业准照；执行澳门特别行政区政府在澳门对外城市的交流和发展关系方面所订定的政策；协助实行民防工作等①。

第二节 清朝后期对澳门半岛北部地方行政管理权的交涉——以《望厦及其附近村落地图》的研究为中心

这里所说的《望厦及其附近村落地图》（见图 3 - 1），是指澳门收藏家协会会长、澳门历史文化研究会会长吴利勋先生收藏的《赵书泽堂家谱》中所附的一张手绘地图。此图曾由澳门大学澳门研究中心林广志博士在 2004 年 12 月于所撰《清代澳门望厦赵氏家族事迹考述》中以附图形式首先刊布②，林文后来又收于澳门收藏家协会、澳门历史文化研究会 2007 年 10 月出版的《澳门历史文物艺术展》一书中，所附地图起名为《〈清代澳门望厦赵氏家旅（族字之讹）事迹考述〉地图》③，排版方式略有调整（较首次刊布时有顺时针 90 度旋转），但图件更为清晰。目前已刊布的两种《赵书泽堂家谱》所附手绘地图均无正式图名，似皆由两个半张地图原稿或一张原图分两次扫描后拼接而成，拼接处有部分内容缺失，整个地图四边也有部分内容缺失，或许原图本不完整。不过，此图为目前所见近代澳门地区历史地图中唯一涉及澳门半岛北部地方的一幅区域专题地图（据其反映的内容暂定名为《望厦及其附近村落地图》），此图虽不完整，但内容丰富，学术价值较大，尤其是反映了清朝后期对澳门半岛北部地方行政管理权的交涉情况，值得深入研究。

---

① 吴志良、杨允中主编《澳门百科全书》（修订版），澳门基金会，2005，第 112 页。
② 林广志：《清代澳门望厦赵氏家族事迹考述》，《澳门历史研究》2004 年第 3 期。
③ 林广志：《清代澳门望厦赵氏家族事迹考述》，载吴利勋主编《澳门历史文物艺术展》，澳门收藏家协会、澳门历史文化研究会，2007，第 7～18 页。

一 《望厦及其附近村落地图》的作者与绘制年代

关于《望厦及其附近村落地图》的作者与绘制年代，林广志曾有简单的推测，认为此图"绘出了亚马留被刺时的地形，还标出后来周围防卫的变化，其情景很像是赵氏后人为了记述这一件事所绘，但目前暂时不能证实它是否就是记载赵封石参与'亚马留事件'策划的资料，还有待我们提供更多的证据资料。"① 按此图既然附于《赵书泽堂家谱》中，当为赵氏后人所绘，但关于此图的绘制年代，尚需要根据地图本身提供的信息并结合相关史料作进一步的研究。

《望厦及其附近村落地图》中的文字注记，提供了多条信息直接反映葡人在澳门旧城以北地区拆村毁坟修建马路、营建兵房，以及中国居民修建居室、经营工矿业的时间情况，其中时间最晚的一条提到，"光绪十二年余瑞云、蔡森等倡建洋屋款式并烧泥砖，火炉在青洲山烟营"，据之可以判断此图绘制年代的上限是光绪十二年（1886）。

关于《望厦及其附近村落地图》绘制年代的时间下限，也可以根据此图中反映的一些具体内容作相应的推断。图中记载了澳门半岛北部地方（即澳门旧城以北地区）7个村落的名称，相关地名主要有望厦西闸口、塔石村、龙田村、龙环村、沙冈村、新桥村口、沙梨头口等。据澳门掌故研究专家王文达考证，龙田村原属香山县管辖，"讵于清朝道光二十八年，澳葡兵头亚马勒氏竟由澳门城墙之水坑尾门，辟一马路经龙田村背后，直出马交、黑沙环而达关闸，因此龙田村后之田园土地，悉遭蹂躏"，"自从沈米事件发生后，满清官吏庸懦，竟任人攫去，更辟马路，编立门牌焉"，"龙田村自从设立门牌，编入澳门户籍后，澳葡富人如文第士、罗沙达、飞良绍、八士度等，则渐渐以贱价向村人收买砖瓦房舍，每间备价不过白银三几十两，交易后即促其搬迁；至于篷寮木屋，则由当局每间补价一两几钱，勒令徙去，

---

① 林广志：《清代澳门望厦赵氏家族事迹考述》，《澳门历史研究》2004年第3期。

实行巧取豪夺。惟是穷苦大众，一失栖所，即难为家，故迁徙维艰，遂致迁延岁月，直到光绪三十三年，仍有三十余家，无法迁徙。是时当局派救火员，携备梯、斧、火水等物，强令各户人丁将家俱（具）杂物迁出，然后将篷寮木屋浇以火水，可怜贫户，尽付一炬。"① 但在《望厦及其附近村落地图》上，龙田村仍绘出不少屋舍，显见此图当成图于光绪三十三年（1907）以前。又据王文达考证，塔石山旧称三迭石，又称颈头山，"山之险，又有坑水雨穴，分筑石围栏两道，斜向新桥方面而下，旧称'丹坑渠'。山上各处，尚有不少中国坟墓，皆澳门及龙田、望厦等村人之祖先茔冢也。同治年间，澳葡既占领塔石，到光绪末年，便欲开辟此山，遂有尽将山上之中国坟墓掘去之举。据'新修香山县志'之纪事编载称：'光绪三十一年，夷人平毁塔石等处坟墓，投无主遗骸于海云'。澳葡既将三迭石炸毁，又将丹坑渠填塞，更将整座颈头山铲平，只余旧西洋坟场及监狱附近一带高地而已；后更开马路，筑洋楼，而颈头山原来面目已泯灭净尽。"② 而在《望厦及其附近村落地图》上，不仅塔石山仍然存在，由塔石斜向新桥的管道也依稀可见，并且塔石村和西洋坟地之西侧，还注明"左右一带各村民坟"字样，这又可证明此图绘制的时间当不晚于光绪三十一年（1905）。这就是说，《望厦及周边村落地图》绘制的时间可以确定在光绪十二年（1886）至光绪三十一年（1905）之间。如果结合《望厦及其附近村落地图》绘制背景的分析（详参后文），尚可进一步推测此图极有可能就是赵氏后人在光绪十二年（1886）所绘。

二　《望厦及其附近村落地图》的注记特色与主要内容

《望厦及其附近村落地图》为望厦赵氏后人所绘制，系单色（黑色）手绘草图性质，虽有方位标示（地图某一周边部位有个缺损字，

---

① 王文达：《澳门掌故》，澳门教育出版社，1999，第145页。
② 王文达：《澳门掌故》，澳门教育出版社，1999，第165页。

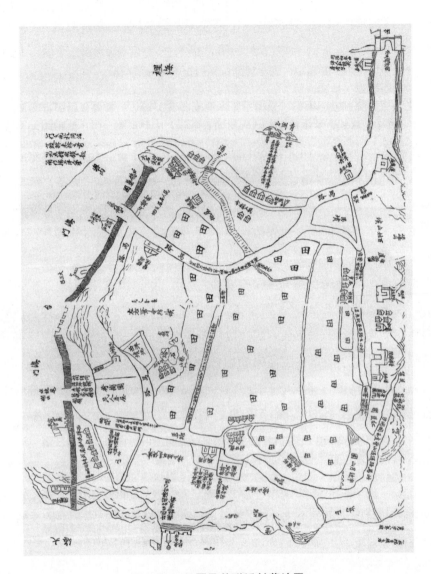

图 3 − 1　望厦及其附近村落地图

注：引自《澳门历史文物艺术展》第 18 页附图，此图较原刊地图作了 180
度旋转，以便读者与其他澳门历史地图和现代地图比较阅读。

似为"东"字下部之残笔），但无图名、图例和比例尺。不过，图中注
记类型比较复杂，不仅有大量的符号注记，而且有较多文字注记，反映
出的内容也相当丰富，值得系统研究。

（一）符号注记的类型及其所反映的内容

《望厦及其附近村落地图》中的符号注记大致有线型符号和象形符号两大类，分别用于反映不同类型的地理事物。

1. 线型符号

图中的线型符号较为复杂，有单曲线、双曲线、弧形线、闭合曲线和复合曲线等多种类型。

单曲线主要用于表示内港海岸线和外港部分海岸线，如沙梨头附近的海岸线和龙环村东的海岸线；也有少数反映的是村落间中的细小沟渠，如前文提到的由塔石斜向新桥方向的管道（旧称"丹坑渠"）。

双曲线则多表示道路，马路通常绘的较粗，如由三巴门闸口通向关闸的马路，由水坑尾闸口通向龙田村和龙环村的马路，以及连接这两条马路的"新开马路"等；而村中街道或田间小路则稍细一些，如沙冈村中、龙田村中的街道，以及望厦村南、龙环村西北的田间小路等。

弧形线多表示山地或岗丘，并且通常用复合弧形线的形式来表现，其弧度、长度反映了山地或岗丘的相对高度和大致范围，如东望洋山与其北侧的徐山就有较大的差异。

闭合曲线一般用来表示村落、居民区、农田、菜圃、山园、西洋花园、兵马厂、坟地等的范围大小；也有用来表示山坳地形，如猪头山北的山坳；塔石山则用三个闭合曲线来表示，显示"三迭石"之旧名确实有其来源；有些则用闭合双曲线表示墙垣的存在，如塔石西侧的西洋坟地。

复合曲线除表示山地或岗丘的复合弧形线以外，还有三种情况：一是在双曲线内加绘密集的小横线，表示澳门城的旧城墙的具体走向；二是在双曲线内加绘稀疏的小横线，用来表示沙冈村东南、斜向望厦村南的咸涌；三是用多条单曲线密集复合用来表示莲花茎（图中称"关闸沙"）两侧的沙滩地形。

2. 象形符号

象形符号主要是用来表示村舍、铺舍、寺庙、教堂、医院、闸门、炮台、兵马厂等建筑物，图中这类符号较多并且常常配合有地名标注或说明性文字注记。

值得注意的是，图中所绘象形符号并未完全采纳统一的符号，而是根据建筑物的性质尤其是建筑立面特征而有所区别，其实就是缩小的建筑立面图，如图中的关闸绘有门洞，炮台则绘有女墙，显示出建筑功能的不同；中国人村舍、铺舍与西洋人的兵房、兵马厂等类建筑皆绘有屋顶，但形象却略有区别；花王庙与大三巴同是西洋教堂，两座教堂顶端均绘有十字架图案，但教堂的立面特征却有显著不同。

另外，图中还通过象形符号数量的多少和组合情况来反映人文景观的规模和综合功能，如图中龙田村绘有三排共九间屋舍（其中村中街道以南两排五间，以北一排四间），而其东面的龙环村只有一排三间，这至少说明龙田村的村落规模要远远大于龙环村的，尽管前者的不少村舍在道光二十八年（1848）以后曾被澳葡富人如文第士等陆续以贱价收买，但至少在光绪三十一年（1905）以前村落屋舍数量仍然不小；沙冈村中道路的西侧绘有铺舍四间，东侧只绘有铺舍两间，这也说明在作者的印象中，道路西侧近海岸一侧的商铺较之东侧更为繁盛；东望洋炮台上绘有灯塔和旗帜，关闸西南侧标绘有葡人兵房，普济禅院与东侧的葡人兵房紧接在一起，西洋兵头花园则西临马兵厂，说明这些小区域的建筑物多是以建筑群的形式出现的，并在一定程度上具有综合功能。

（二）文字注记的类型及其所反映的内容

《望厦及其附近村落地图》中更为重要是文字注记，主要分为地名注记和说明性文字注记两大类。

1. 地名注记

图中直接标注的地名共有 61 个（另在相关说明性文字中出现"飞沙关"和"关闸沙"，实际上总共涉及 63 个地名），依据所指称地理事物的性质，大致可分为 12 个小类别，具体情况如下：

（1）山名（含岗地和山坳）。共见 14 个，分别是青洲山、莲峰山、玉山、何山、猪头山、徐山、大龙喉、二龙喉、塔石、蔡山、金墩崁、大石、山（未标注具体山名）和山坳（未标注具体地名）。

（2）水名。共见 4 个，分别是大海、里海、涌口和咸涌尾水口。

（3）村落名（含相关地名）。共见 7 个，分别是望厦西闸口、塔石村、龙田村、龙环村、沙冈村、新桥村口和沙梨头口。

（4）寺庙、教堂名。共见 8 个，分别是莲峰庙、莲溪庙、先锋庙仔、康公庙、普济禅院、西洋花王庙、大三巴和礼拜堂。

（5）街道、坊区名。共见 5 个，分别是石墙街、（望厦）村心之路、新开马（路）、荷兰园和进教围；另有失名之"马路"7 条，暂不计在内。

（6）医院名。共见 2 个，分别是镜湖医院和西洋医院。

（7）花园名。共见 2 个，分别是白鸽巢园和西洋兵头花园。

（8）菜圃、山园名。共见 3 个，分别是普济院内菜园、红豆园和半边月山园。

（9）坟地名。共见 1 个，即西洋坟地。另外，还有 5 片中国人坟地，无固定墙垣，范围大小不明，不计入坟地名。

（10）闸口名。共见 5 个，分别是（关）闸、（望厦村）西闸、（望厦村）东闸、三巴门闸口和水坑尾闸口。另外，图中还提到关闸的别名为"飞沙关"，但非直接标注，不计在内。

（11）炮台、兵房地名。共见 8 个，分别是东望洋炮台、（大炮）台、小炮台、（先锋庙仔南侧）汛地、（关闸西南侧）葡人兵房、（先锋庙仔对面）葡人兵房、（普济禅院东侧）葡人兵房和（西洋兵头花园西侧）马兵厂。

（12）区域名。共见 2 个，分别是澳门（两次标注）和澳内。另外，图中还提到"关闸沙"，系在说明性文字内出现，暂不计入。

2. 说明性文字注记

图中出现的说明性文字一般注记于重要建筑物、地名近旁，或者马路之中，有些相关说明性文字由于图中位置不够而被就近安排在地图周边的空白部位。据笔者初步统计，图中说明性文字共有 8 类 46 组，其中 4 组文字注记于地图周边，内容缺损较为严重，只可作大致的推测。这些说明性文字大致可分成以下几种类型：

（1）地名的别名。仅见 1 例，即"（关）闸"旁注"亦名飞沙关"。

（2）山地现状说明。共见 2 例，一为望厦观音古庙北"玉山"旁注有"英租"二字，二为荷兰园东偏未标注具体名之"山"旁注"此处民坟被葡人掘去遍种树木"。

（3）建筑物（群）情况说明。共见 13 例，其中关闸西南侧"葡人兵房"旁注"同治初年葡人私设兵房看守"，先锋庙仔对面"葡人兵房"旁注"同治初年葡人设兵"，"西洋兵头花园"旁注"此园同治年间初建"，"马兵厂"旁注"此兵房于光绪五年葡人建造，全间石壁"，"东望洋炮台"旁注"此炮台初开澳时已建，县志有载"，"小炮台"注明"无兵守"，"西洋花王庙"旁注"此庙在三巴门之外"，青洲山东南侧建筑物旁注"洋人旧屋"，青洲山西南侧建筑群旁注"光绪十二年余瑞云、蔡森等倡建洋屋款式并烧泥砖，火炉在青洲山烟营"，（望厦）"村心之路"之南建筑群旁注"属村前屋宇"，沙冈村心路两侧建筑群分别旁注"铺舍"和"民人铺舍"，新桥村口与沙梨头口之间建筑群旁注"社前铺舍"。

（4）闸口拆毁时间与管理变化情况说明。共见 4 例，其中望厦村"西闸"旁注"于光绪四年被葡人拆了"，望厦村"东闸"旁亦注"于光绪四年被葡人拆了"，"水坑尾闸口"旁注"此闸经同治四年毁拆，未拆之前仍然晚上九点钟关锁"，地图周边空白部位有关"三巴门闸口"的文字注云"（三）巴门之闸于同治（四）年毁拆，未拆之前（晚）间九点钟关锁，锁匙（□□）闸门楼上洋人管"①。

（5）马路修建情况说明。共见 5 例，其中望厦"村心之路"内注记"村心之路西夷改为马（路）"，自三巴门闸口北通关闸沙的"马

---

① 笔者按：为了方便读者理解，本方文所引文字注记，可据上下文判断出的缺损字加"（）"号表示，疑缺字用"（□）"或"（□□）"等符号表示，错讹字则加［］号表示。

路"内注记"此马路乃道光廿八年被葡人锄去中国民坟开辟",自水坑尾闸口东通龙田村的"马路"内注记"此马路多系民坟,于道光二十八年被葡人锄去开辟",勾通上述两条马路的"新开马(路)"内注记"此光绪十年之新开马路,活〔阔〕三丈,长百二三十丈,乃葡人占民税田,计八亩零","何山"山前马路内注记"此马路通过山背至关闸沙"。

（6）用地性质说明。共见 17 例,主要是住宅用地、坟地和农田用地情况的说明,其中莲溪庙东北注明为"屋地",石墙街北注明为"民人房屋之地",荷兰园注明为"民人房屋",镜湖医院之东注明为"民人居处",望厦村西北注明有一片"百姓山坟",望厦村西南注明有一片"民坟",龙田村与龙环村之东注明有一片"百姓山坟",塔石村与西洋坟地之西侧注明"左右一带各村民坟",东望洋炮台西侧山麓也注明"一带俱是百姓山坟",另外还有 8 组（每组 2 个、3 个、4 个、7 个、10 个字不等）"田"字显示八片农田的范围大小。

（7）葡人占地情况说明。共见 3 例,皆在地图东北面周边（即望厦村东北方向）空白部位,文字缺损较多,不能完整解读,自东到西的各组说明性文字分别是"（□□）在炮台后之右（□□）道光二十八年被（□□）","（□□）关税（□□）被葡（人）（□）迁占税（□□）","（□□）更（□□）占住"。

（8）地图方位说明。仅见 1 例,在地图某一周边部位有个单字,此字缺损较为严重,推测为指示地图方位的"东"字下部之残笔。

三 《望厦及其附近村落地图》绘制背景的初步分析

《望厦及其附近村落地图》文字注记所反映的内容大致了解以后,就可以结合相关档案文献资料,进一步分析此图绘制之背景。

目前可以基本上确定的是,林广志关于此图是赵氏后人记述"亚马留事件"所绘的推测,当有一定的偏差。因为图中文字注记中未有一处特别提到亚马留,绘制时代又晚于 1849 年 8 月 22 日发生的

"亚马留事件"数十年之久，似与这个事件关系不大。不过林文有关赵氏家族参与澳门政治及中葡事务的研究，还是为我们进一步分析《望厦及其附近村落地图》绘制的背景提供了值得借鉴的思路。

据林广志研究，在嘉庆年间，以澳门赵氏二十六世（第五代）赵允菁为代表的澳门绅士"非常普遍地对地方事务负有责任，直接督促官府对澳门政事的处理，甚至于防火之类的日常事务都参与其中"，客观上"与地方政府构成了清政府统辖澳门的核心，是与西方势力抗衡的重要力量"，而"更为重要的是族谱还记赵允菁长子赵封石曾经参与著名的'亚马留事件'"，"说明两广总督徐广缙通过澳门本地士绅赵封石参与谋划了整个事件"①。

另据清代澳门中文档案资料，嘉庆二十年（1815）赵允菁确实曾奉香山县官府命令，参与了查验当地人与西洋夷人合伙圈地之事，《香山知县马德滋为催饬查明澳门沿海一带民人私筑铺屋以凭押拆事下澳门地保谕》②［嘉庆二十年八月十六日（1815 年 9 月 18 日）］即透露了相关信息：

> 特调香山县正堂马，谕澳门地保余有功、史文机、刘德高知悉：
>
> 照得澳门地方华夷杂处，西洋夷人每年输纳租银伍佰壹拾伍两，建屋居住。遇有倒塌，例应报明勘验，方准修复。不得于旧有铺屋之外，添建一椽一石，违者以违制论，久经遵照在案。
>
> 兹查近日澳门沿海一带地方，竟有民人私自占筑，或藉向夷人输纳租银数钱，即串同修砌，若不查究办，将来愈筑愈多，不独官地已为民占，更恐滋生事端。先经出示晓谕，尔等逐段挨查去后。日久未据绘图禀复，合再谕催。谕到该地保，

---

① 林广志：《清代澳门望厦赵氏家族事迹考述》，《澳门历史研究》2004 年第 3 期。

② 笔者按：此谕题中的"澳门地保"，编校者原拟为"理事官"，与实际内容颇不符合，径改正。

立即协同澳门绅士赵允菁、叶恒澍等，速即查明沿海一带各居
民铺屋，如系与人买受，及遵例投承者，着令捡出契照，禀缴
核验。倘系私占官地建造，或藉向夷人批地，串同砌筑者，该
地保即协同各绅士，逐段查明某人占筑何处若干，限五日绘图
列折，禀复本县，以凭亲临查勘押拆，此催之后，倘再徇延，
以及借端滋扰，定提重究不贷。毋违。特谕①。

上引档案记载中，应当引起注意的是"日久未据绘图禀复，合再
谕催"和"限五日绘图列折，禀复本县"这两句，因为这说明香山知
县是要求诸位地保协同澳门绅士赵允菁、叶恒澍等人查验相关事情之
后，必须在五日内绘图禀复。针对澳门居民私建房屋等类事宜，要求绘
图禀复，似是香山县官府当时的一贯做法，因为《香山县丞吴兆晋为
饬将山水园蕃人私建房屋丈明绘图并查明禀复事下理事官谕》［嘉庆十
三年二月初五日（1808 年 3 月 1 日）］也一再强调"眼同丈明，绘图注
说"②。可以据此推测，嘉庆二十年（1815）赵允菁等人一定也将调查
情况"绘图注说"并禀复香山知县，可惜限于资料，无法看到赵允菁
等人绘制的具体地图。

赵氏家族自明末崇祯十五年（1642）开始居住澳门，至清代已成
澳门望族，代有人才，亦一直颇受清朝官方看重，《望厦及其附近村落
地图》或当是赵氏后人在光绪十二年（1886）参与清朝政府与葡萄牙
政府交涉澳门问题时所绘的一种参考地图。

19 世纪 80 年代后期，在中法战争（1883～1885 年）之后，清政
府由于国库空虚，又因创设海军和推行新政需要筹集巨款，急于实行鸦
片税厘并征办法，这就为葡萄牙的外交讹诈提供了可乘之机。葡萄牙利

---

① 刘芳辑，章文钦校《葡萄牙东波塔档案馆藏清代澳门中文档案汇编》，澳门基金会，
1999，第 51 页。

② 刘芳辑，章文钦校《葡萄牙东波塔档案馆藏清代澳门中文档案汇编》，澳门基金会，
1999，第 50 页。

用清政府急需筹款的迫切心情，在实行鸦片税厘并征问题上，同英国相勾结，设下圈套迫使清政府就范。1886 年 5 月 19 日，清政府派上海道邵友濂同海关总税务司赫德一起前往香港，同港英当局谈判港澳间征税和缉私问题。从 6 月 19 日至 9 月 16 日，清政府和港英当局的谈判持续进行了三个月。赫德实际上操纵了整个会谈，他既是中国方面的代表，又常以总税务司身份穿梭往来于澳门、广州和香港之间，沟通粤督张之洞与港澳当局三方的观点，充当谈判掮客。自 7 月 21 日起，赫德又与澳葡总督罗沙断断续续会谈了一个多月。罗沙气焰嚣张，先后提出了许多无理要求。8 月 10 日，赫德背着中国政府，与罗沙拟订了两个文件，作为未来中葡正式谈判的基础。其一是《拟议条约摘要》，其二是《续订洋药专条》。两个文件拟订后，罗沙于 8 月 23 日离任返国述职，赫德则赴穗探听张之洞对谈判的态度，并于 8 月 26 日返回香港[1]。《望厦及其附近村落地图》的文字注记中多次提到"关税""占税""葡人占民税田"等字样，并且有关建筑物情况的文字注记中涉及时间最晚的一条是在光绪十二年（1886）。联系到澳门赵氏二十六世（第五代）赵允菁在嘉庆二十年（1815）曾奉香山县官府命令参与了查验当民人与西洋夷人合伙圈地之事并且"绘图禀复"，两广总督徐广缙在道光二十九年（1849）也曾通过澳门本地士绅赵允菁长子赵封石参与谋划了著名的"亚马留事件"，所以不排除粤督张之洞在光绪十二年（1886）清政府与港英和澳葡当局谈判之际，曾要求赵氏后人调查澳门葡人占税、占地等项情况的可能性。实际上在次年，即光绪十三年四月（1887 年 6 月），张之洞的一份奏折中称"葡之驻澳，本以围墙为界，墙外民田户籍，悉隶香山，葡人逐渐越占，近向界外村民勒收田房租钞，迭据望厦村绅民联禀赴诉，经臣先后委员会勘，照会葡官，查禁在案"[2]，就透露了一些相

---

[1]　黄鸿钊：《澳门史》，福建人民出版社，1999，第 282 ~ 286 页。

[2]　《粤督张之洞奏葡国永租广东澳门请审慎立约折》，光绪十三年闰四月二十一日（1887 年 6 月 12 日），转引自黄鸿钊编《中葡澳门交涉史料》（第一辑），澳门基金会，1998，第 208 页。

关信息。

澳门旧城之北共有 7 个村落，为何只是"望厦村绅民联禀赴诉"？光绪十三年七月（1887 年 8 月）张之洞等致总理衙门的一份电文中对此略有说明：

> 澳门事，委员暨香山县、广州府等查覆，围墙内为租界，围墙外关闸内为民地。历年葡人渐图混占墙外地，至今居民相持不从。关内七村旺厦有田四顷，另赴县完粮三十余两，余龙田、龙环、塔石、磡冈、新桥、梨头六村，依山杂居，无田无粮。葡人沿街设灯，捐灯费，又编列门牌，勒收地租，或交或否。旺厦全村灯费租钞，均不交纳。至词讼仍归香山县管理，即租界内口角钱财细故，葡人就近处息，人命及各重案，或县票差赴澳门传讯，或由葡官送归香山县讯办，有案可稽。民间属葡多不愿，旺厦民众丁多，尤不愿①。

光绪十三年八月（1887 年 10 月）张之洞的另一份奏折中也有言及：

> 查旺厦一村，岁完有粮银粮米，共银三十余两，其余沙冈、新桥、沙梨头、龙环、龙田、塔石等六村，依山而居，并无田粮。葡人先于各处强设路灯，借收灯费，渐向各村强编门牌，勒收地租。旺厦村全不交纳。龙环、塔石两村不缴者十之六七。至词讼案件，其口角钱债细故，或由葡人就近处理，若人属重案，仍归香山县控告办理，甚至围墙以内遇有重案，往往由洋官照会香山县归案审办。此皆咸丰、同治、光绪年间之案，均有案牍可稽。是澳门一岛，墙内土地人民，历年并未专

---

① 《张之洞吴大澄等致总署拱北关设在我地征税与葡无涉电》，光绪十三年七月十一日（1887 年 8 月 29 日），转引自黄鸿钊编《中葡澳门交涉史料》（第一辑），澳门基金会，1998，第 211 页。

归葡人管辖，墙外可知。屡次绅民呈词，深以入洋籍输洋赋为
耻，情词愤激，不约而同。上年葡人勒收租钱，旺厦村民鸣锣
拒之，立即遁去，强者抗不完交，弱者亦从违各半①。

实际上，光绪十三年四月（1887 年 6 月）张之洞奏折中提到的
"望厦村绅民联禀赴诉"之事，乃是发生在光绪十二年（1886）春季。
而在此事发生不久，张之洞即密派人员详细调查相关情况，这可从前引
光绪十三年八月（1887 年 10 月）张之洞的奏折中得到进一步的证实：

> 伏查澳门一区，只为粤省肘腋之患，自道光、咸丰以来，
> 洋务纷纭，内患未靖，无暇议及。彼遂蒙混多占，得步进步，
> 乃历来无人禁制，非葡之强盛不能禁制也。臣到粤后，即首将
> 闱姓之利收回。上年春间，臣据旺厦村绅民呈禀，即经密札印
> 委各员，迭次密查，一面照会葡官禁阻，一面绘具地图，考核
> 葡人虚实，兵食商务情形，并每年粤省接济澳门米谷若干，经
> 由何道，以为清理防遏之计，并于紫泥关卡稽查走私蚕茧，以
> 免土丝之利归入澳门，迭经咨关行司饬局筹议。然非筹定办
> 法，奏奉谕旨，不敢轻易发难，其时以东西省越边界务未竣，
> 未便同时并举，拟俟越界既定，即当陈奏。先已于本年三月内
> 咨达总署密筹办法，嗣接到立约明文随即通筹利害条例具奏。
> 今覆加详查，民情之愤，后患之深如彼，于药征之无益有害又
> 如此，窃思详约总宜缓定，俟年余事，体察药征旺淡究竟如
> 何，再行请旨定夺，如彼非理要求，或竟作罢论②。

---

① 《粤督张之洞奏澳界辗辗太多澳约宜缓定折（附清单）》，光绪十三年八月二十九日
（1887 年 10 月 15 日），转引自黄鸿钊编《中葡澳门交涉史料》（第一辑），澳门基金
会，1998，第 212～213 页。
② 《粤督张之洞奏澳界辗辗太多澳约宜缓定折（附清单）》，光绪十三年八月二十九日
（1887 年 10 月 15 日），转引自黄鸿钊编《中葡澳门交涉史料》（第一辑），澳门基金
会，1998，第 214～215 页。

上引奏折中最值得留意的是"上年春间，臣据望厦村绅民呈禀，即经密札印委各员，迭次密查，一面照会葡官禁阻，一面绘具地图"等语，可知张之洞在光绪十二年（1886）春季收到旺厦村绅民呈禀以后，即密札委任官员几番调查葡人侵地占税等事情，并让人绘制了相关地图。《赵书泽堂家谱》中所附的望厦村赵氏后人所绘《望厦及其附近村落地图》，大概就是其中一份基础性地图的副本。

张之洞在光绪在十二年至十三年间（1886～1887年）应当是读到并参考了赵氏后人所绘的《望厦及其附近村落地图》。在光绪十三年四月（1887年6月）张之洞的奏折中提到葡人所居之地"东北枕山，西南滨海，是为澳门，其原立之三巴门、水坑门、新开门，旧址具在，志乘可征，所筑炮台、马路、兵房，均属格外侵占，应于立约时坚持围墙为界，不使尺寸有逾"；"葡人于同治初年将围墙拆卸，希图灭迹，然墙可拆，旧址终不可没。将来约有成议，似应由粤省督抚就近派员，会同葡使亲往勘验，详查旧址，公同立界，俾免影射逾越"[①]。而在《望厦及其附近村落地图》中，三巴门、水坑尾门、新开门旧址，以及葡人所筑炮台、马路、兵房等均有清晰标注，而且图中三巴门、水坑尾门文字注记均说明是"同治四年毁拆"，尤其是此图还特意绘出了澳门旧城墙的具体走向，并注明旧城墙以西南为"澳门""澳内"，这些均与张之洞的说法大致符合。在前引光绪十三年四月（1887年6月）张之洞奏折中，张氏虽然仅说自己依据的资料是征于"志乘"，但目前所能看到的光绪十三年（1887）以前成书的明清"志乘"中涉及澳门的地图其实大多比较粗略，唯清初印光任、张汝霖《澳门记略》中的《澳门正面图》（见图3－2）、《澳门侧面图》对澳门旧城墙及其以北地区的村落、官署、庙宇等有较为清楚的标绘，但此二图绘制时间较早，也未能反映出后来葡人毁折城墙、修筑马路、侵地占税等多种情况。可见

---

① 《粤督张之洞奏葡国永租广东澳门请审慎立约折》，光绪十三年闰四月二十一日（1887年6月12日），转引自黄鸿钊编《中葡澳门交涉史料》（第一辑），澳门基金会，1998，第209～210页。

图 3–2　《澳门记略》中的《正面澳门图》（右）

张之洞的奏折主要是根据最新的调查资料立论的，其中就当包括赵氏后人提供的相关地图资料。或许正像后来澳门同知蔡国桢所说的那样，"夫履勘界务，以地图为凭，遵守界限，以划界为凭，此各国之大较也"，而在光绪十五年（1889）澳葡兵头为了争夺水界，也曾特意通过拱北关税务司贺璧理向澳门同知蔡国桢出示葡人所绘澳门水陆地图一纸，"划界地图兼用汉英文，系铜版刻成，先以墨线刻定四围界限，加

填红线以示区别，是其成竹在胸，匪伊朝夕"，目的是想证明其权威
性，"既不等坊肆之私图，又不比市井之私论，是此地图与税司无非侵
越之确据"①。以此推之，光绪十三年四月（1887年6月）张之洞的奏
折利用了赵氏后人所绘的《望厦及其附近村落地图》资料而立论，但
却没有直接提及此图，而只说是"志乘可征"，估计是为了避免让人感
觉是利用了"坊肆之私图"。

在赫德的操纵下，时任中国海关驻伦敦办事处税务司的英国人金登
干以赫德私人代表的身份，经过多次谈判，于1887年3月26日与葡萄
牙外交大臣巴罗果美在里斯本草签了中葡《会议草约》，即通常所说的
《中葡里斯本草约》。7月13日，罗沙作为葡萄牙特使来到北京，随即
向清朝总理衙门送去一份照会，并附上一幅关于"澳门及其附属地"
的划分图，"该图东至九洲洋，南至横琴、过路环，西至湾仔、银坑，
北至前山城后山脚，周围百余里，皆加以红线划入葡人界内"②。总理
衙门"阅其图内与现在葡人所居之地，界址不清，恐其意在朦混多
占"，因此"反复辩驳，将原图交还，一面电询粤省督抚臣，并密与北
洋大臣李鸿章往复函商，派员赴澳，确查该处实在情形，以凭办理去
后"③。值得注意的是，总理衙门当时还一再地对罗沙强调，"附属地反
倒比澳门大！馒头比蒸笼还大，怎样能行"；"如果必须划定澳门的附
属地，我们在北京的大臣们没法办，应当正式命令熟悉当地疆界情形的
张之洞去划定"④。在中葡交涉过程中态度比较软弱的总理衙门也不得
不承认在澳门划界问题上，两广总督张之洞是最有发言权的，这与张之

---

① 《奉批禀复澳葡蓄谋侵地情形预请转咨定界息争》，转引自黄鸿钊编《中葡澳门交涉
　史料》（第一辑），澳门基金会，1998，第249页。
② （清）蔡国桢：《澳门公牍录存》，（清）汪康年辑《振倚堂丛书初集》，清光绪宣统
　间排印本，第5页。
③ 《总署奏葡约现有成议谨陈办理情形折》，光绪十三年九月二十七日（1887年11月12
　日），转引自黄鸿钊编《中葡澳门交涉史料》（第一辑），澳门基金会，1998，第222
　页。
④ 中国近代经济资料丛刊编辑委员会主编《中国海关与中葡里斯本条约》，中华书局，
　1983，第93页。

洞行事干练，未雨绸缪，注意从调查基层实情的风格分不开。而赵氏后人绘制的《望厦及其附近村落地图》，无疑为张之洞在参与中葡交涉过程中充当强硬派的角色提供了不少直接的信息支撑。

第三节　澳葡政府在离岛地区的早期政治架构与运作机制——以《澳门宪报》中文资料为中心

关于澳门政治史的研究，目前已有不少力作。其中叶士朋《澳门法制史概论》、吴志良《澳门政制》和《生存之道：论澳门政治制度与政治发展》等书，皆不乏精辟的论述①。另外，乔素玲对清代澳门中葡司法冲突的研究②，叶农对澳葡殖民政府早期政治架构的研究③，郑爽对华政衙门司法程式的研究④，也都颇有新意。不过，以往的澳门政治史研究，似仅仅关注狭义的"澳门"即澳门城或澳门半岛的政治发展情况，对于离岛地区的政治演变情况则大多忽略。其实，继亚马留于1849年驱逐留守澳门的中国海关官员、迫使中国政府无法直接行使对澳门的主权和治权之后，澳葡当局又分别于1851年和1864年侵占控制了凼仔（又作潭仔）和路环（时称过路湾），随后设置了凼仔过路湾政务厅和凼仔过路湾公局，对离岛地区强行实行殖民管治，开启了澳门与离岛地区分别设官管理的空间政治格局。有鉴于此，本节拟以《澳门宪报》中文资料为主要依据，对澳葡政府在离岛地区的早期政治架构进行初步探讨，希望有助于对澳门地区空间政治格局发展演变过程的深入了解。

① 〔葡〕叶士朋：《澳门法制史概论》，澳门基金会，1996；吴志良：《澳门政制》，澳门基金会，1995；吴志良：《生存之道：论澳门政治制度与政治发展》，澳门成人教育学会，1998。

② 乔素玲：《清代澳门中葡司法冲突》，《暨南学报（哲学社会科学版）》2002年第4期。

③ 叶农：《澳葡殖民政府早期政治架构的形成与演变》，《暨南学报（哲学社会科学版）》2004年第4期。

④ 郑爽：《从〈澳门宪报〉中文史料看华政衙门的司法程式》，《澳门历史研究》2008年第7期。

一　关于澳葡政府在离岛地区的早期政治架构的诸多说法

关于澳葡政府在离岛地区（氹仔和路环）的早期政治架构，目前学术界尚无专门研究成果，但一些论著略有提及，归纳起来，主要有以下五种说法：

1. 1865 年设立海岛镇行政局说

《港澳大百科全书》中专门列有"海岛镇行政局"词目并释云："澳葡当局设立的对氹仔、路环两个离岛的行政管理机构。1844 年，澳葡首次在氹仔的西沙建造炮台，自称已将管辖区扩展到氹仔。后又扩大对氹仔的侵占，在岛上增建兵房、捕房和教堂等。1865 年，又占据路环台（引者按：岛字之误）西部的荔枝湾等地，并占地数 10 亩建造炮台，派驻守兵，并向当地居民勒收租税。同年即设立海岛镇行政局，作为管辖氹仔、路环两岛的行政机构。"① 《澳门大辞典》也持 1865 年设立海岛镇行政局之论，并补充说："海岛镇属下的法院、市政委员会、财政分局、港务分局、邮电分局等，都和镇行政局一起办公。路环另设有行政站，设站长 1 名，专理该岛政务。海岛镇行政局设有镇长 1 名，书记 1 名，路环站长 1 名，总务 1 名。另设海岛镇行政委员会，由镇长兼任主席。还设有员警分局，局内设有局长 1 名，副局长 2 名，员警 24 名，负责维持两岛的治安。海岛镇行政局的设立，实际上是澳葡当局在澳扩张的结果。"②

2. 1864 年设立海岛市政厅说

《澳门大辞典》一书在因袭《港澳大百科全书》1865 年设立海岛镇行政局说的同时，又提出了 1864 年设立海岛市政厅说，认为"1834 年，葡萄牙颁布法律，解散议事局，设立自治的澳门市政厅。1846 年，亚玛勒出任澳门总督，竭力推行殖民统治政策，总督的权力进一步膨

---

① 陈乔之主编《港澳大百科全书》，花城出版社，1993，第 660 页。
② 黎小江、莫世祥主编《澳门大辞典》，广州出版社，1999，第 87 页。

胀，市政机构的地位更加削弱，成为单纯负责市政事务的机构。1864年，葡萄牙人侵占路环岛后，设立隶属于澳门市政厅的海岛市政厅，作为管理氹仔和路环两岛的市政机构"①。此说无史料依据，不可信从。

3. 1869年设立离岛市政厅说

施白蒂《澳门编年史（十九世纪）》中记述，1869年12月1日"成立离岛市政厅法令颁布"，"海岛市于1869年12月1日设立"②。

4. 1878年设立海岛公局说

施白蒂《澳门编年史（二十世纪1900~1949）》提道："1878年第52期《政府公报》上颁布的第104号训令成立了海岛公局，由氹仔及路环统领及两名华人领导。从1879年起，当地当局的正式名称改为氹仔及路环区统领及政务厅厅长。"③ 《澳门编年史（二十世纪1950~1988）》一书也有类似说法④。此说略有所据，但涉及1878年和1979年两个年份。

5. 1879年组成离岛政府说

施白蒂在提出1869年设立离岛市政厅说和1878年设立海岛公局说的同时，又有1879年组成离岛政府说，据其《澳门编年史（十九世纪）》一书的考证，1878年"第104号省训令承认氹仔路环的自治权及实行这种自治权的财政手段"，1979年5月9日"组成离岛政府，由军事长官兼任氹仔路环行政长官"⑤。

---

① 黎小江、莫世祥主编《澳门大辞典》，广州出版社，1999，第356页。
② 施白蒂：《澳门编年史（十九世纪）》，姚京明译，澳门基金会，1998，第177、214页。
③ 施白蒂：《澳门编年史（二十世纪1900~1949）》，金国平译，澳门基金会，1999，第323页。
④ 施白蒂：《澳门编年史（二十世纪1950~1988）》，思磊译，澳门基金会，1999，第203页。笔者按：与前引《澳门编年史（二十世纪1900~1949）》一书略有不同，此书"海岛公局"作"（海岛）市政委员会"，"氹仔及路环区统领及政务厅厅长"作"氹仔和路环市军事司令及行政长官"，录以存疑。
⑤ 施白蒂：《澳门编年史（十九世纪）》，姚京明译，澳门基金会，1998，第213~214页。

上列诸说之中，1865 年设立海岛镇行政局说、1864 年设立海岛市政厅说皆无任何的史料依据，似是据后来的情况而立论，不可轻信；而后三说者，同为葡萄牙学者施白蒂所提出，歧说并见，前矛后盾，令人莫衷一是。显而易见，有关问题还需要进一步研究。

二 凼仔过路湾政务厅与凼仔过路湾公局的初设时间

从现在掌握的资料来看，在 1878 年以前，澳葡政府曾多次试图实行管治并指派官员在离岛地区强行征收租税，如 1848 年 2 月 12 日要求"凼仔岛集市购物者每人需支付 10 个铜钱税款作酬劳分给执勤的士兵和翻译"，同年"凼仔港监雅努阿奥·阿戈斯蒂纽·德·阿尔梅达（Hanuário Agostinho de Almeida）制定了当地行政管理的第一部规章"，1867 年 12 月 11 日"在路环岛修建政府办公署计划获得通过"，1868 年 4 月 5 日"路环厘金局（Casa da Fazenda）在主街第 68 号竣工（1872 年又被拆毁）"①。不过，澳葡政府在离岛地区所设置的比较稳定的行政管理机构还得从 1878 年所设的凼仔过路湾政务厅算起。

按照前引施白蒂《澳门编年史（二十世纪 1900～1949）》中的说法，1878 年成立的是"海岛公局"，次年（即 1879 年）才改为"（凼仔及路环区）政务厅"。这个说法本身就有不妥，因为"凼仔及路环区统领及政务厅厅长"是职官名称，并非机构名称。另外，时间顺序也有错误。《澳门宪报》1879 年 4 月 12 日（第 15 号）中提到，戊寅年（光绪四年，即 1878 年）11 月 7 日议定的"领牌输纳生意公钞、街灯公钞章程"第 23 款第 2 附款中有"潭仔、过路湾政务厅应管两湾领牌事务"之规定②；《澳门宪报》1879 年 5 月 13 日（第 18 号）同样也提到，"照得戊寅年十一月初七日之札谕并章程内议定，潭仔、过路湾一

---

① 施白蒂：《澳门编年史（十九世纪）》，姚京明译，澳门基金会，1998，第 96、98、170、171 页。
② 《澳门宪报》1879 年 4 月 12 日（第 15 号），转引自汤开建、吴志良主编《澳门宪报中文资料辑录（1850～1911）》，澳门基金会，2002，第 10 页。

堡地方，各生意公钞、街灯公钞归为领牌之钞，并该钞应在潭仔、过路湾政务厅署交纳"①。可见，"潭（氹）仔过路湾政务厅"当是在1878年而非1879年设置的职官。此政务厅的葡文名作"Administrador, Adminstração do Concelho da Taipa e Colovane"，中文简称则作"氹路政务厅"，又因为厅署设在氹仔，所以又简称作"氹仔政务厅"；又因是由离岛军事长官兼任，所以有时也称作"氹仔过路湾守备政务厅"②。

1878年设置了氹仔过路湾政务厅之后，就分担了离岛地区的领牌纳钞事务，而华政衙门理事官则只管澳门一地的领牌纳钞事务，两个衙门是平行机构，皆直属于澳门总督，只不过前者要向后者通报相关情况，《澳门宪报》1879年4月12日（第15号）中所刊的一份澳门、地扪及所属地方总督札谕对此有详细说明：

> 照得戊寅年十一月初七日议定铺店行口，应遵守领牌输纳生意公钞、街灯公钞章程，内载：如应领牌纳钞而违不领，将该铺货物抄点变卖填钞等语。兹倘潭仔、过路湾铺店迟不领牌纳钞，将该店货物抄点变卖之案，系归何官办理？有人动疑不明。溯查该章程十八款所载，有差查出铺店有未领牌，即立券写明情由，并由公物会管理领牌书吏写报单送到华政衙门，理事官当政务厅之职，应行将该店货抄点变卖，以填钞项等语，详载章内。至理事官当政务之厅之职权，祇行于澳门，而潭仔、过路湾是另为一堡，理事官不与焉。惟该章程二十三款第二附款，潭仔、过路湾政务厅应管两湾领牌事务，所有银两皆该官是问，是以领牌各事，该厅亦如公物会员弁一体，如该厅官自行查报，自行抄点货物变卖，殊属不合，不应若此办理。

① 《澳门宪报》1879年5月3日（第15号），转引自汤开建、吴志良主编《澳门宪报中文资料辑录（1850～1911）》，澳门基金会，2002，第11页。
② 《澳门宪报》1893年3月11日（第10号），转引自汤开建、吴志良主编《澳门宪报中文资料辑录（1850～1911）》，澳门基金会，2002，第215页。

兹因氹仔、过路湾违不领牌，铺店应抄点货物变卖填钞之案，有动疑之处，今欲解释其疑及以便输钞之事，是以议定：凡氹仔、过路湾有欠领牌公钞，该处政务厅当管理领牌公钞事务之职，应报华政衙门理事官知悉。其所有将该铺店货物抄点变卖填还领牌钞项各案，归该理事官办理，照该章程十八款第二附款而行。合行札仰该官员知悉，各宜遵照毋违。须至札者。己卯年三月十七日。札谕三十四号①。

在 1878 年设置氹仔过路湾政务厅之前，澳葡当局已先后成立了市政厅、辅政司、西洋政务厅、华政衙门（华政厅）、公物会、公钞房等行政管理机构或职官，何以后来还要另设一个氹仔过路湾政务厅？这是一个澳门地方行政制度史中的重要问题，而被前人所忽略。

因为据施白蒂《澳门编年史（十九世纪）》一书记载，1872 年"省政府第 64 号训令宣布，为适应氹仔、路环两岛人口增长和贸易发展的需要，考虑到有必要将两岛居民纳入澳门现行管理制度，规范两岛地方管理许可权。兹任命担任两岛驻军司令的安东尼奥·巴蒂斯塔·塔萨拉（António Baptista Tassara）上尉兼任两岛行政委员"②；1873 年 4 月 30 日"在氹仔、路环、荔枝湾（Laichivan）组建了一个公共工程委员会，当地驻军司令任委员会主席"③。可见，大致从 19 世纪 70 年代初开始，随着氹仔、路环两岛人口增长和贸易发展，迫切需要加强市政管理和市政工程建设，为此澳门政府于 1872 年和 1873 年先后设置了氹仔、路环两岛行政委员和公共工程委员会，由当地驻军司令兼任行政委员和公共工程委员会主席。1878 年成立氹仔过路湾政务厅，应当是依照澳门华政衙门的体制，在氹仔、路环两岛单独设置行政机构，以取代

---

① 《澳门宪报》1879 年 4 月 12 日（第 15 号），转引自汤开建、吴志良主编《澳门宪报中文资料辑录（1850～1911）》，澳门基金会，2002，第 10～11 页。

② 施白蒂：《澳门编年史（十九世纪）》，姚京明译，澳门基金会，1998，第 190 页。

③ 施白蒂：《澳门编年史（十九世纪）》，姚京明译，澳门基金会，1998，第 191 页。

原先的两岛行政委员和公共工程委员会的职能。

　　新设置的凼仔过路湾政务厅，与以前所设的两岛行政委员一样，仍然由当地驻军司令兼任。这一点，凼仔过路湾政务厅设置之初，就有明确的规定。《澳门宪报》1879年5月3日（第18号）中所刊澳门、地扪及所属地方总督札谕中就提到"统领该地方武员兼任政务厅"①。这种局面，一直到1919年才有一些改变。在1919年9月6日，"第36期《政府公报》决定解散华政厅，其人员归属澳门市政厅"②，同年12月20日重新施行《澳门省组织章程》，根据其第11章之规定，取消"凼仔及路环市政厅"（实即凼仔过路湾政务厅），其职能并入离岛统领部③。虽然1928年12月19日颁布的立法性法规，规定从1929年1月1日起撤销统领部，恢复海岛区，但市政管理机构的名称已正式改名为海岛区行政局④，已不再称为凼仔过路湾政务厅，不过其行政长官仍然由当地驻军司令兼任。1946年12月7日，又改海岛区行政局为海岛市政厅⑤，结束了军人兼任离岛行政长官的历史，其行政架构也相应发生了较大的变化。

　　需要指出的是，历任凼仔过路湾政务厅都是由凼仔过路湾地方武员兼任，所以都是由西洋人即葡萄牙人充任（见表3-1）。凼仔过路湾政务厅总揽凼仔过路湾政务全局，但大部分管理华人的事务实际上已由凼仔过路湾公局承担，所以该政务厅在后来也被称作凼仔过路湾西政务厅。如《澳门宪报》1911年1月7日（第1号）既说"五号札谕：撤

① 《澳门宪报》1879年5月3日（第18号），转引自汤开建、吴志良主编《澳门宪报中文资料辑录（1850~1911）》，澳门基金会，2002，第11页。
② 施白蒂：《澳门编年史（二十世纪1900~1949）》，金国平译，澳门基金会，1999，第132页。
③ 施白蒂：《澳门编年史（二十世纪1900~1949）》，金国平译，澳门基金会，1999，第136页。
④ 施白蒂：《澳门编年史（二十世纪1900~1949）》，金国平译，澳门基金会，1999，第225~227页。
⑤ 施白蒂：《澳门编年史（二十世纪1900~1949）》，金国平译，澳门基金会，1999，第300页。

表 3 - 1 氹仔过路湾政务厅名录 (1879 ~ 1919 年)

姓名	军衔	任职时间	另译姓名	《澳门宪报》中的姓名/资料来源
若泽·科雷亚·德·雷莫斯 (José Correia de Lemos)	(少尉)	从 1879 年 5 月至 1890 年 1 月 13 日	若瑟·高理亚·利莫斯	廉(José Corrêa de Lemos)/《辑录》第 21、81、121、139、146、147、148、151、169 页
若泽·马利亚·埃斯特维斯(José Maria Esteves)	(上尉)	从 1890 年 1 月 14 日至 1890 年 4 月 14 日	若瑟·玛利亚·埃斯德斯	
拉法尔·达斯·多雷斯 (Rafael das Dores)	(少校)	从 1890 年 4 月 14 日至 1890 年 10 月 23 日	拉发埃·杜列斯	
若昂·巴蒂斯塔·贡萨尔维斯 (João Baptista Gonçalves)	上尉	从 1890 年 10 月 23 日至 1890 年 12 月 15 日	若翰·巴蒂斯达·江沙维	
若昂·德·苏札·卡内罗 (João de Sousa Carneiro)	上尉 (中尉)	从 1890 年 12 月 15 日至 1902 年 11 月 1 日	若翰·苏沙·卡内罗·卡纳华洛	贾拿华路(João de Sousa Carneiro)/《辑录》第 213 页,贾 (João de Sousa C. Canavarro)/《辑录》第 213、214、215、224、265、306、307、308、343 页
阿雷尚德雷·博特略·德·瓦斯孔塞罗斯 (Alexandre Botelho de Vasconcelos)		至 1905 年 8 月	加路士·阿历山德·波特育·华士贡塞洛	
阿尔曼多·卡尔洛斯·德·奥利维拉(Armando Carlos de Oliveira)		至 1906 年 10 月	柯文道·加路士·奥利维拉	
若泽·卢伊斯·马尔克斯 (José Luís Marques)		至 1909 年 9 月	若瑟·路易·马奇士	
费朗西斯科·菲格拉·达·卡马拉 (Francisco Figueira da Camara)	上尉	至 1910 年 7 月	方济各·费基拉·甘玛拉	

续表

姓名	军衔	任职时间	另译姓名	《澳门宪报》中的姓名/资料来源
阿尔比诺·里巴斯·达·席尔瓦（Albino Ribas da Silva）	上尉（中尉）	至1910年8月1日	柯宾诺·利巴·施华	
若阿金·奥古斯托·杜斯·桑托斯（Joaquim Augusto dos Santos）	准将（少校）	至1910年10月5日	若京·奥古道·申道斯	若坚·阿姑士度·申都时（Joaquim Augusto dos Santos）/《辑录》第576、579页
阿尔图尔·塔伯尔塔·阿泽维多·卡斯楚（Artur Taborda Azevedo e Castro）		至1912年9月	柯道·达博多·柯泽维道·卡斯罗	晏爹·卢意都华路·戴波拿（Anthero Eduardo Taborda d'Asevdo e Costa），简称或作戴玻打/《辑录》第576、579、585页
埃米利奥·奥古斯托·特谢拉·德·雷莫斯（Emílio Augusto Teixeira de Lemos）		至1913年3月	埃米廖·奥古斯道·特塞拉·利莫斯	
安东尼奥·儒利奥·基马良士·洛巴托（António Júlio Guimarães Lobato）		从1913年3月12日至1923年8月15日	安东尼·朱利奥·基玛拉·罗巴度	
多明戈斯·格列高里（Domingos Gregório）		从1918年8月7日至1919年1月2日	多明告·格哥理奥	

说明：

（1）本表前三列的资料据施白蒂《澳门编年史（二十世纪1900～1949）》，金国平译，澳门基金会，1999，第323～324页。原书中安东尼奥·儒利奥·基马良士·洛巴托的任职时间似有误。第三列括弧内的军衔系据施白蒂《澳门编年史（十九世纪）》，姚京明译，（澳门基金会，1998）第318页以及据施白蒂《澳门编年史（二十世纪1950～1988）》，思磊译，（澳门基金会，1999）第203页补订。

（2）第四列另译姓名录自施白蒂《澳门编年史（二十世纪1950～1988）》，思磊译，（澳门基金会，1999）第203页，以便对比。

（3）第五列《澳门宪报》中的姓名据汤开建、吴志良主编《澳门宪报中文资料辑录（1850～1911）》（澳门基金会，2002），未见者空缺。

退氹仔政务厅兼兵营统带游击若坚·阿姑士度·申都时（Joaquim Augusto dos Santos）派充澳门西政务厅"，同时又记载"第五号札谕：西正月初二日。一千零四年七月二十日第一百三十号札谕所派澳门及地扪兵营游击若坚·阿姑士度·申都时充任氹、路西政务厅兼统带之职，兹着即行卸任，调派为实任澳门西政厅。"而新任氹仔过路湾政务厅晏爹·卢意都华路·戴波拿（Anthero Eduardo Taborda d'Asevdo e Costa）的职务也被称作"氹仔西政务厅兼兵营统带"或"氹、路西政务厅兼兵营统带"①。

三　氹仔过路湾公局的运作机制

前引施白蒂《澳门编年史（二十世纪 1900～1949）》中提道："1878 年第 52 期《政府公报》上颁布的第 104 号训令成立了海岛公局，由氹仔及路环统领及两名华人领导。从 1879 年起，当地当局的正式名称改为氹仔及路环区统领及政务厅厅长。"② 如果结合《澳门宪报》的资料，就可知道，所谓"海岛公局"设置的时间实际上略晚于氹仔过路湾政务厅，其正式的名称是"氹仔过路湾公局"或"氹仔过路湾街坊公局"，后来改称"氹仔路环议事公局"，有时也简称"氹路公局"，具体又包括氹仔公局和过路湾公局。

两个公局初始设置的时间可能较氹仔过路湾政务厅略迟，但也不晚于 1879 年初，因为《澳门宪报》1879 年 5 月 3 日（第 18 号）发布的澳门总督告示中提道："照得现有出氹仔、过路湾数人之名呈禀几张，内或求减现定之税饷，或以无理之词谓现定轻税为不全等情。查本大臣愿所有到氹仔、过路湾居住托赖大西洋旗号保护者，仍然照常平安贸易营艺，安居乐业，是以特出此示，以慰民心，解明事理。查氹仔、过路湾，原属僻小地方，

---

① 《澳门宪报》1911 年 1 月 7 日（第 1 号），转引自汤开建、吴志良主编《澳门宪报中文资料辑录（1850～1911）》，澳门基金会，2002，第 576、579 页。
② 施白蒂：《澳门编年史（二十世纪 1900～1949）》，金国平译，澳门基金会，1999，第 323 页。

始初管理制度原非依常规而办，所征收税饷亦非依常规而定，该村渐渐旺，村中之人方与西洋官酌定如何输饷之法。……查本大臣体恤该村之民匪鲜，今年西二月初六日，即华正月十六日出示减轻该处船只夫银，以冀该处生意兴旺在案。至于禀数张内言，丐头现无银收，无银赈济穷人，其粪料银及埋人之银，一概丐头不收，全归政务厅收等语。查此禀方系虚词，该粪料银及埋人之银俱归公局收，该公局系耆老绅衿二位任事，该政务厅为局之首矣。公局贮银箱归该耆老绅衿一位掌管收支银两，于政务厅无涉。该政务厅不过于议论之时，说出其本意而已。"① 可能考虑到氹仔过路湾政务厅与氹仔过路湾公局都是新设，一开始两者之间的关系也未理顺，所以《澳门宪报》1879 年 5 月 10 日（第 19 号）发布的澳门总督示谕中又进一步明确说"照得氹仔、过路湾该村各设公局，其公局所有入银及所支出之银，均应议设章程，定明何为其进支实款，并其如何进支"，并再次强调"氹仔、过路湾之政务厅系为公局之首，是以查明应支使费，实在支否，应归该政务厅查访"②。所谓"氹仔、过路湾之政务厅系为公局之首"之说法，这可由贾拿华路（João de Sousa Carneiro Canavarro）署用"政务厅及会长"头衔③，以及戴玻打（Anthero Eduardo Taborda d'Asevdo e Costa）自称"本公局、本会长"并署用"氹路政务厅兼公局长"头衔一事得到证明④。

氹仔过路湾政务厅与氹仔过路湾公局的关系，从目前掌握的资料来看，前者是职官性质，后者可看作是市政管理组织机构，但后者的会长（公局长）是由政务厅来兼任。换句话说，氹仔过路湾政务厅直接管理

① 《澳门宪报》1879 年 5 月 3 日（第 18 号），转引自汤开建、吴志良主编《澳门宪报中文资料辑录（1850~1911）》，澳门基金会，2002，第 11~12 页。

② 《澳门宪报》1879 年 5 月 10 日（第 19 号），转引自汤开建、吴志良主编《澳门宪报中文资料辑录（1850~1911）》，澳门基金会，2002，第 13 页。

③ 《澳门宪报》1893 年 3 月 4 日（第 9 号），转引自汤开建、吴志良主编《澳门宪报中文资料辑录（1850~1911）》，澳门基金会，2002，第 213 页。

④ 《澳门宪报》1911 年 2 月 4 日（第 5 号），转引自汤开建、吴志良主编《澳门宪报中文资料辑录（1850~1911）》，澳门基金会，2002，第 585 页。

丞仔过路湾部分事务，同时又通过丞仔过路湾公局管理部分事务。

值得注意的是，丞仔过路湾政务厅不仅兼任公局长，而且还负责公局值事和替理的保举工作。丞仔过路湾公局实际上是由丞仔公局和过路湾公局组成，所以丞仔过路湾政务厅需要各保举一名值事。这大概从1879 年开始已形成一定的制度，不过起初只是保举值事，从1884 年起替理也一并纳入保举之例，其中在1901 年保举的替理较之往常还多出一名（见表3 - 2）。

表3 - 2　丞仔过路湾市政公局值事名录（1880～1901 年）

年份	值事	替理	资料来源
1879	耆老绅衿二位		《澳门宪报》1879 年 5 月 3 日（第 18 号）/《辑录》第 12 页
1880	李志、杜妙		《澳门宪报》1879 年 12 月 27 日（第 52 号）/《辑录》第 22 页
1881	新顺源李汉、南昌泰全		《澳门宪报》1880 年 12 月 25 日（第 52 号）/《辑录》第 40 页
1882	和泰甘绍、广昌黎经		《澳门宪报》1881 年 12 月 31 日（第 53 号）/《辑录》第 62 页
1883	怡安店蒙亚养、易兴店朱照		《澳门宪报》1882 年 12 月 23 日（第 51 号）/《辑录》第 87 页
1884	仁兴号郑种福、安和泰号徐海楼	新同泰号庄亚森、同和号陈亚周	《澳门宪报》1884 年 1 月 5 日（第 1 号）/《辑录》第 103 页
1885	广道馆黄才永、悦隆号梁洪	财合号蔡光、逢源号谭聚	《澳门宪报》1884 年 12 月 22 日（第 51 号）/《辑录》第 122 页
1886	怡益号苏琼僖、祥盛号蔡亚彦	广益岑亚彪、恒合关亚金	《澳门宪报》1885 年 12 月 31 日（第 52 号）/《辑录》第 140 页
1887	合号黄满生、昌号苏金	宝昌号周泰、义记号冼永寿	《澳门宪报》1886 年 12 月 16 日（第 50 号）/《辑录》第 148 页
1888	怡安号黎起广、顺号梁拔	和盛号陈发新、同泰号郑朱	《澳门宪报》1887 年 12 月 15 日（第 50 号）/《辑录》第 164 页
1889	三和号黄耀永、悦隆号梁耀	广来号周璧、同益号陈棠	《澳门宪报》1888 年 12 月 20 日（第 51 号）/《辑录》第 171 页
1890	永泰元号梁士英、安茂号黎标	顺胜号陶妙、长泰号陈进	《澳门宪报》1889 年 12 月 12 日（第 50 号）/《辑录》第 177 页

年份	值事	替理	资料来源
1891	逢源号刘篇、南昌号沈远	万生堂郑时、益兴号招祖贤	《澳门宪报》1890 年 12 月 11 日（第 50 号）/《辑录》第 186 页
1892	廷合号梁玉、汇源号李昌	义记号冼永赞、怡安号黎怡	《澳门宪报》1891 年 12 月 17 日（第 51 号）/《辑录》第 193 页
1893	义记号冼永赞、怡安号黎怡	东合郑英含、福利何同	《澳门宪报》1892 年 12 月 15 日（第 50 号）/《辑录》第 206 页
1894	东合郑英含、福利何东[同]	时记谭新、保安堂甘章	《澳门宪报》1893 年 12 月 16 日（第 50 号）/《辑录》第 223 页
1895	顺合号莫亚带、灿合店黄满	汇源店潘亚章、财益店梁喜	《澳门宪报》1894 年 12 月 15 日（第 50 号）/《辑录》第 238 页
1896	/	/	/
1897	怡源冯亚章、义和梁亚志	安茂黎标、成安温成	《澳门宪报》1896 年 12 月 19 日（第 51 号）/《辑录》第 257 页
1898	安茂黎标、灿合黄满	成安温成、永悦隆梁耀	《澳门宪报》1897 年 12 月 25 日（第 52 号）/《辑录》第 269 页
1899	/	/	/
1900	义和梁亚炽、财益梁亚喜	新东泰郑亚柱、合昌梁旺	《澳门宪报》1899 年 2 月 9 日（第 49 号）/《辑录》第 302 页
1901	新定泰店郑亚治、灿合店黄满	王悦隆店梁燕、厚文店黎标、荣德堂苏任	《澳门宪报》1900 年 12 月 8 日（第 49 号）/《辑录》第 314 页

氹仔过路湾公局成立不久，澳门督宪衙门就为"公局所有入银及所支出之银"议设章程，据《澳门宪报》1879 年 5 月 10 日（第 19 号）所载，章程共有 11 条，其中前 4 条是专门为氹仔公局专门制订的章程（章程规定"过路湾亦设公局，如同氹仔一体办法"），详细地说明了氹仔公局的运作机制，较具代表性，兹特转录如下：

一、氹仔公局之银箱所入之银，系前者医院所存下之银，并下所开入银之款：（一）承充粪料规银。（二）燀洗船规银并装船修船之规银。（三）丧祭、嫁娶、高庆、拜山所领准纸规银。（四）埋葬人之规银。

二、已上各项规银，系该村耆老绅衿久所设，为该村费用及赈济穷人，前系分几手所收，亦分几手所支，难保不有诡弊。今聚合一切，归该公局银箱所收，该银箱归该村公局管理，访公局以政务厅为局首，另有耆老绅衿二人为值事，此二人系由该村众人公举，经大宪批准充当。此值事二人，内以一人为银管银库，除有几项应支之外，其余使费任由该公局商议支用。该政务厅不过于议论时，出其意见，如他位值事无异。

三、公局银箱每月应支使费开列于后：（一）支花红银三元为给政务厅写字，酬其与公局料理事务。（二）支银三元为给洁净街道之头人及巡查坟山之头人。（三）支银四元为给两土工。（四）支银四元为支给扫地两工人。（五）支银四元为给医院及兵房之厨子。（六）所拿之人未曾解到华政衙门，暂给米饭之费俱归公局支理。（七）现有水车库及工程工匠，所住之屋及公家厕坑，该各屋主现不收屋租，如日后收屋租，归该公局支给。

四、除已上使费之外，公局银箱所剩之银任由公局商议支理，为赈济穷人、医理病人、施棺埋葬穷者，并作高庆等事①。

从上引章程的内容来看，1879 年议定的氹仔过路湾公局章程内容比较偏狭，基本上可看作是公局的运作规程，只涉及公局银款来源、支出程式、支出范围及相应额度等项，主要是慈善事业方面的内容，较少市政管理方面的规定，所以在 1886 年 8 月又由大西洋澳门公物会议定了氹仔过路湾街坊公局新章程并刊于《澳门宪报》1887 年 1 月 27 日（第 4 号），共分 10 章 39 款，内容涉及街衢砌石路以及严禁破坏官街所

①《澳门宪报》1879 年 5 月 10 日（第 19 号），转引自汤开建、吴志良主编《澳门宪报中文资料辑录（1850～1911）》，澳门基金会，2002，第 13 页。

有树木、严禁阻碍街道及拦阻劳动行人之事、畜犬之事、料理牲口之事、打扫洁净街道及垃圾粪草之事、卖物之铺店及肩挑行街卖物之人、领执照搭盖棚厂等事、收贮火药火水及各种轰散之货物、通用之款等①。新章程的最大特点是制定了不少城市管理方面的规章制度，处罚条例比较完善。1892 年 12 月，大西洋公物会公同会议又根据氹仔过路湾公局章程的禀求，更改了新章程的第七章第一段的相关内容并在《澳门宪报》上颁布②。

值得注意的是，1879 年议定的氹仔过路湾公局章程中提到了公局每月应支"支花红银三元为给政务厅写字，酬其与公局料理事务"。可见氹仔过路湾公局的写字是由氹仔过路湾政务厅写字来兼任的。氹仔过路湾政务厅（公局）的写字有时又称作书吏或书记，一般是由葡萄牙人充任，其中任职时间较长的一位是亚基呶（Francisco António d'Aquino）③，汉译名又作亚坚怒④；另一位则是布兰登（Francisco Xavier Brandão）⑤，汉译名又作巴冷登⑥，有时又简称巴⑦或白⑧。另外，

---

① 《澳门宪报》1887 年 1 月 27 日（第 4 号），转引自汤开建、吴志良主编《澳门宪报中文资料辑录（1850~1911）》，澳门基金会，2002，第 149~151 页。笔者按：原文无第五章，疑有缺误。

② 《澳门宪报》1893 年 3 月 4 日（第 9 号），转引自汤开建、吴志良主编《澳门宪报中文资料辑录（1850~1911）》，澳门基金会，2002，第 212~213 页。

③ 《澳门宪报》1883 年 1 月 20 日（第 3 号），转引自汤开建、吴志良主编《澳门宪报中文资料辑录（1850~1911）》，澳门基金会，2002，第 88 页。

④ 《澳门宪报》1893 年 3 月 11 日（第 10 号），转引自汤开建、吴志良主编《澳门宪报中文资料辑录（1850~1911）》，澳门基金会，2002，第 214 页。

⑤ 《澳门宪报》1903 年 12 月 9 日（第 51 号），转引自汤开建、吴志良主编《澳门宪报中文资料辑录（1850~1911）》，澳门基金会，2002，第 383 页。

⑥ 《澳门宪报》1904 年 11 月 26 日（第 48 号），转引自汤开建、吴志良主编《澳门宪报中文资料辑录（1850~1911）》，澳门基金会，2002，第 404 页。

⑦ 《澳门宪报》1904 年 12 月 10 日（第 50 号），转引自汤开建、吴志良主编《澳门宪报中文资料辑录（1850~1911）》，澳门基金会，2002，第 406 页；《澳门宪报》1910 年 1 月 8 日（第 2 号），转引自汤开建、吴志良主编《澳门宪报中文资料辑录（1850~1911）》，澳门基金会，2002，第 552 页。

⑧ 《澳门宪报》1906 年 6 月 16 日（第 24 号），转引自汤开建、吴志良主编《澳门宪报中文资料辑录（1850~1911）》，澳门基金会，2002，第 454 页。

见于记载的还有氹仔过路湾公局写字卢士①、氹仔过路湾政务厅书记李爵耀②、氹路政务厅书吏善缘生贾喇思也等③，其中李爵耀可确定是华人身份，但估计通晓多种语言文字，故而被氹仔过路湾政务厅所选用。

---

① 《澳门宪报》1902 年 12 月 6 日（第 49 号），转引自汤开建、吴志良主编《澳门宪报中文资料辑录（1850～1911）》，澳门基金会，2002，第 360 页。
② 《澳门宪报》1904 年 12 月 3 日（第 49 号），转引自汤开建、吴志良主编《澳门宪报中文资料辑录（1850～1911）》，澳门基金会，2002，第 405 页。
③ 《澳门宪报》1911 年 11 月 25 日（第 47 号），转引自汤开建、吴志良主编《澳门宪报中文资料辑录（1850～1911）》，澳门基金会，2002，第 637 页。

第四章　明清澳门至广州的内河
水道交通初探

第一节　明代由香山县境的澳门至
广州的内河水道交通

据《利玛窦中国札记》记载，"葡萄牙商人已经奠定了一年举行两次集市的习惯，一次是在一月，展销从印度来的船只所携来的货物，另一次是在六月末，销售从日本运来的商品。这些市集不再像从前那样在澳门港或在岛上举行，而是在省城本身之内举行。由于官员允许，葡萄牙人获准溯河而上至广东省壮丽的省会作两天旅行。在这里，他们必须晚间待在他们的船上，白天允许他们在城内的街上进行贸易。然而，这是在许多的守卫和戒备之下进行的，显然是当地人民仍然对外国人心存疑惧。这种公开市场的时间一般规定为两个月，但常常加以延长。"①上述记载中值得重视的是"葡萄牙人获准溯河而上至广东省壮丽的省会作两天旅行"一事，其中包括着两个信息，一个是居住在澳门的葡萄牙人是"溯河而上至广东省壮丽的省会"，另一个是澳门至广东省城广州间水路交通大概需要两天时间。

《利玛窦中国札记》中详细记载了1582年罗明坚神父和利玛窦神

---

① 利玛窦、金尼阁：《利玛窦中国札记》，何高济等译，中华书局，1983，第144页。

父广州传教之行的曲折过程，为我们了解当时澳门至广州的内河水路交通的相关情况，提供了不可多得的信息：

> 罗明坚神父和利玛窦神父被选担任这一使命。军事检查官不反对这个决定，而且既然在这种情况下他们很难别有他途，所以便被获允乘船赴香山市，并答应由让①该城的市长即知县把他们送往省城。抵达香山时，代表便受到接见，市长索取信函为的是送往省城；但神父们拒绝交出，他就大发雷霆，抓起信来，扔到地上。他喊到："你们想用一封罢官总督签署的文件来办事吗？"接着他拒绝让他们去省城，命令他们回澳门的家里。就这样正在他们已来到它的大门口时，传教的大门却向他们封闭了，他们悲伤地默默离开市长的住所。
>
> 然而在他们香山的住宅里，他们却决定干一桩颇为冒险的事。有一艘不太大的客船，每天从该村驶往省城，船上经常搭乘有大量旅客和许多行李。他们决定，不经过任何人的许可便上船，而且如果可能的话，他们要在市长一无所知的情况下直赴省会。……这样，代表们就被送往省城，但他们丝毫既不知情也不知道他们实际上是当作俘囚被送去的。在他们行前发出的照会中通知当局说，这些外国神父是在香山找到的，由于某种不知的原因，他们携有免职总督致海军将领的信函，他们是被派去见海军将领的②。

从上引文可知，当时由澳门乘船北上可赴"香山市"（当是香山县），而由香山北上同样也有水路可达省会广州。文中提到的"有一艘不太大的客船，每天从该村驶往省城，船上经常搭乘有大量旅客和许多

---

① 引者按：疑衍一字。
② 利玛窦、金尼阁：《利玛窦中国札记》，何高济等译，中华书局，1983，第154~155页。

行李"云云，反映的是省城广州与香山县城西门外石岐渡口间的内河客运情况，史书中所称的广州与石岐间的"长行渡"①。

另据王颋教授研究，明中叶由香山县境经水路至广州有四条水道可通："虎头门"南偏西的航线，也就是"金星门"水道，几乎是擦着该县的岛岸行驶；"鸡啼门""虎跳门"二水道，分别沿着"黄梁岛"的东岸、西岸航行；由前山水道西走磨刀门入香山内海便是澳门与"会城"的真正通道②。看来，由澳门经由香山而到广州的内河水道，至少从明中叶开始就为人们所熟悉并积极利用了。

第二节 《中国丛报》所见由广州至澳门的 两条水道路线

清代广州至澳门的内河水道交通仍然较为重要，这可从《中国丛报》（*The Chinese Repository*）的有关报道中得到证明。

《中国丛报》月刊，为近代著名英文报刊之一，1832 年（清道光十二年）5 月创刊于广州，创办人兼主编为美国传教士裨治文（E. C. Bridgman），1839 年春搬到澳门，1844 年再搬到香港，1851年（一说 1853 年）停刊。该刊刊载有不少关于澳门的记事，新近已有学者将有关内容摘录译出，为研究澳门史的相关问题提供了极大的便利，但其中所记载的有关历史地理的资料尚未引起学者们足够的重视。

《中国丛报》第 17 卷第 8 期（1848 年 8 月）载赫德（M. Isidore Hedde）所著《沿 "Broadway River" 从广州至澳门的一次旅行——丝绸之乡顺德见闻》中提道："在［虎门河道的］两边的许多炮台上，画有虎头以吓唬海盗。这段河道通常被来自澳门的葡萄牙快艇和来自北面

① 邓迁修，黄佐纂（嘉靖）《香山县志》卷一《风土志·津渡》，书目文献出版社，1991，第 306 页。
② 王颋：《明代香山陆海形势与澳门开埠》，《澳门历史研究》2003 年第 2 期。

和邻近的南澳、香港、伶仃洋等的帆船使用；但广州与澳洲、海南岛，所有与安南王国交界的中国沿海、东京（Tonkin）和交趾之间的当地贸易，通过内河水道进行；这条水道被当地人称为大黄滘，被英国人称为'Broadway River'。"①

　　值得注意的是，赫德在其游记中还向人们讲述了一个有趣的故事，大意是说，在1844年11月25日，两位与在华法国传教团有关系的绅士意迪依尔（M. Jules Itier）和赫德，想雇一条当地的帆船经由上述的那条"内河水道"从广州去澳门，但船主告诉他们没有这种可能性，理由是那条"内河水道"没有风力和水量，还有无数海盗出没，所以主张通过虎门水道，因为"它更安全，旅客能在20小时到达澳门"，但与赫德同行的"绅士"意迪依尔显然无意继续保持风度，拔出手枪威胁船主，坚持要从原先预定的路线去澳门。后来发生的事实似乎支持了外国人的意见："在清晨，一阵大风吹起，他们拔锚启程，不久就过了马骝洲——'猴子岛'，沿着拱北或'神父岛'海岸而行，其后是一条通往前山寨的通道，葡萄牙语为Casabranca，这里是军民府——管理外国事务的中国官员的驻地。他们不久就安全到达了在内港入口处的娘妈角炮台。他们的航行，距离估计有80英里，在46小时内完成。这段距离据说比经虎门短，但由于需要风，较适合蒸汽船行驶，利用它将是澳门与广州之间的更好的交通手段。"② 赫德讲述这个故事的用意可能是多方面的，但至少告诉我们一些知识，就是上述那条"内河水道"的里程大约是80英里，比虎门水道要短一些，当地帆船航行这段距离所需要时间在46小时以内，那条"内河水道"的南段要经过马骝洲（又称"猴子岛"）水道，沿拱北或"神父岛"（当指澳门半岛）而行，

---

① 汤开建、陈文源、叶农主编《鸦片战争后澳门社会生活记实——近代报刊澳门资料选粹》，花城出版社，2001，第185页。笔者按：《中国丛报》中的"Broadway River"，叶农博士原译作"百老汇河"，似不确，其实该词原意为"宽水道"，所以，这里径用英文原文以免产生歧义。

② 汤开建、陈文源、叶农主编《鸦片战争后澳门社会生活记实——近代报刊澳门资料选粹》，花城出版社，2001，第185页。

就可到达澳门内港入口处的娘妈角炮台。

赫德的记述无疑颇有价值，因为他指出了当时从广州至澳门实际上有两条常用的水道，一条是人们熟知的虎门水道，另一条则是"内河水道"，当地人称为"大黄滘"，英国人称为"Broadway River"。赫德在其游记中称"广州与澳洲、海南岛，所有与安南王国交界的中国沿海、东京（Tonkin）和交趾之间的当地贸易"都通过这后一条水道进行，可能有些言过其实，但这条"内河水道"在当时可能是除虎门航道以外，广州与澳门之间另一条相当重要的商船航道，却是毋庸置疑的。另据金国平、吴志良先生《1535 说的宏观考察》一文中所引大英博物馆藏《中国诸岛简讯》："从亚马港（澳门）取海道前往广州，可走两条路：一条叫内线，即沿着亚马港所在岛屿的西侧，途经香山，前往顺德岛。另外一条叫外线，即沿着亚马港所在岛屿的东侧，穿过一个小海湾，途经许多小岛，前往顺德岛。从右侧也可以去广州，返回可走同一路线。外线无东风，较快捷，因为没有内线那么多海潮。"[①] 所说与赫德略同。当然，广州到澳门间的"内河水道"，除了"大黄滘"和"Broadway River"这两个名称，在清后期也有人称之为省河西路，如林福祥即谓："粤东由零丁洋入虎门，是为省河东路；由澳门入香山，是为省河西路。"[②] 大约"内河水道"是一个泛称，"大黄滘""Broadway River""省河西路"等诸多名称则似乎分别是当地民众、洋人和官方所给定的不同名称。

按照赫德的说法，广州与澳门之间的内河水道"被当地人称为大黄滘"。据笔者之初步考察，"大黄滘"之地名，现今通行的地图册和地名志一般不见记载，但在清代、民国古旧地图中则多有反映。如现藏大连图书馆、成图不早于光绪二十四年（1898）的《广东沿海图》长

① 金国平、吴志良：《东西望洋》，澳门成人教育学会，2002，第 63 页。

② （清）林福祥：《平海心筹》卷下《论抚绥澳门西洋夷人》。参见中国第一历史档案馆、澳门基金会、暨南大学古籍研究所合编《明清时期澳门问题档案文献汇编（六）·文献卷》，人民出版社，1999，第 436 页。

卷彩色地图中，芳村正南、白鹤洞东北、上滘西北方向的陆地上就标有"大黄滘"之地名①，其地约在今广州城西南之荔湾区鹤洞立交迤南的东塱一带；现藏广东省档案馆的清宣统二年（1910）编制的《广州省城图》中，沙涌东南方向、珠江水道西岸则标有"大黄地"之地名②，估计所指为一地。粤语黄、王读音不分，所以有的地图中也作"大王滘"，如现藏中山图书馆的清光绪十四年（1888）由陈照南、陈乐熙编制的《广东省城全图（陈氏书院地图)》③，清嘉庆二十年至同治五年（1815～1866）官方绘制的《广东省图》之《番禺县图》中④，以及同治十一年（1871）刻本《番禺县志》的《县境全图》⑤，就是如此。

"滘"为地名用字，又写作"漖"，普通话读作 jiào，广州话读作 gao³ [教]，念第 3 调（中入）。有字典上说，用此字作地名的"都在广东省"⑥。此说恐不太确当，因为另据有关研究，带"滘"字的地名虽然主要分布于广东省（据统计全省带滘字的地名有 269 处），但是"广西也有少量分布"⑦。实际上，"滘"为粤方言地名用字，但是由于人口迁移和政区变化等方面的原因，粤方言区却不限于今广东省，今广西省部分地区有带"滘"字的地名也就不足为奇。至于"滘"字作为地名通名之起源及其含义，有学者解释说："滘字地名出现最早在元代。清屈大均《广东新语》释：'二水相通处曰滘'。"⑧ 据元人陈大震

---

① 中国第一历史档案馆、广州市档案局（馆）、广州市越秀区人民政府编著《广州历史地图精粹》，中国大百科全书出版社，2003，图版 63《广东沿海图（局部）》。

② 中国第一历史档案馆、广州市档案局（馆）、广州市越秀区人民政府编著《广州历史地图精粹》，中国大百科全书出版社，2003，图版 70《广州省城图》。

③ 中国第一历史档案馆、广州市档案局（馆）、广州市越秀区人民政府编著《广州历史地图精粹》，中国大百科全书出版社，2003，图版 39《广东省城全图（陈氏书院地图)》。

④ 中国第一历史档案馆、广州市档案局（馆）、广州市越秀区人民政府编著《广州历史地图精粹》，中国大百科全书出版社，2003，图版 32《番禺县图》。

⑤ （清）李福泰：(同治)《番禺县志》的《县境全图》，载《中国地方志集成·广东府县志辑》，上海书店出版社，2003。

⑥ 饶秉才主编《广州音字典（普通话对照）》，广东人民出版社，1983，第 101 页。

⑦ 李如龙：《汉语地名学论稿》，上海教育出版社，1998，第 135 页。

⑧ 广东省地方史志编纂委员会编《广东省志·地名志》，广东人民出版社，1999，第 3 页。

《大德南海志》，广州横水渡中有南海县的迭滘渡和南津沙滘渡，番禺县的横滘渡①，可证元代广州地区已有带滘字地名，且与渡口有关；至于"二水相通处曰滘"之说，则是屈大均释广州土言②。但是也有学者解释：滘字"意指分支的河道。水边的村庄常称滘"③。另有学者解释："水沟曰滘（也写作漖），广东不少地区有此类地名，但不及珠江三角洲常见"④。笔者认为，大黄滘或大王滘既在珠江南水道之西岸，又在珠江南水道一条大致呈东北—西南流向的分支水道（详参后文）之西北岸，也可说是"两水相通处"，其地至少在清代中期就已形成聚落，所以上述诸说都可以解释得通。

作为地域名称的大黄滘或大王滘现今已为东塱一名所取代。塱，又写作壆，普通话读作 lǎng，广州话读作 long⁵ ［朗］，念第 5 调（阳上），也是粤方言的地名专用字，据有关统计研究，"广东带塱字地名达 1088 的处，广西也有 151 处，香港也可见到。带塱字的村落多在水边地势较平、较低的地带"⑤。也有学者认为"冲积平原或水网沼泽地称为塽（塱）。珠江三角洲、西江沿岸和粤西一些小河入海口地区多此类地名"⑥。原广州市芳村区（今已并于荔湾区）政府东南之东塱，在珠江南水道西岸，隔河与海珠区南石头相望，北与广州造船厂相连，属东漖镇，据说"南宋建村，因地势稍低（俗称塱地）且位于崇文二十四乡之东，故名东塱"⑦。但是笔者注意到，在现藏大连图书馆、成图不早于光绪二十四年（1898）的《广东沿海图》长卷彩色地图中，东塱与

① （元）陈大震：《大德南海志残本》卷一〇《河渡·横水渡》，广州市地方志研究所印，1986，第 64～65 页。
② （清）屈大均：《广东新语》卷一一《文语·土言》，中华书局，1985，第 339 页。
③ 李如龙：《汉语地名学论稿》，上海教育出版社，1998，第 135 页。
④ 司徒尚纪：《岭南历史人文地理——广府、客家、福佬民系比较研究》，中山大学出版社，2001，第 267 页。
⑤ 李如龙：《汉语地名学论稿》，上海教育出版社，1998，第 135 页。
⑥ 司徒尚纪：《岭南历史人文地理——广府、客家、福佬民系比较研究》，中山大学出版社，2001，第 267 页。
⑦ 广州市地名志编纂委员会：《广州市地名志》，香港大道文化有限公司，1989，第 274 页。

大黄滘皆有标绘，其中大黄滘在东，近临珠江南水道，而其西面的东塱则距珠江南水道较远；而在现藏中山图书馆的清光绪十四年（1888）由陈照南、陈乐熙编制的《广东省城全图（陈氏书院地图）》中，东塱与大黄滘皆在珠江南水道之西侧，两者呈南北关系，大黄滘在南，与珠江南水道东岸的南石头隔河相对。这就说明，至少在晚清时期，大黄滘与东塱虽然紧密相邻，但各有所指的地域范围。今大黄滘一名为东塱所取代，估计与大黄滘水道（详参后文）水路交通功能的衰落以及当地地理环境的变迁有很大关系。

值得特别注意的是，在《广东省城全图（陈氏书院地图）》（包括该图中的附图"近省城分图"）中，东塱南面的"大王滘"之南还绘有一条较细的水道，亦叫做"大王滘"（见图4-1）。这条水道大致呈东北—西南流向，沟通于"大王滘"东面略呈西北—东南流向的珠江（亦称珠江南水道）和正南方向大致呈东西流向的东平水道（现今也有地图同样标注为"珠江"）之间。这条"大王滘"水道，在现藏中山图书馆、1920年广东陆军测量局编制的《广州市图》[1]，以及在现藏广州市档案馆的由广东陆军测量局测绘、1929年制版的《广州市图幅联合表》第十幅《广州市图》中也有清晰的标绘，唯水道名称作"大王激"[2]。另外，在成于光绪十三年（1887）以后、由清代兵部七品京官程鹏所绘的《沿海七省口岸险要图》之《广州口图上》[3]，现藏广东省图书馆、清光绪二十三年（1897）广州石经堂承印出版的《广东舆地全图》之《番禺县图》[4]，现藏广州市档案馆的由广东陆军测量局测绘、1929年制版的《广州市

① 中国第一历史档案馆、广州市档案局（馆）、广州市越秀区人民政府编著《广州历史地图精粹》，中国大百科全书出版社，2003，图版74《广州市图》。
② 中国第一历史档案馆、广州市档案局（馆）、广州市越秀区人民政府编著《广州历史地图精粹》，中国大百科全书出版社，2003，图版78《广州市图》。
③ 中国第一历史档案馆、广州市档案局（馆）、广州市越秀区人民政府编著《广州历史地图精粹》，中国大百科全书出版社，2003，图版37《广州口图上》。
④ 中国第一历史档案馆、广州市档案局（馆）、广州市越秀区人民政府编著《广州历史地图精粹》，中国大百科全书出版社，2003，图版47《番禺县图》。

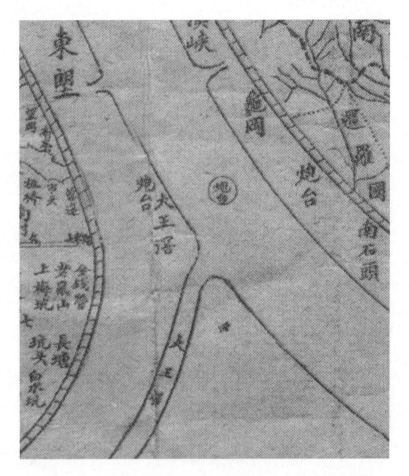

图 4-1　《广东省城全图（陈氏书院地图）》中的"大王滘"

图幅联合表》第五幅《广州市图》[①]，现藏广州市档案馆、由广州市政府于 1932 年公布的《广州市道路系统图》[②]，现藏广州市档案馆、广州市土地局 1933 年编制的《广州市区域图》[③]，现藏广州市档案馆、1935

①　中国第一历史档案馆、广州市档案局（馆）、广州市越秀区人民政府编著《广州历史地图精粹》，中国大百科全书出版社，2003，图版 76《广州市图》。

②　中国第一历史档案馆、广州市档案局（馆）、广州市越秀区人民政府编著《广州历史地图精粹》，中国大百科全书出版社，2003，图版 79《广州市道路系统图》。

③　中国第一历史档案馆、广州市档案局（馆）、广州市越秀区人民政府编著《广州历史地图精粹》，中国大百科全书出版社，2003，图版 81《广州市区域图》。

年广东陆地测量局依据 1913 年二十万分之一图略图式缩绘的《（实测缩绘）广州市图》①，现藏广州市档案馆、1938 年日本名所图绘社印刷的《最新广州详图》②，现藏广州市档案馆、广州市土地局 1945 年补编的《广州市区域图》③ 等古旧地图中，也绘有这条水道，但均无"大王滘"或"大王潋"之文字注记。从相关各图中"大黄滘"地名与"大王滘"地名互见的情况来推测，《广东省城全图（陈氏书院地图）》和《广州市图幅联合表》的"大王滘"（"大王潋"）水道，应当就是赫德所说的"大黄滘"水道的入口水道。新中国成立后，随着城市的发展而带来的环境变化，这条水道已演变为小河涌，无复航运之功能，但在现今的一些大比例地图仍有遗迹可寻④。

在《广东省城全图（陈氏书院地图）》中，"大王滘"一带标注有"炮台"二字，其东的珠江水道中的小岛上也标有"炮台"，小岛之东面，即珠江东岸的南石头之北，同样也标有"炮台"。结合《广东水师营兵驻防图》来看，此三个炮台应该就是"大王滘西台""大王滘正台""大王滘东台"，"大王滘正台"与"大王滘西台"之间为"西口"，与"大王滘东台"之间为"东口"⑤。今人有谓大黄滘炮台即南石头炮台，位置在珠江南水道南石头，嘉庆二十二年（1817）建，光绪六年（1880）修，设有炮位 16 个⑥。但依笔者的看法，设在南石头的炮台应

---

① 中国第一档案馆、广州市档案局（馆）、广州市越秀区人民政府编著《广州历史地图精粹》，中国大百科全书出版社，2003，图版 83《（实测缩绘）广州市图》。

② 中国第一档案馆、广州市档案局（馆）、广州市越秀区人民政府编著《广州历史地图精粹》，中国大百科全书出版社，2003，图版 85《最新广州详图》

③ 中国第一档案馆、广州市档案局（馆）、广州市越秀区人民政府编著《广州历史地图精粹》，中国大百科全书出版社，2003，图版 89《广州市区域图》。

④ 广州市地名志编纂委员会：《广州市地名志》，香港大道文化有限公司，1989，第 258～259 页《芳村区地名图》，第 164～165 页《海珠区地名图》；广州市芳村区地方志编纂委员会编《广州市芳村区志》，广东人民出版社，1997，卷首《芳村区政区图》。

⑤ 中国第一档案馆、广州市档案局（馆）、广州市越秀区人民政府编著《广州历史地图精粹》，中国大百科全书出版社，2003，图版 35《广东水师营兵驻防图》。

⑥ 广州市地方志编纂委员会编《广州市志》卷一三《军事志》，广东人民出版社，1995，第 26 页。

该只是大黄（王）滘炮台群组的东炮台，而嘉庆二十二年（1817）始建的炮台只有珠江南水道中的炮台即正台。这可从当年十二月两广总督阮元的奏言中得知："此次遍阅内港、外海炮台、兵房，俱为得力。惟内港大黄滘地方有大河一道，南通香山，东南通黄埔、虎门，为商船之所必经。若由大黄滘直抵省城，即可不由东南之猎德，是仅建猎德炮台，不足以严两路门户。臣阮元亲自相度大黄滘，有小石山，土名龟冈，四面皆水，堪以添建炮台"[①]。大黄滘东的龟冈，位于"大黄滘"水道北口处之珠江南水道中，在其上建炮台不仅可以控制来往于珠江南水道的船只，而且可以控制"大黄滘"水道之交通，确实可收一举两得之效果。龟冈的炮台应为程鹏所绘的《沿海七省口岸险要图》之《广州口图上》中的大王滘正台，可是有的资料中却说为车歪炮台[②]。按车歪炮台当即绥远炮台，道光十六年（1836）建，在冼村以南江边[③]，两者不在一地。

不过，如果细心对勘相关古旧地图，还可以发现，在程鹏所绘的《沿海七省口岸险要图》之《广州口图上》中，大王滘西台、大王滘正台和大王滘东台的位置分别被标注为"马口"、"炮台"和"马口炮台"，其中"马口炮台"之"马口"两字紧密横排，极易使人误读为"吗"字（见图4-2）。这就告诉我们，所谓"大王滘"或"大黄滘"，又被人称作"马口"，这大概是洋人给这个地方所起的地名。另外，在此地图上，马口南面的水道未标注名称，从位置来看，就是《广东省城全图（陈氏书院地图）》和《广州市图幅联合表》第十幅《广州市图》中的"大王滘"水道，但后两图中的"大王滘"水道南端止于南

① （清）梁廷楠总纂，袁钟仁校《粤海关志》卷二〇《兵卫》，广东人民出版社，2002，第402页。

② 广州市地名志编纂委员会：《广州市地名志》，香港大道文化有限公司，1989，第258~259页《芳村区地名图》，第164~165页《海珠区地名图》；广州市芳村区地方志编纂委员会编《广州市芳村区志》，广东人民出版社，1997，卷首《芳村区政区图》。

③ 广州市地方志编纂委员会编《广州市志》卷一三《军事志》，广东人民出版社，1995，第26页。

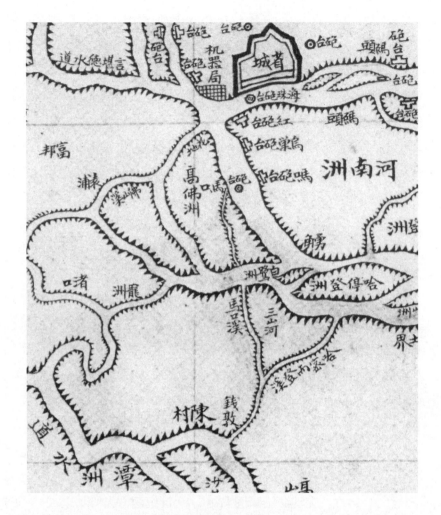

图 4 - 2　《沿海七省口岸险要图·广州口图上》中的"马口溪"

面之东西向的东平水道，而此图中则在这条珠江河道的南侧却绘有一条
南北流向水道，与珠江河道北岸的南北向水道（即"大王滘"水道）
隔江相对，并明显地标注有"马口溪"三字。此"马口溪"向南与东
侧来水"哈密而登溪"（似即陈村水道北段）合流而至于陈村东面之钱
敦。所谓"哈密而登溪"，从相对位置上分析，大概就是《广东舆地全
图》之《番禺县图》上的"黎西园"。笔者注意到，《沿海七省口岸险

要图》之《广州口图上》中标绘了不少其他地图上少见的地名，除"哈密而登溪"以外，还有"毕登洲""哈停登洲""贴力望冈""别尔加界""沙华弥山"等等，不一而足。其中"贴力望冈"大致就是今广州市番禺区北境小谷围岛（广州大学城所在地），该图在"贴力望冈"东部还标注有"美租界""法租界"字样。种种迹象表明，程鹏可能因为是京官，不熟悉广州情况，所绘《广州口图上》主要是依据洋人的地图，因而图中不少地名直接用了洋人的说法。以此推之，所谓"马口"和"马口溪"极有可能就是洋人对"大王滘"和"大王滘"水道的称谓。然则《广州口图上》中提供的信息的确不可低估，因为它暗示了"大王滘"水道南段以至陈村（《广东舆地全图》之《番禺县图》作"陈头"）的具体走向。

"大黄（王）滘"南的"大黄（王）滘"水道（洋人亦称之为"马口溪"）不长，不是广州与澳门间内河水道的全部，甚至可以说仅仅是这条内河水道系统的北段中的一部分，却是由广州南下澳门的内河水道必经之水道，所以当地（可能主要是省城广州、番禺、南海两县）的人们才会以这条小水道的名称来概括广州与澳门间内河水道。

在清宣统二年（1910）编制的《广州省城图》中，广州城西南方向，由白鹅潭南流的珠江水道（今称珠江南水道或后航道）中标绘有"水出虎门"字样。在现藏国家图书馆、19世纪西方人所刊之《广州省城图》上，海珠台以东珠江河道（今称珠江北水道或前航道）中标注有"此水路向东行到黄浦经狮子洋出虎门"字样，沙面南面珠江河道上标注有"此水路向南行至南石头各炮台绕东出四沙泛经狮子洋出虎门"字样，这表明由白鹅潭东南流的珠江水道与广州城南的珠江水道一样，都是虎门航道的内河航道的重要组成部分，由广州南到澳门的内河水道的起始部分，无疑也是利用了这段珠江水道，但是在大黄（王）滘炮台附近则改走"大黄（王）滘"水道，遂后继续向南辗转于其他水道，以达于澳门。"大黄（王）滘"正处于广州城南珠江内河航道网的一个核心位置，由澳门北上之船舶，不论取道虎门航道再经广州内河水道还是完全取道内河水道，大致都需要经过"大黄（王）滘"，其在珠江三角洲地区水路交通网中的优越地位显而易见，这也正是清朝在这里设置有一组炮台的重要原因。

"大黄（王）滘"炮台有时简称"大黄（王）炮台"。嘉庆二十三年四月初六日（1818 年 5 月 10 日）《两广总督阮元密奏预防英吉利事宜折》："查广东省城切近海口，距澳门外洋水程三百余里，距虎门沙角水程一百余里。沙角以外为外洋，虎门以内为内洋。自虎门至黄埔皆系深水，自黄埔至省城渐入浅水。其间以沙角炮台为第一重门户，镇远横档台为第二重门户，大虎炮台为第三重门户，省东之猎德，省西之大黄炮台为第四重门户，再进为省城外东西炮台，系附郭之地，西门外十三洋行即洋商与夷人交易处所。"[①]　此炮台亦简称为"大黄（王）滘台"，如梁廷楠在《夷氛闻记》中就曾说，在道光二十一年（1841），入侵广州之英军"两路分入，势如破竹。从东南入者，逐我猎德炮台兵而守之。从西南入者，登大黄滘台，坏台一角，亦留守焉。"[②]　值得注意的是，可能是由于"大黄（王）滘"炮台是由三个炮台组成，西炮台设在"大黄（王）滘"，正炮台在其东侧的珠江南水道中的小岛上，而东炮台则已建筑在珠江南水道东岸的河南洲上的南石头（今称南箕）一带，所以"大黄（王）滘"之地名随之也由珠江西岸扩展到了东岸。1920 年广东陆军测量局编制的《广州市图》在珠江南水道西侧标绘有"大王漖"水道，而在东岸标注有"大王炮台"，就很能说明问题。正因如此，其附近的珠江南水道也被时人称为"大黄滘"或"大黄（王）滘支河"。这可在有关档案文献中的记载得到证明。据道光二十一年二月二十五日（1841 年 3 月 17 日）《杨芳奏报英船驶入芙

---

①　《两广总督阮元密奏预防英吉利事宜折》，嘉庆二十三年四月初六日（1818 年 5 月 10 日），宫中朱批奏折。此据中山市档案局（馆）、中国第一历史档案馆编《香山明清档案辑录》，上海古籍出版社，2006，第 78 页。

②　梁廷楠：《夷氛闻记》卷二，中华书局，1959，第 59 页。

蓉沙等事折》："查逆夷兵船，自闯过乌涌，即于二沙尾、大黄滘两路，分投游奕，欲进省河。经奴才查看大黄滘退后五里之凤凰冈，系属顶冲要隘，约可容兵千名阻截入省河道，事以奏明。……一切布置甫于二月二十三日稍经就绪，果于二十四日未刻，即有逆夷来驾大兵船二只、火轮船一只、三板船十数只，冲过大黄滘废营，直欲闯进省河，将拦河竹排，垒用大炮轰打，更炮击营垒，断树掀囊，飞砂四起。"① 凤凰冈在珠江南水道东岸，杨芳既云"大黄滘退后五里之凤凰冈"，可见所说"大黄滘"其实是指南石头一带。又据道光十八年六月二十六日（1838年8月15日）《广州将军德克金布等奏报筹办堵逐英国巡船现在候风开行折》："所有虎门以内进省水路，如扼要之黄埔、中流、沙乌涌、大黄滘以及两岸陆路各要隘"②，这里既然以"进省水路"相称，则所说"大黄滘"当指的是珠江南水道。这也可从道光二十一年三月二十二日（1841年4月13日）《杨芳奏为谢恩事折》③ 所述情形得到证明。据杨芳称："现在汉奸渐次解散，逆船亦退出省河，除大黄滘湾泊逆船大小十数只外，据虎门、香山、澳门等处禀报：沙角泊有三枝桅大兵船一只、两枝桅大三板一只；横档泊有三枝桅大兵船一只；永安泊有三枝桅大兵船三只；麻涌两枝桅兵船泊一只；大蚝头泊有三枝桅大兵船一只；黄浦泊有三枝桅大兵船一只；深井泊有三枝桅大兵船一只，各有因。该逆分泊无常，逆转迟留非常翼，与咪唎坚各国一例邀功于急切，待命之余，尚存游移突窥伺之迹。"从中可见，"大黄滘湾"泊有"大小十数只"英船，这就再次说明了时人确实也有将"大黄滘"一带的

---

① 《杨芳奏报英船驶入芙蓉沙等事折》，道光二十一年二月二十五日（1841年3月17日），宫中朱批奏折。此据中山市档案局（馆）、中国第一历史档案馆编《香山明清档案辑录》，上海古籍出版社，2006，第125页。

② 《广州将军德克金布等奏报筹办堵逐英国巡船现在候风开行折》，道光十八年六月二十六日（1838年8月15日），宫中朱批奏折。此据中山市档案局（馆）、中国第一历史档案馆编《香山明清档案辑录》，上海古籍出版社，2006，第89页。

③ 《杨芳奏为谢恩事折》，道光二十一年三月二十二日（1841年4月13日），宫中朱批奏折。此据中山市档案局（馆）、中国第一历史档案馆编《香山明清档案辑录》，上海古籍出版社，2006，第130页。

珠江南水道简称作"大黄滘"的习惯。这从林福祥《平海心筹》述同一事作"辛丑三月，嘆夷兵船已入省河之大王滘"①，也可得到证明。另据道光十四年八月十三日（1834 年 9 月 15 日）《两广总督卢坤等奏报英国兵船闯入内河筹办防堵并请严处疏防各将弁等情折》："并查有大黄滘支河，亦系黄浦进省之路，该处设有炮台，先经派委参将卢必沅带领巡船二十余只在彼拦截。该处至省绕道较远，而河面宽阔，现用大木排堵塞河面，又于对河建设木闸，添委都司洪发科率领督标精锐兵五百名、督标水师兵一百名，运带抬炮及劈山威远大炮，以一百五十名防守炮台，三百五十名在木闸之内扎营策应，似此分路层层防堵，不特该夷兵船无从闯驶，即三板小船亦不能驶入省河。"② 道光二十一年（1941）英军入侵广州之际，林则徐给靖逆将军奕山的御敌建议中也提到"查省河迤东二十余里，有要隘曰猎德。其附近二沙尾，两处皆有炮台，其河面宽约二百丈，水深二丈有零。又省河西南十五里，有要隘曰大黄滘，亦有炮台。其河面宽一百七丈，水深三丈余"。③ 看来被称为"亦系黄浦进省之路"的"大黄滘支河"，实即珠江南水道，虽然说此条水道相对来说，略显曲折迂远，不是由黄埔通省城广州之捷径水路，但因为河阔水深，故当时也常为英国兵船出入或停泊。然而，总的来看，有时也被人们称作"大黄滘"或"大黄滘支河"的珠江南水道不是去黄埔、虎门之水道的首选，但却是由广州南下澳门所必经，或者更为准确地说，是广州南下澳门的内河水道的首选，因而其作用是不可低估的。

---

① （清）林福祥：《平海心筹》卷下《论粤东事势》。参见中国第一历史档案馆、澳门基金会、暨南大学古籍研究所合编《明清时期澳门问题档案文献汇编（六）·文献卷》，人民出版社，1999，第 435 页。

② 《两广总督卢坤等奏报英国兵船闯入内河筹办防堵并请严处疏防各将弁等情折》，道光十四年八月十三日（1834 年 9 月 15 日），宫中朱批奏折。此据中山市档案局（馆）、中国第一历史档案馆编《香山明清档案辑录》，上海古籍出版社，2006，第 81 页。

③ 梁廷楠：《夷氛闻记》（卷三），中华书局，1959，第 63 页。

第三节 《中国丛报》中所谓的 "Broadway River" 及其出口一带的岛屿和港口

与被广州当地人称为"大黄滘"不同，广州至澳门的内河水道被英国人称为"百老汇河"，这个名称实际上更多地反映了这条内河水道南段尤其是出口处的一些情况。

关于前引《中国丛报》第 17 卷第 8 期（1848 年 8 月）所载赫德游记中所说的"Broadway River"，在该刊第 5 卷第 8 期（1836 年 12 月）中提供了更多的资料。该期报刊在介绍"中国的海岸"时提道："从'Broadway'，我们既可以穿过由两个岛屿形成的短水道到达澳门，又可以通过在浪白岛与马大门岛之间走出来，来到大横琴岛西北数英里的地方。……'Broadway'有足够的水深让大型船只驶进来，在风暴吹袭时，断了锚链的船只亦可以进入避风。香山县一部分的马大门、马格里勒和拱北在其东面；三灶和几个其他岛屿在其西南。所在这些岛屿海拔不是很高。"① 从相关记述来看，英国人所称的 Broadway 或者 Broadway River，大概是指距离澳门半岛西侧较近的那个西江出海水道，即磨刀门水道。另外，从有关英文历史地图中可知（见图 4－3），所谓的"Broadway River"实际上原来主要是指香山河（英文作 Hongshan River，今称石岐河或石岐水道）。香山河由东北向西南流，在磨刀门水道入海口一带汇入磨刀门水道，汇流处以下的磨刀门水道同样被英国人称为"Broadway River"。

当然，还值得注意的是，上引《中国丛报》第 5 卷第 8 期中还十分详细地介绍了"Broadway River"出口处的岛屿分布、港口情况等：

---

① 汤开建、陈文源、叶农主编《鸦片战争后澳门社会生活记实——近代报刊澳门资料选粹》，花城出版社，2001，第 46～47 页。笔者按：这里的"Broadway"原译作"百老汇"，编译者特别地注云"英国人称之为 Broadway，又称 Broadway River，即珠江一支——西江的出口"，不是特别确切，笔者径用英文原文。

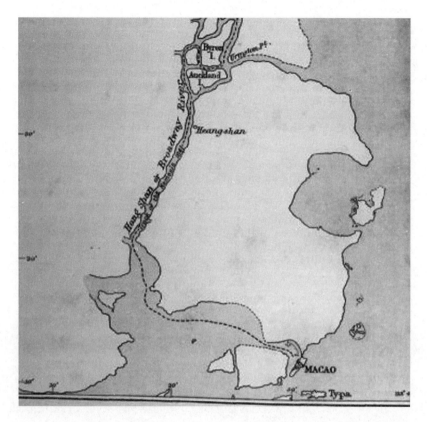

图 4 - 3　《广州河地图》（*Map of CANTON RIVER*）中的"Broadway River"

　　我们必须迅速从珠江三角洲的岛中穿过和经过其著名的
港口。当我们从南面进来时，大林和三灶岛在我们左面，大
小横琴和蒲台岛在我们的右边。在更远的东边靠南一些的地
方，鸡拍吸引了我们的注意。其他不重要的岛屿，我们略而
不谈了。横琴，从其高度和地点来说，是船只进入这条水道
的标准的标志物。一条适合航行的海峡将大小横琴分开。小
横琴的北面是舵尾，在其东边是一处避风港，在这里曾有一
艘［东印度］公司的吃水 21.5 英尺的大型船只在这里安全
避过台风。大马骝洲或旅客岛是一块平整倾斜的岩石，位于
靠近海峡中间的地方，走向在小横琴的西北至北。在入口处

东边的深井岛是一个高高的岛屿，几乎正对着澳门。在西边面对的是宽河或阿婆尾和鸡颈或潭仔（这两处的名字不同，但是同一岛屿，第一个在东面，另外的在中间，它们是分开的），它们与马大门、马格里勒，环绕着潭仔锚地。锚地水不深，水底是软泥；从东面进入锚地，阿婆尾在南面，潭仔在北面，朝北看去是澳门。至此，澳门街是完全开放和没有防卫的了。澳门的内港水浅，但仍有很多船只到达，它为小型船只提供了很好的保护。进入它要绕过澳门南端。船只非常接近澳门市区，市区就在对面：对面是拱北或神甫（Padre）岛，中国人称之为对面山，葡萄牙人被正式允许在这里居住，但最新入住的是一些中国犯罪分子。他们随时准备去进攻和打劫陌生人，甚至葡萄牙人。他们以为在此其所作所为不会受到处罚。

上引的记述对于澳门港口的环境条件，尤其是对该港口侧内河水道出口一带岛屿分布、港口状况的描述是如此的详细和清晰，让人不禁为之叫绝。其中有关的记述，也向人们表明，当时从广州城南由"大黄滘"水道向南，转入英国人称为"Broadway River"的香山河和磨刀门水道的内河水道，确实仍然是广州至澳门间的重要航道之一，外国商人不仅经常利用这条航道，而且似乎对其南端出口一带亦即澳门西侧的岛屿分布和港口情况均相当熟悉，这多少有些超出我们的想象。然而，那条"内河水道"的究竟要经过哪些重要的地方？取道这条水道究竟需要多长的时间？关于这些问题，我们还必须利用更多的资料作进一步的研究。

第四节 《中国丛报》中所见的广州至澳门 内河水道所经过的海关站

《中国丛报》第 8 卷第 2 期（1839 年 6 月）在评述"鸦片贸易的危

机"时转引了《广州周报》刊载的有关文件，这个文件实际上是广东海关与广州府官员共同签发的给"夷商 A""作为允许外国人离开广州，乘坐中国船只经过内河水道去澳门的执照的样本"。这个"执照"编号"第四十五号"，标题是"去澳门的执照"（以下简称"执照"文档），具体内容则包括五个部分，即：（A）行商为申请执照给海关监督的禀文［时间是道光十九年（1839）四月十五日，署名为浩官、茂官、潘启官、明官］；（B）海关监督的答复；（C）在路上连署签名的执照（由广东海关监督豫签署，时间是道光十九年四月十六日）；（D）一份正式执照，登记号 2（由广东海关监督豫签发，其中提到时间为道光十九年四月十四日，似有误）；（E）由钦差大臣的特别代表林任命的官员发出的额外执照（第 196 号，由驻守在夷商馆外的栈桥、专门负责处理鸦片事务的广州府佛山同知刘开域执照签署，时间是道光十九年四月十六日。被交回）①。这份执照细致地反映了广东海关的一般工作程序和鸦片战争前夕钦差大臣林则徐对来往于省城与澳门之间的外国人的防范，对于研究清代广东海关制度和鸦片战争史来说，应当具有较高的史料价值，但笔者关注的内容则是其中所反映的当时广州至澳门间的"内河水道"（即前述"大黄滘"或"Broadway River"）的具体路线情况。

在上述"执照"文档的第二部分，即"（B）海关监督的答复"，实际上是广东海关监督对于行商禀文的批复，这个批复中说"夷商 A"的执照获准发给，但是要求"他在去澳门途中，按惯例，必须将它出示给沿途各个海关站，到达后交给澳门的海关"，其中特别提到"在通过西炮台（West fort）时的连署签名"和"在通过紫坭时的连署签名"，这表明西炮台和紫坭是那条"内河水道"必经之地。

值得注意的是，在上述"执照"文档的第三部分，即"（C）在路

---

① 汤开建、陈文源、叶农主编《鸦片战争后澳门社会生活记实——近代报刊澳门资料选粹》，花城出版社，2001，第 68~70 页。

上连署签名的执照"，实际上已由广东海关监督在道光十九年（1839）四月十六日豫签署的，其中特别提到"鉴于以往，以下是已经确定的，即为了安全和秩序批准执照，以使贸易获得保护；它是明显地一贯执行的，即来往于省城与澳门间的夷人，必须在路途上向各个海关站出示执照；执照上应该注明到达的时间和他们获许出发的时间。这样做就不会有困难和耽搁发生；同样，外国人亦不许闲逛与游荡，这样将引起麻烦。当这份执照到达澳门时，它必须交给那里的海关，并被送回海关监督署来核销。"所以，在执照的"备忘"中注明了"夷商 A"离开省城和到达澳门的预定时间，以及必须进行执照签署的五个海关站，由于属于正式执照性质，涉及的海关站名更多，这就为复原由广州至澳门的"内河水道"的具体走向和航行所需时间，提供了更为有利的条件。兹特节录如下：

备忘。一艘载有夷人 A 的船，在四月十六离开省城。

执照签署　在十六日中午，到达和通过总署。

执照签署　在十六日晚上，到达和离开西炮台。

执照签署　在十七日上午 1 时，到达和离开紫坭。

执照签署　在十七日白天，到达香山；十八日白天，离开香山。

执照签署　在十八日晚上，到达澳门。

按在康熙二十三年（1684），清政府宣布实行开海贸易政策，继之在江苏、浙江、福建和广东分别设立了江海关、浙海关、闽海关和粤海关，但在乾隆二十二年（1757）下令撤销江海关、浙海关和闽海关，规定"番商将来只许在广东收泊交易"①。自此形成广州一口通商局面，迄于道光二十年（1840），延续时间长达 83 年之久。粤海关自 1685 年

---

① 《清高宗实录》卷五五〇，乾隆二十二年十一月戊戌。

设立后，即陆续在全省沿海口岸开设关口，这些关口简称"总口"和"子口"，并按职能分别称为"正税口"、"挂号口"和"稽查口"，其中正税口负责检验进出口货物及征收关税，挂号口负责检查进出关境手续及收纳挂号费，稽查口负责缉查走私物品①。据清人梁廷楠《粤海关志》记载，道光十八年（1838）粤海关在全省沿岸共设正税总口 7 处，分别是设于省城广州的大关、设于海阳县的潮州庵埠总口、设于陆丰县的惠州乌坎总口、设于澳门的澳门总口、设于吴川县的高州梅菉总口、设于徐闻县的雷州海安总口和设于琼山县的海口。其中设于广州城五仙门内（今广州市海珠广场广东省贸易中心大楼附近）的省城大关为粤海关总汇，下辖正税口 1 处（即江门口），挂号口 9 处（分别是总巡口、东炮台口、西炮台口、佛山口、黄埔口、虎门口、紫坭口、镇口口、市桥口），稽查口 1 处（即行后口，为总巡口所辖小口）；澳门系正税总口，亦为粤海关监督行署所在地，在广州府香山县，距大关 300 里，下辖有大马头、南湾、关闸、娘妈阁 4 处稽查小口②。广州、澳门之间的海关关口（即外国人所说的海关站）数目不少，但在上引文中只提到了粤海关海关的总署、西炮台、紫坭、香山和澳门这 5 个海关站，这当然值得特别给予关注。

　　粤海关总署是签发执照的地方，也是"夷商 A"首先要通过的海关站，当然要进行执照签署，而澳门总口是最后报到地点，这个海关站是要负责将执照"送回海关监督来销核"的，自然也要进行执照签署。这是比较容易理解的。在前引"执照"文档的第四部分即"（D）一份正式执照"和第五部分即"（E）由钦差大臣的特别代表林任命的官员发出的

① 广州海关编志办公室编《广州海关志》，广东人民出版社，1997，第 74 页。
② （清）梁廷楠总纂，袁钟仁校注《粤海关志》卷五《口岸一》，广东人民出版社，2002，第 61~72 页。笔者按：《广州海关志》第 75、79 页认为大关为正税口，而江门口则为与大关并列的正税口。黄启臣先生则谓："省城大关下设 11 个小口，又称挂号口，即总巡口、行后口、东炮台口、西炮台口、佛山口、黄埔口、紫坭口、市桥口、江门口、镇口口。"似将正税口、挂号口和稽查口混为一谈，又遗漏了虎门口。参见黄启臣《海上丝路与广东古港》，中国评论学术出版社，2006，第 106 页。

额外执照"中，提到"夷商 A"雇用的是尹宝昌（Yin Paouchang）的快船，由广州港前往澳门的目的是出售茶叶等货物，并且"关税已付"，也带了一些可能原来已付关税的"存货"，但是没有装载鸦片等违禁货物，"也没有载运被包围在广州的 16 名被禁止离开的外国人"，所以要求"沿途所有海关站根据本许可，允许它通过"。大概是因为这个外国商人没有装载违禁货物和人员，只需要沿途的挂号口负责检查进出关境手续及收取挂号费事宜，所以在海关监督的答复和要求路上连署签名的执照中就没有提到总巡口下辖的和澳门总口下辖的 5 处稽查口，但是《粤海关志》记载省城大关下辖的挂号口共 9 处，没有香山口，何以执照中只提到西炮台、紫坭、香山这 3 个海关站？问题似乎有些复杂，需要分别讨论。

西炮台口和紫坭口都属于省城大关下辖的挂号口性质。其中西炮台口的具体位置，据清人梁廷楠在《粤海关志》所记，是"在广州府南海县附城"①，实际上位于广州府南海县附城城西，即今广州市黄沙②，当为由大关经水路出城西去必经之地；紫坭口的位置，据清人梁廷楠在《粤海关志》所记，是"在广州府番禺县，距大关一百里"③，即今广州市番禺区与佛山市顺德区交界处，市桥西南 8 公里的紫坭，该口西邻陈村水道，南控顺德水道和沙湾水道，亦为由广州城西南的珠江水道南下的"内河水道"所必经。紫坭口，法国画家奥古斯特·博尔热的游记《中国和中国人》之 1838 年 9 月 9 日条中有记载，但钱林森等误译作"齐内（Chy – Nay）海关"④。《中国和中国人》中关于紫坭的记述，英国人詹姆士·奥朗奇《中国通商图：17～19 世纪西方人眼中的中国》

---

① （清）梁廷楠总纂，袁钟仁校注《粤海关志》卷五《口岸一》，广东人民出版社，2002，第 65 页。

② 广州海关编志办公室编《广州海关志》，广东人民出版社，1997，第 81 页。

③ （清）梁廷楠总纂，袁钟仁校注《粤海关志》卷五《口岸一》，广东人民出版社，2002，第 69 页。

④ 〔法〕奥古斯特·博尔热：《奥古斯特·博尔热的广州散记》，钱林森等译，上海书店出版社，2006，第 24 页。

中有征引，但何高济误译作"闻南"，并特别加注说明云："Tchynay，所指不明，音译作闻南。"① 显然是不太熟悉岭南地区的地名。

西炮台口和紫坭口这两个海关子口都属于省城大关下辖的挂号口性质，所以海关监督的答复和相关执照中被重点提及，要求相关海关站的官员连署。与此同时，执照中没有列出同为省城大关子口的东炮台口、佛山口、黄埔口、虎门口、镇口口、市桥口等其他子口，这大概是因为从广州至澳门的"内河水道"并不经过这些子口。

省城大关下辖总巡口和行后口分别属于挂号口和稽查口性质，据清人梁廷楠《粤海关志》，两口的具体位置皆"在广州府南海县附城"②，今人释其地分别位于广州府南海县五仙门外（今广州市沿江西路广州医学院附属医院）和广州府南海县附城南边龙母庙（今广州市沿江西路南方大厦）③。从相对位置来看，此二口似应当为广州至澳门的"内河水道"所经，但在前述的广东海关监督的批复中未提及海关连署事宜之事。行后口属于总巡口下辖的稽查小口，用不着连署，这是比较好解释的，但是总巡口与西炮台口和紫坭口一样，也属于挂号口，为何也没有提及？笔者推测，可能是因为总巡口与海关监督衙门所在省城大关距离较近，当时也被人们认为是总署的组成部分，所以不用特别说明。在前引执照档中，提到"执照签署　在十六日中午，到达和通过总署"，其中用了"到达"和"通过"这样的词汇，如果仅仅是到海关监督衙门取执照而不过关口检验执照，是不必这样写的，可见这里所谓的"总署"当是包括总巡口在内的。另外，省城大关与西炮台的距离也不是太远，为什么执照中要求"在十六日中午，到达和通过总署"，而在"在十六日晚上，到达和离开

---

① 〔英〕詹姆士·奥朗奇编《中国通商图：17~19世纪西方人眼中的中国》，何高济译，北京理工大学出版社，2008，第117~118页。

② （清）梁廷楠总纂，袁钟仁校注《粤海关志》卷五《口岸一》，广东人民出版社，2002，第62、63页。

③ 广州海关编志办公室编《广州海关志》，广东人民出版社，1997，第81页。

西炮台"，其间要用上半天的时间？这显然是要在总巡口办理进出关手续而耽搁时间所致。

至于香山海关，广东海关监督的回复中没有特别提及，《粤海关志》中亦不见记载，但是在相关执照中却重点列出来了。原因何在？据清人王文达《粤海关统辖口岸考》记载："石岐口，在香山县西门外天字码头，距大关二百四十里，旧系稽查卡口，由道光二十年间经兵燹后，该卡焚毁一空，此卡当即停征，至咸丰十年，复在香山县城外河面设艇稽征，名曰石岐关艇。至光绪三年将关艇裁撤，即于天字码头河岸修建官房一所，改名曰石岐口，代大关专征香澳渡、氹仔、翠微等渡。惟下府船只装运豆油，虽来本口起卸，仍照章去江门销号，以符旧例。"① 可见在道光二十年（1840）以前是有香山口的，但是性质"旧系稽查卡口"。这里的"旧"，是什么时间？另据袁钟仁考证，《粤海关志》"所载史实至道光十八年止"②。结合本文前面所引道光十九年（1839）四月的相关"执照"文档，我们就不难推测，香山口应当是在道光十八年（1838）至十九年（1839）四月之间，为了加强内河水道贸易管理新增设的。但是这个海关的性质可能不是梁廷楠《粤海关志》中所说的稽查小口，而属于省城大关下辖的一个挂号口，因为据上引王文达《粤海关统辖口岸考》的材料，这个新关口是要代大关稽征关税的。

关于香山海关，博尔热的游记《中国和中国人》之 1838 年 9 月 9 日条中也有记载，但钱林森等译作"红商海关"，盖不明 Hongshang 所指而致误，其他译文如"红商河""红商山丘"等皆是此类生译③。

实际上，自明代中叶以来，在广州府出外通衢的西翼，香山县有

---

① （清）王文达：《粤海关统辖口岸考》，中国国家图书馆藏，光绪六年（1880）刻本，第 11~12 页。此条资料由陈勇博士提供，特致谢忱。

② （清）梁廷楠总纂，袁钟仁校注《粤海关志》"前言"，广东人民出版社，2002，第 4 页。

③ 〔法〕奥古斯特·博尔热：《奥古斯特·博尔热的广州散记》，钱林森等译，上海书店出版社，2006，第 20~23 页。

其重要的地位。以"石岐渡"为中心,香山县与所隶府城、邻县村镇的水上交通网络皆已形成①。据嘉靖《香山县志》记载,当时有"广州渡,二迭相往来,俱发自石岐,通于广州";"顺德渡,发自石岐,通于顺德之碧鉴";"江门渡,发自石岐,通于新会之江门";"蝄步渡,发自石岐,通于新会之蝄步村";"高沙渡,发自石岐,通于高沙";"大榄渡,发自石歧,通于大榄村"②。至于香山与澳门之间的水上交通,则可据崇祯年间兵部尚书张凤翼的奏稿得到证明,该奏稿称:澳葡"占住濠澳,而阑入之路,不特在香山,凡番(禺)、南(海)、东(莞)、新(宁)皆可扬帆直抵者也。其船高大如屋,上有楼棚,迭架番铳,人莫敢近。所到之处,硝黄、刀铁、子女、玉帛违禁之物公然般[搬]载,沿海乡村被其掳夺杀掠者,莫敢谁何"。又云:"里海者,番(禺)、南(海)、新(宁)、顺(德)、东(莞)、香(山)等县一带支通之小海也,其海皆郡邑乡城农工商贾出入必经之地。"③清代香山县的水上交通网络当更为发达一些。在现藏广东省图书馆、清光绪二十三年(1897)广州石经堂承印出版的《广东舆地全图》之《香山县图》中,全县的内河水道网路有清晰反映,其中香山县城西侧之东北—西南向的水道(今称石岐河或石岐水道④)为由顺德水道(潭洲水道)东南下再西南行进入磨刀门水道最近之途,而此条水道东岸、香山县城的西侧标有"石岐墟"⑤,更显示了石岐的交通冲要作用和区域

---

① 王颋:《明代香山陆海形势与澳门开埠》,《澳门历史研究》2003年第2期。

② (明)邓迁修,黄佐纂(嘉靖)《香山县志》卷一《风土志·津渡》,书目文献出版社,1991,第306页。

③ 《兵部尚书张凤翼等为广东深受澳夷之患等事题行稿》,崇祯七年四月二十二日(1634年5月18日),明档兵部题行稿。此据中国第一历史档案馆、澳门基金会、暨南大学古籍研究所合编《明清时期澳门问题档案文献汇编(一)·档案卷》,人民出版社,1999,第17、18页。

④ 《广东省县图集》(内部用图),广东省测绘局,1992,第16页《中山县图》和《石岐镇平面图》。

⑤ 中国第一历史档案馆、广州市档案局(馆)、广州市越秀区人民政府编著《广州历史地图精粹》,中国大百科全书出版社,2003,图版53《香山县图》。

商业中心的地位。另外，《中国丛报》第 12 卷第 9 期（1843 年 9 月）中也曾提到："在提供给我们香山县［位置］的地图上，我们发现了淇澳、金星门、棱角山、九星（著名的九洲沙沥）、十子［字］门（潭仔）、青洲、马骝洲、宿聚、连湾洲、小横琴山、大横琴山。旁边是鹤州和白藤洲。在我们的地图上跨越了两页的香山县，有趣的是有许多水道，以至于在通过它时，你能见到驶向各个方向的船只。澳门位于其大陆的东南角，黄梁都司位于西南角。"① 而《中国丛报》第 12 卷第 6 期（1843 年 6 月）中则记述说，香山"有几条深水航道"，1843 年 3 月 15 日，"在两名英国使团官员的陪同下，靼靼将军、中国钦差大臣的属员之一的咸龄在澳门访问了不列颠皇家全权特使。他们由水路到达香山，然后穿过农村，距离大约有 20～25 英里；——前面一部分有些小山和美丽的田野，后面一部分非常平整"②。这更说明当时由广州取得内河水道至澳门，确实是必经香山的，道光十八年（1838）至十九年（1839）间粤海关在这里新设大关的挂号口也有其必要性。

　　当然，香山口的沿革情况相当复杂。前引王文达《粤海关统辖口岸考》中说，此关在道光二十年（1840）间毁于兵燹，至咸丰十年（1860）复在香山县城外河面设艇稽征，名曰石岐关艇，至光绪三年（1877）将关艇裁撤，即于天字码头河岸修建官房一所，改名曰石岐口。道光二十年（1840）间石岐口毁于兵燹一事，从档案文献也可得到核实。道光二十三年八月二十二日（1843 年 10 月 15 日）《两广总督祁埙奏报粤海关设立要卡酌筹经费折》中称："窃惟关口之设原以严缉奸商而稽查私货，近来茶叶、湖丝、大黄等项每多走私，间有缉获，不过百中之一。盖由三水之思贤滘，虎门左近之三门，南海之九江沙头，

① 汤开建、陈文源、叶农主编《鸦片战争后澳门社会生活记实——近代报刊澳门资料选粹》，花城出版社，2001，第 153 页。
② 汤开建、陈文源、叶农主编《鸦片战争后澳门社会生活记实——近代报刊澳门资料选粹》，花城出版社，2001，第 149 页。

· 160 ·

东莞之石龙，香山之石岐，顺德之黄连、甘竹，凡七处均有河汊可以绕道出海，向无卡口稽查。"[①] 光绪三年（1877）之后，这个关口似曾长期存在。这可从民国初年粤海五十里外常关的设置情况得到证明。据相关记载，民国三年（1914）粤海五十里外常关机构系列中有石岐总口，地址在香山县城外石岐街，距正关 180 里[②]。石岐总口在 1930 年尚存（地址在中山石岐），并且还下辖有容奇分口（地址在顺德容奇圩)[③]。足见其地位之重要。

第五节　林则徐日记所见广州至香山的水道路线

广州至澳门内河水道所经过的海关站已如上文所考，但是除粤海关总署和澳门总口以外，只涉及西炮台、紫坭、香山三个海关站，沿途还需要经过哪些地方不是十分清楚。所幸钦差大臣林则徐在道光十九年七月（1839 年 8～9 月）曾与两广总督邓廷桢从广州前往澳门视察，其中初七、初八两日从广州南下至香山是取道水路，正是广州至澳门内河水道的香山县城以北路段，而林则徐在二十七日、二十八日两日从香山县北上赴虎门时，其中从香山至石壁间之水路大致也走的是这条内河水道的一部分。林则徐在日记中对其往返这条内河水道所经地点详有记载，其中某些地点为《中国丛报》所无，正可补缺，兹节录如下，以便讨论：

---

① 《两广总督祁𡎆奏报粤海关设立要卡酌筹经费折》，道光二十三年八月二十二日（1843 年 10 月 15 日），宫中朱批奏折。此据中山市档案局（馆）、中国第一历史档案馆编《香山明清档案辑录》，上海古籍出版社，2006，第 781 页。

② 广州海关编志办公室编《广州海关志》，广东人民出版社，1997，第 84 页《粤海五十里外常关机构系列表（1914）》。另参见广州市地方志编纂委员会编《广州市志》卷一〇《海关志》，广东人民出版社，2000，第 1107 页《民国三年粤海五十里外常关机构设置表》。

③ 参见《广东全省海关及其卡口之调查》，《广州民国日报》1930 年 8 月 1 日；广东省调查统计局编《统计汇刊》，1930。此据黄增章《民国广东商业史》，广东人民出版社，2006，第 357 页引。

初七日，庚子（8月15日）。晴。早晨对客。……申刻起程，与邓制军同赴香山，将军、都统、中丞、榷使俱送于天字码头，叙谈片刻，即开舟，司道以下送于凤凰岗。舟向南行，……夜，长行未泊。

初八日，辛丑（8月16日）。晴。晨过紫泥，即沙湾（有盐关），自省城到此七十余里。又过潭州、大小黄埔、横径、广口、县、协皆来迓。戌（原文作"戍"，误——引者注）刻抵香山，登岸，住城内丰山书院。计自省城水路至香山二百一十里。

二十七日，庚申（9月4日）。寅刻行，黎明过平径岭，巳刻至香山城，即登舟，行李皆在舟中，遂开行，赴虎门。未刻过横径，计四十里。酉刻过大黄圃（有墩台，村市大），则又三十里矣。上灯后过容奇头、潭州口，皆顺德所辖。又过乌珠，稍停复开。夜，长行，五鼓过紫泥。

二十八日，辛酉（9月5日）。晴。黎明过何滘，又过陈村，午过石壁，距省约三十五里。中丞遣弁来，府、县遣丁来。遂折而东，申过黄埔，见花旗国及琏国夷船六只泊此。又过鱼珠、乌涌。申酉之间，西风颇顺，闻由狮子洋行，比内河少行一百里，遂趁顺风放洋，舟不颠簸，黄昏收入斜西口，河势湾曲，晚潮已落，舟行仍缓。是夜四鼓甫抵虎门镇口①。

从上述记载可知，林则徐等在道光十九年七月初七、初八两日从广州南下至香山，先后经过天字码头、凤凰岗、紫泥（坭）、潭州、小黄埔、大黄埔、横泾（径）、广口、香山，涉及地名9个；二十七日、二十八日两日从香山北上至石壁，则先后经过香山城、横泾（径）、大黄圃、容奇头、潭州口、乌珠、紫坭、何滘、陈村、石壁，涉及地名10

① 林则徐全集编纂委员会编《林则徐全集》（第9册）《日记卷·己亥日记（道光十九年）》，海峡文艺出版社，2002，第4593～4596页。

· 162 ·

个。初七日、初八日两日从广州南下至香山要比二十七日、二十八日两日从香山北上至石壁时航行的水路长，但所记地名反而少一些，有些地名也不十分准确，笔者推测，除了夜行未泊以外，大概也与第一次经过而不太熟悉沿途情况有一定关系。通计两次出行，在广州至香山的内河水道段实际上共涉及地名 14 个，由北而南分别是天字码头、凤凰岗、石壁、陈村、何滘、紫泥（坭）、乌珠、潭州（潭州口）、容奇头、小黄埔（圍）、大黄埔（圍）、横泾（径）、广口和香山城，比前引《中国丛报》多了不少地名，兹分别考证如下：

天字码头：在广州城南永清门外苍前直街（今北京路南段）南口，位于五仙门外粤海关总巡口码头之东，为省城广州城南珠江水道（当时亦称省河或北河）上重要之码头，今仍如此。林、邓初七日赴香山，"将军、都统、中丞、榷使俱送于天字码头"，显然出于官场礼仪。

凤凰岗：即今广州市海珠区凤凰岗一带，今其西北有广州港务局和洲头咀码头。清时凤凰岗码头当为由白鹅潭以南珠江南水道北口南下虎门、澳门等地之重要码头，林、邓初七日赴香山，"司道以下送于凤凰岗"，亦是出于官场礼仪。

石壁：即今广州市番禺区境之石壁，陈村水道在西北呈西南—东北流向，通于三枝香水道。其地似在大黄滘水道南段（程鹏所绘的《沿海七省口岸险要图》之《广州口图上》作"马口溪"）与陈村水道北段（《广州口图上》作"哈密而登溪"）合流之处。林则徐二十八日北上时经此地东去虎门，初七日南下时的日记中未见，乃夜行未泊所致。

陈村：即今佛山市顺德区北境之陈村，位于石壁之南，陈村水道在其东面大致呈西北—东南流向。林则徐初七日夜过之未记。

何滘：当在陈村之南，紫坭之北，近陈村水道。林则徐初七日夜过之未记。

紫坭：他书多作紫泥，即今广州市番禺区与佛山市顺德区交界处，市桥西南8公里的紫坭，清时设有粤海关挂号口，地属沙湾巡检司，林则徐谓"即沙湾"，当本于此。紫坭为广州至澳门内河水道所必经，但从紫坭由沙湾水道东出也可至虎门。林则徐初八晨过记之，二十七日夜过之亦记之，足见该地之重要。

乌珠：当即顺德县（今佛山市顺德区）北境之乌洲，旧属番禺县，同治十一年（1871）刻本《番禺县志》的《县境全图》上有标绘，宣统《番禺县志续志》也有记载①，盖因林则徐不谙粤语读音而误记。其地位于紫坭之西南，两地隔潭州水道（顺德水道）相对②。此地与紫坭近，林则徐初八日晨过之未记，但二十七日夜在此地曾短暂停泊，故见于日记。

潭州（潭州口）：潭州在程鹏所绘的《沿海七省口岸险要图》之《广州口图上》中有清晰标绘，位于顺德县东南，为略呈西北—东南向的窄长大沙洲，其上有潭州山，洲西南侧之水道称潭州水道（今亦称为顺德水道）。潭州口当指潭州水道（顺德水道）与容桂水道交汇处。林则徐两次经过皆记之，亦见此地之重要。

小黄埔：当即今顺德南境容奇镇东之小黄圃，位于容桂水道南侧。林则徐初八日过之有记，二十七日夜过之未记。将"圃"记作"埔"，或为误记之故。

容奇头：当即今顺德南境之容奇镇一带，位于顺德支流与容桂水道交汇处。《沿海七省口岸险要图》之《广州口图上》作"容基"，并标注有"炮台"。林则徐二十七日夜过之有记，初八日日记中未记，或是直接从小黄圃南下未经此地。

大黄埔（圃）：在容奇之南，即今中山市北境黄圃镇一带。《沿海七省口岸险要图》之《广州口图上》标有"黄浦营盘"，当有驻军。今

---

① （清）梁鼎芬：（宣统）《番禺县续志》卷二《舆地二·都堡》，载《中国方志丛书》（第49册），成文出版社，1977，第55页。

② 《广东省县图集》（内部用图），广东省测绘局，1992，第17页《顺德县 斗门县》图。

黄圃镇有港口，控扼黄圃水道。清时大黄埔（圃）容奇头和小黄埔（圃）似当有南北向支河直接相通，不必西经今南头或东凤一带。林则徐两次记之，亦知此地相当重要。但在其日记中，初八日记作“大黄埔”，二十七日记作“大黄圃”，亦显示出作为外地人的林则徐，对于香山地名的准确认知需要经过一定的过程。

横径：或为横泾之误记，当即今中山市阜沙镇政府南1.7公里处之横径。据说1835年建村，因在横径河东岸而得名。横径河，因属南连小榄水道、北接阜沙涌的横向水道，故名①。清时大黄埔（圃）与横径似当有支河直接相通。林则徐亦两次记之，当亦是水道冲要之地。

广口：颇疑即今中山市北境之港口，亦因林则徐不谙粤语读音而误记。今中山市港口镇区之港口，在石岐北7公里处，明宣德年间（1426～1435年）形成聚落，清末发展成圩。因当时为石岐至广州必经的重要港口，故名②。港口河北起港口咀浅水湖，南流，在石岐北面的沙咀一带注入石岐河③。港口为从小榄水道转入港口河、石岐河而至香山县城必经之地，其地为香山县城北面之门户和重要的水道交通枢纽，故林、邓初八日赴香山至此地，香山“县、协皆来迓”。二十七日林则徐从香山北上必经之而未记，或因行程匆忙所致。

香山城：在今中山市区。城西石岐河侧畔有港口（清代地方志中记作“县港”），粤海关在此设有石岐口，其地与广州城一样也有一个“天字码头”。城内有丰山书院，林则徐初八日以钦差大臣身份驻节香山县时即住丰山书院。二十七日林则徐从此地登舟北上，日记中亦有记。

① 广东省中山市地名志编纂委员会编《广东省中山市地名志》，广东科技出版社，1989，第153页。
② 广东省中山市地名志编纂委员会编《广东省中山市地名志》，广东科技出版社，1989，第237页及卷首《中山市地名图》《中山市水陆交通地名图》《清光绪宣统香山县境全图》。
③ 广东省中山市地名志编纂委员会编《广东省中山市地名志》，广东科技出版社，1989，第313页。

第六节 《中国丛报》所见的前山水道和
马骝洲水道问题

从香山县城经石岐河转入磨刀门水道，东南行出西江海口以后，欲东至澳门，实际上尚有两途，一是走前山水道，二是走马骝洲水道。

明代从磨刀门东至澳门，大致是以走前山水道为常①，但清代的情况似颇有不同。前引《中国丛报》第 17 卷第 8 期（1848 年 8 月）载赫德（M. Isidore Hedde）所著《沿"百老汇河"从广州至澳门的一次旅行——丝绸之乡顺德见闻》就说赫德走的是马骝洲水道。《中国丛报》第 5 卷第 8 期（1836 年 12 月）中也谈及了马骝洲水道对出入澳门的重要性。另据道光《新修香山县志》："由县港面南，历第一角、海深湾（属仁良都）、磨刀营，共五十里。又南过秋风角、南堑角、蚝镜澳，共七十里，折北二十里至前山寨，此海程之南路也。若由县港东濠越大洲、二洲、三洲（属得能都）、东洲门，南折涌口门（属四大都）、金星门，共九十八里；又南六十二里为濠镜澳，此海程之东路也。而波涛浩渺，不如南路为较近。"② 光绪《重修香山县志》也有相同的记载③。可知入清以后，广州至澳门的内河水路的南段，实际上主要走的是海路，即走马骝洲水道，基本上舍去了前山水道这条内河路线。另外，屈大均也说"蚝镜澳在虎跳门外，去香山东南百二十里"④，里程与所谓"海程之南路"相合，则可见从香山县港取得此水路以至澳门，是入清以来广州府人的共识。

但是情况在同治以后似乎又发生了一些变化。据民国时期厉式金修《香山县志续编》："由石岐水南经第一角海深湾海，分为东南、西南二

① 王颋：《明代香山陆海形势与澳门开埠》，《澳门历史研究》2003 年第 2 期。
② （清）祝淮：道光《新修香山县志》卷一《舆地上·图说》。
③ （清）田明曜：光绪《重修香山县志》卷二《图说·恭常都图说》。
④ （清）屈大均：《广东新语》卷二《地语·澳门》，中华书局，1985，第 36 页。

支，东南支南行，由磨刀门过南野角、秋风角至澳门，共七十里，折北
二十五，至前山寨。县南行航路至恭镇合胜围，为十顷围截断。同治庚
午，都司杨云骧通之，由峡口涌至合胜围口涌，长四百二十丈，阔十八
丈二尺。渡船来澳者，由灯笼山转入出峡口涌，经沙尾北山沙尾入澳
门，可免飓风盗贼之患，且较大海为近，人便之。"① 其中所说的合胜
围当即今中山市南境坦洲镇南的合胜一带，灯笼山当在坦洲镇西南境、
磨刀门水道东岸之灯笼一带，峡口涌似即灯笼东南大涌口水闸北之河
涌，沙尾似即坦洲镇南境、前山水道北岸的沙心、沙角一带②。如上述
地名推定没有大误，那就说明，由明入清以后，之所以由香山至澳门的
水路，在磨刀门水道出口处以东不走前山水道，大致是由于香山县南境
沙田围垦加剧，从而导致磨刀门水道与前山水道之间连通的水路被围田
所阻断。但是在同治九年（1870），经过都司杨云骧的疏通，前山水道
又再次成为由磨刀门东至澳门的一条通途。不过，光绪五年（1879）
《重修香山县志》中提到，在磨刀炮台附近，"即见宽河分为两支：东
支绕及香山县城，并可达广州省垣；西支可通西江。又南野角东面亦有
河口，惟小船可通过澳门。"③ 另外，在成于光绪十三年（1887）以后、
由清代兵部七品京官程鹏所绘的《沿海七省口岸险要图》之《广州口
图下》（见图 4 - 4）中，马鞍山、对岸山之北，笼灯内之东通往澳门的
水道上也有"小船水道通澳门"之文字注记④，这说明在杨云骧的疏通
之后，前山水道的通航条件仍然十分有限，只可通小船，与经由马骝洲
（《沿海七省口岸险要图》之《广州口图下》作"马留洲"）的水道无
法相比。

---

① （民国）厉式金：《香山县志续编》卷一《舆地·附航路》。
② 广东省中山市地名志编纂委员会编《广东省中山市地名志》，广东科技出版社，
　　1989，卷首《中山市地名图》和《坦洲镇地名图》。
③ （清）田明曜：光绪《重修香山县志》卷八《海防》。
④ 中国第一历史档案馆、澳门一国两制研究中心选编《澳门历史地图精选》，华文出版
　　社，2001，第 92 页，图版 57《广州口图下》。

图4-4　《沿海七省口岸险要图》之《广州口图下》（局部）

第七节　广州至澳门内河水道的完整
航线和相关航行时间

对广州至澳门内河水道所经过的海关站和林则徐取此水道所经过的地名考订清楚以后，就可以复原这条内河水道的完整航线，并进而分析当时船只来往这条水道相关的每一段所需的航行时间。

综合前文的考证成果，笔者认为，如从广州取道水路至澳门，则其最为捷径的路线大致应当是：

从广州城南的珠江南河上的天字码头或五仙门外的总巡口（今广州市沿江西路广州医学院附属医院一带）首途，西经行后口（今广州市沿江西路南方大厦一带）、西炮台口（今广州市黄沙），在白鹅潭转入珠江南水道，过凤凰岗，在大黄（王）滘炮台（今广州城西南之荔湾区鹤洞立交一带）附近改走"大黄（王）滘"水道，过东平水道继续南行至今佛山市南海区北境之陈村，入陈村水道南行，经紫坭口（今广州市番禺区与佛山市顺德区交界处，市桥西南8公里）转入潭州水道（顺德水道），过顺德北境之乌洲，在顺德东南之潭州口转入容桂水道，西行至小黄圃或容奇头，再经支河南下横过桂洲水道至大黄圃，再经黄圃水道南下转入鸡鸦水道、阜沙涌至横径，再由横径河转入小榄水道东南行而至香山县北境之港口镇，然后转入石岐河西南行，经停香山口（今中山市石岐），达于磨刀门水道，东南行出西江海口，然后东经前山水道可到达澳门内港，或者经南面的马骝洲（"猴子岛"）水道而至澳门内港入口处的娘妈角炮台。

上述这条内河水道的里程，史料中有多个数字。前引《中国丛报》第 17 卷第 8 期（1848 年 8 月）载赫德（M. Isidore Hedde）所著《沿"百老汇河"从广州至澳门的一次旅行——丝绸之乡顺德见闻》中提到"距离估计有 80 英里"，按一英里 3.219 市里计，合计约为 258 里。但据梁廷楠《粤海关志》记载，澳门总口"距大关三百里"[1]。这两个数字可能都不可靠。清代广州至香山之间，由于河汊密布，水道纵横，主要是以水路相交通，但是其间的里程，相关史料所记多有不同，据前引《林则徐日记》中说"计自省城水路至香山二百一十里"，但前引清人王文达《粤海关统辖口岸考》记载"石岐口，在香山县西门外天字码头，距大关二百四十里"，而梁廷楠在《粤海关志》中则说"香山协左营驻香山县，在广州府南二百二十五里"[2]。至于香山至澳门水路（南路）之里程，据前引清祝淮《新修香山县志》所说是 120 里。清时由广州经香山至澳门之内河水路多走南路，如广州至香山水路为 210 里（取林则徐所记数字），则广州至澳门的内河水道里程实际上至少有 330 里。

香山至澳门水路之东路，如上所说里程较长（共 160 里），而且"波涛浩渺"，故一般不为商船所取。至于香山至澳门之陆，据梁廷楠《粤海关志》中的资料，"前山营驻香山县南一百三十里"，"南至澳门

---

[1] （清）梁廷楠总纂，袁钟仁校注《粤海关志》卷五《口岸一》，广东人民出版社，2002，第 73 页《澳门总口图》。

[2] （清）梁廷楠总纂，袁钟仁校注《粤海关志》卷二十《兵卫》，广东人民出版社，2002，第 408 页。

娘妈阁海二十五里"①，合计香山至澳门的陆路里程为 155 里，与嘉庆十四年（1089）四月二十日总督百龄会同奏言中所说"查澳门距广州府属香山县城一百四十五里"② 略近，百龄所说可能是香山至关闸的距离，因为澳门半岛形如一靴，自东北斜向西南，南北长而东西狭，从东北的关闸至西南的妈阁嘴长约 4 公里③。略事比较不难发现，由香山至澳门，虽然说有水路有二、陆路有一，但取道南路之水路还是更为便捷一些，这正是广州至澳门间内河水道的优势所在。

这条水道相关每一段所需的航行时间，可据有关资料进行一些推测。根据前引《中国丛报》第 8 卷第 2 期（1839 年 6 月）的记载，粤海关方面要求雇用快船的"夷商 A"在四月十六日中午从总署（总巡口）出发，在十八日晚上到达澳门，其间总共需花费两天半时间，推测用时 54 小时左右。这大概是正常情况下，需要在沿途各海关站办理出入关手续的外国商船取道广州至澳门间的内河水道一般所需花费的时间（见表 4－1）。如果采用省城大关至澳门总口为 330 里这个数字，则其平均航行速度大致是 6.11 里/小时。但是，前引《中国丛报》第 17 卷第 8 期（1848 年 8 月）载赫德（M. Isidore Hedde）所著《沿"Broadway River"从广州至澳门的一次旅行——丝绸之乡顺德见闻》中却提到他们的航行"在 46 小时内完成"。这就是说，赫德所用的时间似乎要比"夷商 A"节省 8 个小时左右，其平均航行速度应当是 7.17 里/小时。何以会出现这样的差异？笔者推测可能是赫德与其同行者意迪依尔是在鸦片战争过后的 1844 年走这条"内河水道"时，香山口等沿途海关站等已遭受破坏，管理失控，不像以前的外国人一样要认真地到沿途各海关站报到，从而节约了不少时间，整体上也提高了航行速

---

① （清）梁廷楠总纂，袁钟仁校注《粤海关志》卷二十《兵卫》，广东人民出版社，2002，第 408 页。

② （清）梁廷楠总纂，袁钟仁校注《粤海关志》卷二十《兵卫》，广东人民出版社，2002，第 399 页。

③ 邓开颂、吴志良、陆晓敏主编《粤澳关系史》，中国书店，1999，第 6 页。

度。进出海关站必定要耽搁时间，这也可以说，如果免去在沿途各海关站办理出入海关手续，取道广州至澳门间的内河水道，其航行所需时间大概用不了两天，平均航行速度则大致是在 7 里/小时以上。

表 4 - 1　道光十九年（1839）四月"夷商 A"从广州至
澳门沿途所经各海关站情况

海关站名	预定到达时间	预定离开时间	距大关里程	推测从上站至本站所用时间	推测从大关至本站所用时间
总署（总巡口）	十六日中午	十六日中午			
西炮台口	十六日晚上	十六日晚上		6 小时	6 小时
紫坭口	十七日上午（1 时）	十七日上午（1 时）	100（70 余）里	18 小时	24 小时
香山口	十七日白天	十八日白天	225（210）里	18 小时	42 小时
澳门总口	十八日晚上		300（330）里	12 小时	54 小时

说明：

（1）到达和离开各海关站时间据《中国丛报》第 8 卷第 2 期（1839 年 6 月），汤开建、陈文源、叶农主编《鸦片战争后澳门社会生活记实——近代报刊澳门资料选粹》，花城出版社，2001，第 69 页。

（2）紫坭口、澳门总口、香山口距大关里程分别据（清）梁廷楠总纂，袁钟仁校注《粤海关志》，广东人民出版社，2002，卷五《口岸一》，第 69 页《紫坭口图》、第 73 页《澳门总口图》，卷二〇《兵卫》，第 408 页；紫坭口、香山口括弧内的数字据林则徐全集编纂委员会编《林则徐全集》第 9 册《日记卷·己亥日记（道光十九年）》，海峡文艺出版社，2002，第 4593 ~ 4596 页。

（3）预定到达紫坭口的时间"十七日白天"疑为"十八日白天"之误。

在《林则徐日记》中，由于详细记载了钦差大臣林则徐在道光十九年（1839）七月初七、初八两日取道水路从广州至香山，以及二十七日从香山至紫泥（坭）时沿途所经地点及其到达时间，可据以进一步比较分析相关段落的航行情况。比较表 4 - 1 与表 4 - 2 可知，"夷商 A"从总巡口至紫坭口和香山口，推测用时大致分别是 24 小时和 42 小时，而在相应水程，林则徐则只用了 12 小时和 28 小时，其间的时间差额大概就是进出海关站所要耽搁的时间。但是，笔者还注意到，在广州至澳门内河水道上航行的快慢，也有昼夜上的差异。如在从紫坭至香山，约 140 里（这里采用林则徐日记中提供的资料来推算），林则徐在道光十九年（1839）七月初八日晨（3～5 时）过紫坭，戌刻（19～21时）抵香山县城，主要是白天航行，大致用时 16 小时（见表 4-2），此段水路平均航行速度大致是 8.75 里/小时；而林则徐在二十七日由澳门返程时，巳刻（9～11 时）从香山城登舟，未刻（13～15 时）过横泾（径），酉刻（17～19 时）过大黄圃，"上灯后过容奇头、潭州口，又过乌珠，稍停复开。夜，长行，五鼓过紫泥（坭）"，由于夜路较多，大约次日晨 3 时才到紫坭（见表 4-3），大致用时 18 小时，此段水路平均航行速度大致是 7.78 里/小时，就比较初八日慢了不少。

表 4-2　林则徐在道光十九年（1839）七月从广州赴
香山沿途所经部分地点情况

沿途地名	到达时间	距广州里程	推测从前地至本地所用时间	推测从广州至本地所用时间
天字码头	初七日申刻(15～17 时)			
紫泥(坭)	初八日晨(3～5 时)	70 余里	12 小时	12 小时
香　　山	初八日戌刻(19～21 时)	210 里	16 小时	28 小时

说明：

1. 相关资料据林则徐全集编纂委员会编《林则徐全集》第 9 册《日记卷·己亥日记（道光十九年）》，海峡文艺出版社，2002，第 4593～4396 页。下表同。

2. "晨"按寅时（3～5 时）计。

表 4-3　林则徐在道光十九年（1839）七月从香山至
紫泥（坭）沿途所经部分地点情况

沿途地名	到达时间	距前地里程	推测从前地至本地所用时间	推测从香山至本地所用时间
香　山　城	二十七日巳刻(9～11 时)			
横泾(径)	二十七日未刻(13～15 时)	40 里	4 小时	4 小时
大　黄　圃	二十七日酉刻(17～19 时)	30 里	4 小时	8 小时
容　奇　头	二十七日上灯后(19 时)		2 小时	10 小时
紫泥(坭)	二十八日五鼓(3 时)		8 小时	18 小时
何　溶	二十八日黎明(5 时)		2 小时	20 小时
石　壁	二十八日中午(11～13 时)		6 小时	26 小时

说明："上灯后"按 19 时计，五鼓按 3 时计，黎明按 5 时计。

第五章 澳门半岛葡人早期居留地
问题的再研究

第一节 关于澳门半岛葡人早期居留地的诸种说法

关于澳门半岛开埠早期的葡人居住区问题，目前学术界大致有 7 种说法：

1. 妈阁庙附近说

葡萄牙学者科斯塔力主此说。他在《澳门建筑史》一文中认为，澳门得名与妈阁庙有关，"1553 年，一次该地区常见的台风过后，一艘葡萄牙船在一个小渔港靠岸，想在陆地上晾晒被大雨淋湿的货物。他们问当地人这儿是什么地方？得到的回答是'妈阁庙'，即'阿妈女神之庙'；因为当地人以为问的是当时已存在的那座漂亮庙宇的名字。于是这次误解形成了'Macau'的名称。当然，还有其他的不同说法。""葡萄牙人来到澳门时看到了两座庙宇，一座在妈阁，一座在望厦，每座庙都位于一个村落中间。"不过，"望厦的观音庙后面靠山，没有发展余地，所以只有一座院落，仅仅在后边有个小观音庙，左边有座'城隍殿'。这座庙的始建时间不详，只知道曾于 17 世纪扩建"。正是基于这样的认识，科斯塔态度坚决地提出，"葡萄牙人最初到澳门时肯定住在西岸内港的妈阁庙附近，建造的住处非常简陋。他们战胜海盗之后，中国皇帝允许其在半岛定居，于是开始在北面建立新

· 173 ·

的居民点"①。

上述引文中所谓的"葡萄牙人最初到澳门时"，当是指 1553 年；"他们战胜海盗之后"，当是指 1557 年之后，因为按照科斯塔自己的说法，"1555 ~ 1557 年，应当地中国官员要求，也出于自身利益，葡萄牙与骚扰中国沿海、烧杀抢掠、破坏和阻碍商业活动的海盗进行了战斗"。"打败海盗之后，嘉靖皇帝授权已在本澳门定居的葡萄牙人留下来，允许他们按照自己的生活方式建造必要的房屋。这种局势提供的安全保障使新的建筑物逐渐出现了：使用砖瓦材料。这样，不到二十年，棚屋消失了，代之以一个规模相当可观的居民点。居民点有围墙——作为保护手段的木桩围栅，还有一条中心街道连接街区及几座公共建筑。"②

葡萄牙学者白乐嘉的观点与科斯塔略同，认为从 1555 年开始，葡萄牙即在澳门进行探测建城活动，所经路线，自妈阁庙前地起，经万里长城、高楼街、风顺堂街、龙嵩正街至大三巴，而后转向嘉思栏山。当时的街道全铺上碎石，名曰"石仔路"③。其说为汤开建所认同并有所发扬④。

另外，王文达考证说："考浪白滘，在香山澳西迤南九十里，而葡船由浪白滘向东北驶来香山澳，则首当遇到濠镜之娘妈角地区，查娘妈角，早于明朝弘治元年（一四八八），先于葡人来澳（一五五七）之前约七十年，已建有一间亚妈庙（即今之妈祖阁之弘仁殿），庙前之北湾岸边，原有一个妈阁渡头，相传葡船就由该渡头登岸者，而误以庙名为地名，竟称'亚妈港'Macao。"⑤ 徐晓望也认为："由于妈阁庙位于岬角，而在古代，商人与渔民对妈祖的祭祀是生活中不可缺少的内容，所以，澳门最早期的港口离妈阁庙就不可能太远，今天澳门西侧的下环街

① 〔葡〕科斯塔（Maria de Lourdes Rodrigues Costa）：《澳门建筑史》，《文化杂志》（中文版）1998 年第 35 期。

② 〔葡〕科斯塔（Maria de Lourdes Rodrigues Costa）：《澳门建筑史》，《文化杂志》（中文版）1998 年第 35 期。

③ 〔葡〕白乐嘉（J. M. Braga）：《西方开拓者及他们对澳门的发现》，澳门，1949。

④ 汤开建：《明代澳门城市建置考》，《文化杂志》（中文版）1998 年第 35 期。

⑤ 王文达：《澳门掌故》，澳门教育出版社，1999，第 8 ~ 9 页。

市一带，应是最早的华人市区形成的地方。葡萄牙人到来之后，也是立足于此，逐步向半岛内部深入。所以，妈祖阁不仅是华人市区的起点，同时还是葡人市区的起点。"[①] 旅葡学者金国平也持类似看法，他十分肯定地说，"众所周知，葡萄牙人当时的居留地范围仅限于今澳门妈阁一带"，并提出了这样一条证据："葡语原意为港口狭窄入口处。此处指妈阁角外，进内港入口处的水域，即《苍梧总督军门志》中的'香山澳'或《粤大记》中的'亚马港'。此可为葡萄牙人早期居留地位于妈阁角的证据之一。"[②]

笔者认为，妈阁庙附近说在中外学术界虽然有较多的支持者，但也存在不少疑点：首先，1553 年葡萄牙人晾晒货物的地方，是否一定就是最初建造棚屋定居的地方？其二，既然 1553 年葡萄牙人最初到澳门时是在西岸内港的妈阁庙附近建造棚屋，为什么 1555～1557 年打败海盗之后，不在原地扩建定居点，而一定要"开始在北面建立新的居民点"？其三，有"木桩围栅"的"规模相当可观的居民点"的形成"不到二十年"，这新的居民点（其实说成居民区更恰当一些）在最初是从妈阁庙附近直接向北扩展，还是在更远的地方择地另建？这些问题，科斯塔都没有作进一步的解释，他的"葡萄牙人最初到澳门时肯定住在西岸内港的妈阁庙附近"之说并无直接的史料证据，主要是为了协调"Macau 得名妈阁庙说"而得出的论断，所以不能让人完全信从。至于徐晓望的说法，推测的成分太多，也没有多少说服力。

2. 亚妈港村说

此说为严忠明新近所提出，严氏在所著《一个海风吹来的城市：早期澳门城市发展史研究》一书中认为："在澳门，葡萄牙人对城市布局相当重视，他们采用了葡萄牙人传统的村街布局。初期葡人集成的是

---

① 徐晓望：《明清澳门妈祖庙的续建与澳门华人市区的扩展》，载徐晓望、陈衍德《澳门妈祖文化研究》，澳门基金会，1998，第 107～127 页。

② 金国平：《Macao、Macau 诸史考异》，载《中葡关系史地考证》，澳门基金会，2000，第 1～26 页。

一个港口村落，称为'亚妈港村'。"其立论的主要依据，据说是《中国诸岛简讯》中的如下三条记载：

> 岛屿之一称为香山，岛上有一带围墙的雄伟城镇，在西班牙可称得上是座优良的城市了。亚妈港村是这一岛屿的门户。
>
> 在此十二年时间，在称为 Maguao 的一陆地顶端形成了一巨大村落。
>
> 以前那里是个荒岛，我们的人把它建成了一个大村落，里面有价值 3000～4000 鲁扎多的房屋①。

按严氏所引第一条史料，无明确出处，当系据金国平编译的《西文澳门史料选萃（15～16 世纪）》转引而来②，唯标点符号略异，并且将原译文"亚妈港村为这一岛屿的门户"更为"亚妈港村是这一岛屿的门户"。这一点无关紧要，但细读《中国诸岛简讯》原文，只是讲亚妈港村是香山岛屿的门户，并未说此村落是葡人所建立（其实多条葡人记载的史料已说明这个村落是葡人到达澳门半岛之前就已存在的中国村落），严氏明显是误读史料而得出了谬说。

关于第二条史料，严氏注明出处是"《中国诸岛简讯》，载《西文澳门史料选萃（15～16 世纪）》，金国平译，第 176 页"，实际上引自金书第 226 页，但文字亦略异，金氏译文原作"以此在 12 年的时间内，在称为 Maguao 的一陆地顶端形成了一巨大的村落"。此条史料，并非来自《中国诸岛简讯》，金氏原注称是据"《中葡关系史地考证》，第 50 页"。这其实是一封葡语信件的内容，信的原件以葡萄牙语书写，它的收信人为当时西班牙驻里斯本大使胡安·德·博尔何（Juan de

---

① 严忠明：《一个海风吹来的城市：早期澳门城市发展史研究》，广东人民出版社，2006，第 55 页。

② 金国平编译《西文澳门史料选萃（15～16 世纪）》，广东人民出版社，2005，第 74～75 页。

Borja)。其西班牙语抄件仍藏塞维亚东西印度档案馆①。需要指出的是，这条史料只提到"在称为 Maguao 的一陆地顶端形成了一巨大的村落"，但并不能据之推测这个"巨大的村落"就是上条史料中所说的"亚妈港村"，因为按原文的说法，"Maguao"是"一陆地顶端"，其中有"一巨大的村落"，但这个村落未必就在"Maguao"的顶端。所以这条史料也不足以成为支持亚妈港村说的证据。

关于第三条史料，严氏注明出处是"《中国诸岛简讯》，载金国平译《西文澳门史料选萃（15～16 世纪）》，第 183 页"，实际上引自金书第 234 页，但文字亦略有不同之处，其中"3000～4000 鲁扎多"，原译文原作"三四千克鲁扎多"，似有较大出入。这条资料没有谈及具体地点，故而对于澳门半岛开埠早期的葡人居住区问题来说价值不大，同样也不能支持亚妈港村说的成立。

3. 泥流泉附近说

此说与妈阁庙附近说类似，但相关地点更为具体一些。潘日明神父在 1992 年出版的《殊途同归——澳门的文化交融》一书专门论述了泥流泉的位置及其对于澳门葡人的意义："妈阁街尽头的交叉路口，古木婆娑，摊贩林立。此处被称为'泥流泉前地'。中国人还称之为'亚婆井'"；"泥流意为山泉"；"泥流是西望洋山的原始中文名称（1622）。据1784 年 4 月 14 日记载，泥流泉当时还是'本澳的主要水源'。属水平状态的范畴的幽雅环境，邻近的海湾，妈阁庙和葡国别墅，'风水'或土地占卜术，战略位置，对于生命的重要性以及其他一些不可估量的因素把葡国人和中国人在澳门的神秘色彩，接触和共存都归结于泥流泉。"②潘日明神父还进一步论证说："澳门在泥流泉的周围形成和发展。事实上，葡萄牙海员于 1533 年在妈阁庙附近的泥流山海岸登陆，曝晒被海水浸湿了的货物。直到现在，在港务厅后面还有上个世纪用于给海船供

---

① 金国平：《中葡关系史地考证》，澳门基金会，2000，第 59 页，注 95。
② 潘日明神父：《殊途同归——澳门的文化交融》，苏勤译，澳门文化司署，1992，第73 页。

水的水库遗址。"① 另外，赵鑫珊也认为作为澳门世界文化遗产一部分的阿婆井前地（即泥流泉前地或亚婆井前地——引者按），有一组建于 20世纪初的葡人公寓式住宅区，"是澳门早期葡人居住区的历史见证"②，"萄牙人开始在澳门建造首批固定的屋（以前都是临时性的建筑），估计是在 1557 年左右。当时只有 400 个基督徒（开拓者）"③。

上述说法，初看起来有一些道理，但仍然经不起进一步推敲。主要原因是，目前所能见到的文献记载的泥流泉或亚婆井资料，都是 17 世纪的，现在亚婆井前地的葡人公寓式住宅区的年代更晚，不足于说成是"是澳门早期葡人居住区的历史见证"。此说有据后来情况推论澳门早期葡人居住情况之嫌疑。其实，潘日明神父在提出泥流泉附近说的同时，又力倡"澳门开埠于沙梨头和妈阁庙附近"说（详参下文），说明他虽然认为泥流泉附近是早期葡人的居住点，但同时又认为泥流泉附近只是两大居住点之一，在他的心目中，相比而言，沙梨头在澳门早期开埠史中的地位似乎还更为重要一些。

4. 南湾（环）说

此说为何大章、缪鸿基合著的《澳门地理》一书中首倡，该书考证云："至于葡人最初来澳门之地点，据澳门记略称：'明嘉靖十四年都指挥使黄庆，请上官移泊口于濠镜'。似在今之南环海滨，其后，1557 年（明嘉靖二十三年）葡人托言触风涛，向我租地曝晒水渍物，遂开始登陆居住。惟所租之地仅沉④于濠镜泊口，似在今日南湾沿岸山崖海边之地。据香山县志云'因山势高下，筑屋如蜂房蚁蛭者，澳夷

① 潘日明神父：《殊途同归——澳门的文化交融》，苏勤译，澳门文化司署，1992，第 73~74 页。另据金国平、吴志良研究："西望洋山原始汉名为 Nilao，后演变成 Lilao。这是以前一股山泉的名字。直到 18 世纪末，葡语文献中仍见使用'Fonte de Nilao（Nilao）泉'，或即'亚婆井'的葡名。汉语'亚婆井'系列地名中，亚婆的葡语对应词均是 Nilau。"参见金国平、吴志良《西望洋外文名称的由来》，载《东西望洋》，澳门成人教育学会，2002，第 285~289 页。
② 赵鑫珊：《澳门新魂》，百花文艺出版社，2006，第 139 页。
③ 赵鑫珊：《澳门新魂》，百花文艺出版社，2006，第 144 页。
④ 引者按：此似为误字。

之居也'，可想见当日情景。今之议事亭前地，似为当日葡人与我国人交易之场所。"作者还进一步从地理因素方面分析说："澳门地势，丘陵起伏，故昔日一般住居位置多在低地，我国人初居于西北岸火船头路，草堆街西端而迄白鸽巢以西一带之地，葡人则居于南环沿岸及新马路南端一带之地。两区之间藉新马路而来往。相沿至今，我国人多居于旧市及扩展到关前街下环街一带，而葡人则居于南环，其后扩展至西环及扳樟堂白马行等地。"① 在该书插图《葡萄牙侵占澳门地域图》中，也明确地标注有 "1535 年葡人自浪白滘移泊于濠镜（即今南环）"字样②。

澳门掌故学者李鹏翥对南湾说也有较为详细之论证："葡萄牙人最初来到澳门，即在南湾所迄龙嵩街一带居住。龚翔麟的《珠江奉使记》说：'今之澳门，即旧名濠镜。地有南北二湾。明万历中，大西洋人至此，乐之，遂请濠镜为澳，而就二湾停泊。'而屈大均写的《广东新语》对此葡人房屋建筑，也有具体的描划：'依山高下，楼有方者，圆者，三角者，八角者，肖诸花果形者，一一不同，争以巧丽相向。'"③ 作者在这里仅仅认为 "葡萄牙人最初来到澳门，即在南湾所迄龙嵩街一带居住"，但其他地方还有更加明确的说法："南湾是初来澳门的葡人聚居之地，湾畔楼宇，层迭壮丽，高栋飞甍，栉比鳞次。往日澳葡机关，多设于此，如兵头行，今称澳督府；法院，今改建为政府大厦，今昔比较，建筑虽有变化，地点却始终如一。至于当年的书信馆，却位于今日南通银行大厦右邻的中国旅行社，后因邮电厅新建巨厦，迁到新马路现址了。"④ 就显示出是南湾说的坚定支持者。不过就其论证而言，似有将 "往日"与 "最初"二词相混之嫌，对于葡人在澳门半岛聚居地的扩展与变化情况缺乏充分的研究。

另外，张国雄等编著的《澳门文化源流》中也持南湾说："明嘉靖年

① 何大章、缪鸿基：《澳门地理》，广东省立文理学院，1946，第 81 页。
② 何大章、缪鸿基：《澳门地理》，广东省立文理学院，1946，第 8~9 页间图 4。
③ 李鹏翥：《澳门古今》，香港三联书店、澳门星光出版社，1986，第 7 页。
④ 李鹏翥：《澳门古今》，香港三联书店、澳门星光出版社，1986，第 10~11 页。

间，澳门开埠以葡萄牙为主的商人开始登岸，最初有几个胆大的商人不满足临时性简易建筑而搭建了永久性交易建筑，'仅篷累数十间'（明万历年间《广东通志》卷六九）。其他商人见明朝地方官员并没有制止，管理比较松懈，便纷纷仿效，建立自己的房屋仓库，在澳门半岛的南湾沿岸形成了一狭长的建筑群。"① 此说有想象的成分，论证则略显薄弱。

何大章、缪鸿基合著的《澳门地理》中的南湾（环）说，因有一些地理学的分析，粗看起来似有一定的道理，所以也产生了一些影响。其实，与泥流泉附近说一样，南湾（环）说也有据后事论前事的嫌疑，不足为信。另外，该书似是战乱年代仓促成书，错讹遗漏字较多，而且所述史实也多有谬误，如前引该书插图《葡萄牙侵占澳门地域图》中，有关氹仔岛的文字注记竟为"1553 年葡人租地据居"②，明显与史不合。或许认识到南湾（环）说立论证据不足，后来缪鸿基等在《澳门地理》一书基础上重新撰写《澳门》一书时，即放弃了前说，而在该书插图《葡人侵占澳门地区图》中，原来的注记已被更正为"1553～1557 葡人自浪白滘移泊濠镜澳"，不仅更正了时间，"即今南环"四字也被删除③。

5. 沙梨头（贾梅士花园）一带说

葡萄牙学者巴拉舒力主此说，他在《澳门中世纪风格的形成过程》一文中论证说："葡人占领澳门半岛是从山脚下，即现在的贾梅士花园所在地开始的，那里位于连接地峡和西望洋山的道路中间，与两个村庄距离相等。除了直通海上之外，这个位置还便于他们与当地人直接交换产品，一方面是与也从事海上贸易的西望洋村民交换，另一方面同望厦村交换，并且从望厦村可以方便地得到来自内地的产品。另外，所有到西望洋村去的人必须经过葡萄牙人所在的地方，这便于吸引人们进行交易。所以说，这个理想地点，除了上述便于贸易之外，还有遮挡东南风的自然屏障。"他在论文中还进一步论证说："建立居民点之初就在这

---

① 张国雄等：《澳门文化源流》，广东人民出版社，2005，第 76 页。
② 何大章、缪鸿基：《澳门地理》，广东省立文理学院，1946，第 8～9 页间图 4。
③ 缪鸿基等：《澳门地理》，中山大学出版社，1988，第 8 页图 1～2。

个地区建造了第一座主教堂（现在的圣安东尼教堂）；至今这里的地名中仍有营地街（商人街），即当时确实是进行贸易的地方，以及工匠街（殖民者街），它说明葡萄牙人在澳门半岛'殖民'是从这里开始的。这个商站首先建造的是一条中心街道（位于沙栏子街），然后呈鱼刺形向两边扩展，这条街的最高处便是上面提到的教堂。"这个研究结论，也清楚地反映在该文的插图《葡人初抵澳门半岛定居点图示》之中①。中国学者刘先觉等也持类似的观点，认为"葡人居住区经历了居住点—居住区—更大规模居住区的发展历程，其扩展方向从沙栏仔街自东向西延伸，并从大炮台向西望洋方向延伸"，但在所绘相关地图《澳门居住区的分布图》的注记中却又说"葡人居住区在半岛西北向东南发展"②，显得有些自相矛盾。

　　上述论证，是从区域地理学角度分析的，有一定的合理性，但是也有不足，主要是没有考虑妈阁庙附近说者提及的诸多证据。实际上，巴拉舒本人曾经提道："葡萄牙航海者们到了'阿妈停泊处'时已经相当擅长使用竹子、各种木料、棕榈叶和兽皮等材料建造房屋。由于当地气候特点，夏季经常出现台风，房屋很快统统毁坏。"而另据他的说法，葡萄牙在占领沙梨头（贾梅士花园）一带时，对于采取何种建筑方式曾有所考虑："此前在中国其他地方建立商站的经验告诉人们，占领这个地方必须十分小心。当时还在浪白澳进行贸易，如果再建一个港口，中国当局必不会好眼相看。因此，从一开始就认为，在这里停留不够安全。于是，像在上川岛和浪白澳一样，任何建筑都必须是临时的。"③既然"阿妈停泊处"也是港口区，并且葡萄牙航海者们曾经当地建造过临时性的房屋，为什么不在当时重建或扩展居住点，而非要选择稍

----

① 〔葡〕巴拉舒（Carlos Baracho）：《澳门中世纪风格的形成过程》，《文化杂志》（中文版）1998 年第 35 期。

② 刘先觉、陈泽成主编《澳门建筑文化遗产》，东南大学出版社，2005，第 28 页及此页插图 2 - 1 - 1。

③ 〔葡〕巴拉舒（Carlos Baracho）：《澳门中世纪风格的形成过程》，《文化杂志》（中文版）1998 年第 35 期。

北的沙梨头（贾梅士花园）一带不可？巴拉舒对此问题没有作解释，因此，他的说法是有值得商榷之处的，至少是有待补充论证。

6. 澳门街说

杨允中等新近提出："当时澳门由 3 个居民点组成。一是半岛南端围绕着妈阁庙的妈阁村，一是观音庙下的望厦村，这两个小渔村主要是中国居居居住。第三个居民点叫澳门街，就是葡人居住的地方。其地在炮台山和西望洋山之间，葡人称这条街为市场街。后来中国政府派兵扎营治理，并分别在大街南北设'石闸门'，在南端设'红窗门'，以便防范奸宄和征收商税，故又称为营地大街。而这只不过是半岛南面一狭长地带，葡人势力范围十分狭窄"①。许政也有类似观点，认为"葡萄牙人最早开发的区域呈长条状，房屋夹街而建，因此澳门俗称'澳门街'。这条'街道'正当两个华人村庄的中点，是澳门半岛的交通干线。通过北端的望厦村，可以获得来处大陆的生活必需品；利用南端的妈阁村，可以繁荣海上商业贸易。相当于葡萄牙'正街'（main street）的龙嵩街将各个重要建筑物串联起来，恰与半岛的自然中轴线重合。它贯穿澳门最重要的几座教堂，成为今天最佳的旅游线路。街道与建筑物之间的'前地'（largo）颇具葡萄牙城市空间特色，它形状适宜，布置随意，看似扩大的街道，又是市民休憩的小广场"②。许氏同时还明确地提出："葡萄牙早期的定居点是沿着内港的低洼地带，后来向半岛的西南方向发展，与果阿和马六甲的放射性城市体系不同，澳门城市采用线性结构。"③ 所述与杨允中等略同，只是多了少许建筑学和地理学的分析。

稍事比较就不难看出，澳门街说大致可视作是由沙梨头（贾梅士花园）一带说的另一个翻版，虽不无可取之处，但其有关结论仍值得进一步研究。

---

① 杨允中、黄鸿钊、庄文永等：《澳门文化与文化澳门——关于文化优势的利用与文化产业的开拓》，澳门大学澳门研究中心，2005，第 15 页。
② 许政：《澳门宗教建筑》，中国电力出版社，2008，第 8 页。
③ 许政：《澳门宗教建筑》，中国电力出版社，2008，第 11 页。

7. 沙梨头和妈阁庙附近说

此说的观点较为独到，或者说较为折中，采用的是两地并见说。此说的代表学者为潘日明神父，他在《殊途同归——澳门的文化交融》认为："一般讲来，1557 年被视为葡萄牙人在'海镜'半岛定居之年。但事实上，澳门的集市于次年才问世。……澳门开埠于沙梨头和妈阁庙附近，市内房屋虽然十分简陋，但它仍取名为'上帝圣名之港'。"① 这里值得注意的是，潘日明神父虽持沙梨头和妈阁庙附近说，但从将沙梨头放在前面的情况来分析，他似乎对于沙梨头更为强调。不过，如前文所述，潘日明神父也曾提出"澳门在泥流泉的周围形成和发展"这一论点。两说略有些不协调，说明潘日明神父本人对于相关问题也没有一个统一的答案，其说未得到广泛认可，自是情理中事。另外，金国平、吴志良也持两说，即一方面说"葡人入澳居留地在妈阁角一带。此地扼内港咽喉，具有战略重要性：风来可入避；遭到攻击，可据山固守并封锁内港入口，保护在内的船只"②，同时又认为沙梨头一带"濠镜澳中部近北湾畔曾是'诸番'的最早居留地"，"后来，时称佛郎机的葡萄牙人混入其间"③。

以上诸种说法之中，笔者比较赞同第五种说法，即沙梨头（贾梅士花园）一带说。不过，对于巴拉舒的观点，还需要作进一步的补充论证，方可取信于世。

第二节　《利玛窦中国札记》所记的
"突出的岩石"和妈阁庙

意大利传教士利玛窦于 1582 年抵达澳门并在此生活了一段时

---

① 潘日明：《殊途同归——澳门的文化交融》，苏勤译，澳门文化司署，1992，第 32 页。

② 金国平、吴志良：《澳门妈阁庙早于明万历年》，载《镜海飘渺》，澳门成人教育学会，2001，第 240～242 页。

③ 金国平、吴志良：《沙梨头与凤凰山》，载《东西望洋》，澳门成人教育学会，2002，第 296～304 页。

间，《利玛窦中国札记》中有这样一段文字，引起了澳门史研究的关注：

> 那里有一尊叫做阿妈（Ama）的偶像。今天还可以看见它，而这个地方就叫澳门，在阿妈湾内。与其说它是个半岛，还不如说它是块突出的岩石；但它很快不仅有葡萄牙人居住，而且还有自附近海岸的各种人聚集，都忙于从欧洲、印度和摩鹿加群岛运来的各色商品进行交易。迅速发财的展望引诱中国商人到这个岛上来居住，于是在几年之中这个贸易点开始出现了城市规模。当葡萄牙人和中国人通婚时，修建了许多房屋，不久那块岩石地点就发展成一个可观的港口和著名的市场①。

关于以上引文中所谓的"突出的岩石"，一般理解为与妈阁庙一带的地形有关。但是张天泽却有不同的看法，他认为利氏所说的"岩石"就是澳门半岛东北方的"马交石"②。谭世宝不赞同张天泽的观点，但是也认为"判定'岩石'是位于妈祖阁之所在地，则是绝对可以排除的误说"③。关于妈阁庙的建庙时间，谭世宝先生也有进一步的考证，认为今妈阁庙不但保存了其最古神龛主建者李凤在明万历时的建庙的题名石刻，又有该庙神山第一亭的正面石横梁的建修历年记录写明是"明万歷（历）乙巳年德字街众商建"，还有《澳门记略》所载最原始的有关建庙传说，亦说该庙建于明万历时④。

---

① 利玛窦、金尼阁：《利玛窦中国札记》，何高济等译，中华书局，1983，第140~141页。
② 张天泽：《中葡早期通商史》，香港中华书局，1988，第102页。另参见张天泽《中葡通商研究》，王顺彬、王志邦译，2000，第74页。
③ 谭世宝：《妈祖阁建庙时间的异说探真》，《文化杂志》（中文版）1996年第29期；谭世宝：《澳门历史文化探真》，中华书局，2006，第75~86页。
④ 谭世宝：《妈祖阁建庙时间的异说探真》，《文化杂志》（中文版）1996年第29期；谭世宝：《澳门历史文化探真》，中华书局，2006，第75~86页。

其实，关于《利玛窦中国札记》中的相关文字，目前有多种译本，何高济译本中的"偶像"一词对应的意大利文原文为"Pagoda"，或译作"雕像"①；但金国平、吴志良先生有不同的意见，认为将"Pagoda"译作"雕像"和"偶像"是错误的，意大利语中"Pagoda"仅作"庙宇"解。从利玛窦的通信中使用的情况来看，此处的"Pagoda"当作"庙宇"解。在葡语中，除了"庙宇"的意思外，"塑像"或"偶像"是另外一个词意。至今，妈阁庙的葡语名称仍然是"Pagode da Barra"或"Templo da Barra"，义即"港口处的庙宇"。尽管利玛窦解释说："因此，称此地为 Amacao，在我们的语言中，义即'阿妈港'。""Amacao"也可能是"阿（亚）妈（马）阁（宫）的对音"②。

一份葡语手稿的相关记述，似乎为"庙宇"说提供了证据："事情至此，那位官员派人对唐·若昂（D. João）说，他将登岸到庙（varela）中与其会面，将事议妥。为不耽误时间，请他也照做。唐·若昂认为此议甚好，前往该地会面。它位于村落的端点，面对大海，……"③根据上述引文中提供的史料，金国平、吴志良先生得到的研究结论是："从'位于村落的端点，面对大海'一语可知，此'庙'系指妈阁庙。也就是，汤克宽与葡人首领会面的地点是妈阁庙。这一手稿成文年代是 1565 年，汤克宽临澳求援一事则在 1564 年。换言之，妈阁庙于 1564 年已存在。此手稿的作者为《明实录》中所称'哑喏唎归氏'使团的秘书埃斯科巴尔（João de Escobar），他至少在 1563 年或 1564 年已经在澳门，因此对妈阁庙地理位置的描述为亲眼所见，其可

---

① 《利玛窦全集》（第一卷），刘俊余、王玉川合译，光启出版社、辅仁大学出版社，1986，第 111 页。

② 金国平、吴志良：《澳门与妈祖信仰早期在西方世界的传播——澳门的葡语名称再考》，载《过十字门》，澳门成人教育学会，2004，第 78～79 页。

③ 译文参见金国平、吴志良《澳门与妈祖信仰早期在西方世界的传播——澳门的葡语名称再考》，载《过十字门》，澳门成人教育学会，2004，第 77 页。另参见金国平编译《西方澳门史料选萃（15～16 世纪）》，广东人民出版社，2005，第 215～216 页。其中的"那位官员"指嘉靖末年为镇压柘林水兵起义、屡战屡败的广东总兵汤克宽，"唐·若昂（D. João）"则为当时澳门的葡人首领。

靠性和可信性不容置疑。"① 所论持之有据，当可信从。

另外，林旭登（Jan Huygen Linschoten，1563－1611）的《航路总集》（*Le grand rovtier de Iean Hugues de Linsschot Hollandois*）中关于澳门内港水程的记述，也支持了"庙宇"说：

> 从澳门起航，如果起了锚，你们在东北方向可以看见一座山②上有一白色标记。东边还有两个山丘。在第二个山丘③与山之间的那个丘陵④完全秃裸。见到它后，你们要在位于水道中央的沙梨头（Patanas）的岩石及礁石之间穿行。该水道位于当地最后一批大宅（maifons）附近。一到这些房子处，你们可以看到第三座山冈⑤。靠近该地的岬角处称官庙（Varella dos Maodorins）。上述山丘几乎完全秃裸。此处水深5托。往大海方向，水半深。过了这个岬角，水面加深，可至5或6托半。按此方法航行，你们可以见到马骝洲对面隆起的陆地⑥。

---

① 金国平、吴志良：《澳门与妈祖信仰早期在西方世界的传播——澳门的葡语名称再考》，载《过十字门》，澳门成人教育学会，2004，第77页。

② 金注云："从位置判断，可能是对面山。"似误。因为对面山是在澳门内港的西面或西北面，不在"东北方向"。笔者认为，从位置判断，此山必定是澳门半岛上之山。疑指东望洋山，其中的"白色标记"或与葡人早期所建教堂或航海标志有关。

③ 金注云："从位置判断，可能是凤凰山。"似误。因为凤凰山即后文提到的"沙梨头（Patanas）的岩石"。疑指西望洋山。

④ 金注云："从位置判断，可能是青洲。"似误。因为"那个丘陵"是"完全秃裸"的，与青洲之地名内涵不合，同时位置关系上也说不通。疑指大炮台山（柿山）或岗顶。

⑤ 金注云："妈阁山。"可从。

⑥ 林旭登：《航路总集》（法语版），阿姆斯特丹，1619，第43章，第113页。转引自金国平编译《西方澳门史料选萃（15～16世纪）》，广东人民出版社，2005，第216页。译文另参见金国平、吴志良《澳门与妈祖信仰早期在西方世界的传播——澳门的葡语名称再考》，载《过十字门》，澳门成人教育学会，2004，第79～80页。后者注明史料来源是林旭登的《葡属印度水路志》（当即 *Itinerário*，*Viagem ou Navegação para as Indias Orientais ou Portuguesas*，书名全称可译作《东印度或葡属印度针路、旅行及航行志》），疑误。

　　针对上述引文所提供的信息，金国平、吴志良先生认为："文中还有妈阁角'pointe de Varella'，妈阁陆地'terre de Varella'和妈阁庙'Varella'诸形式。从水程的描写来看，无疑是指当内港出入口的妈阁角。尤其值得注意的是林旭登均采用了大写形式，这在外语中表示一个专有名词。因此，'Varella'显然指妈阁庙。"① 所论持之有据，当可信从。

　　不过，笔者认为，前引谭世宝先生关于"利氏所述位于葡人租住区的'岩石'及立于那里的阿妈像或阿妈庙都不可能是在今妈祖阁庙所在地一带"的论点，也值得认真思考。这块"岩石"如果不在现在的妈祖阁一带，那么究竟在哪里？对此关键问题，谭世宝并无进一步的讨论，本人认为极有可能是在沙梨头（贾梅士花园）一带，也就是说利氏据说的"岩石"极有可能就是现在的白鸽巢山。因为前引林旭登《航路总集》中的相关史料为笔者的这个新说提供了一条证据。其中提到了澳门半岛的三座山或山丘（笔者分别考订为东望洋山、西望洋山和妈阁山）和一座丘陵〔笔者考订为大炮台山（柿山）或岗顶〕，只专门提到一处岩石，即"位于水道中央的沙梨头（Patanas）的岩石"。可见，早期葡人所谓的"岩石"往往有其特指的，《利玛窦中国札记》所说的"岩石"应当就是林旭登《航路总集》中提到的"位于水道中央的沙梨头（Patanas）的岩石"，其中所谓的"位于水道中央"，从语境来分析，是指水道两端的中部，而不是水道两岸之间水域的中部，因为这块"岩石"是近海的岩石，不在海中。林旭登《航路总集》提供的史料相当重要，它提醒我们，《利玛窦中国札记》的相关记载，不仅对于了解葡人所称的地名Macau有一定的帮助，同时也为澳门开埠于沙梨头（贾梅士花园）一带说提供了有力的证据。

---

① 金国平、吴志良：《澳门与妈祖信仰早期在西方世界的传播——澳门的葡语名称再考》，载《过十字门》，澳门成人教育学会，2004，第82页。

第三节　从沙梨头的葡语名称 Patane 来
分析其作为商港的历史

葡萄牙人开埠于沙梨头（贾梅士花园）一带，其实与这一带早就有港口存在有一定的关系。何大章、缪鸿基合著的《澳门地理》一书认为："澳门之住居，约始于宋、元，其最早之住居，料在巴达泉（Patone）附近及洞口（Cameos grotto）周围之地，盖以其附近的泉水及石材，可以供饮水及建屋材料也。内港附近风浪平静，早已成为渔家聚泊之所，而陆上居民与之交易，市场亦于是发生。其地点约在今火船头路，泗孟街，草堆街西端一带，今试观其今日市（此处原文空了一字——引者注）路线，大小不一，漫无规律，显系由昔日逐渐发展而成者。"[1] 据该书作者所作的注释，其中的巴达泉（Patone）附近及洞口（Cameos grotto）之说，参考了裴化行（H. Bernarl）的《天主教十六世纪在华传教志》的说法，而石材之说则是采用了《香山县志》的如下记载："自乾隆五十四年（1789）有闽潮人在此凿山取石，今屯集数千人。"[2] 不过，这两条资料在转引过程中均出现了一些差错。

其实，所谓 H. Bernarl，当作 H. Bernard，今通用汉译名为裴化行，其所著的《天主教十六世纪在华传教志》中的相关论述如下：

> 澳门不过是"靠海临山的一块小地方"。这是一个极小的半岛，它有一条窄狭的土腰和陆地相连；面积是四百八十公顷；最大的长度是四公里零二百公尺，最大的宽度是一千六百公尺；它的周边是三海里。商埠附近有几个海岛，替它遮住从洋面而来的大风。这里的水不是很深的，海底是由松软的泥质

---

① 何大章、缪鸿基：《澳门地理》，广东省立文理学院，1946，第 81 页。

② 何大章、缪鸿基：《澳门地理》，广东省立文理学院，1946，第 85 页，注 1 和注 2。

作成，在浅潮时，可以在上面行船。最初的建筑物，像似都在巴达 Patane 泉附近及洞口的周围（为）这些地方，卡摩恩斯 Camoens 在他所编的《路济亚德记事》诗内（Lusiades 1556 – 1558）曾有此荒诞不经的传说。这里那些用泥土及草所造成的临时的房屋，渐渐改为石质的或木质的。最先在此地居留的民众都是藉赖自己的或奴隶的力量，种几处田园，以维持生活。以后他们渐渐放弃这种事业，专由附近的中国人民供给食粮。这些外侨为讨取供给者的欢心，便不肯再有危害治安的行为①。

如果细读上面的引文，便可知道，何大章、缪鸿基合著的《澳门地理》的引述，除了将作者姓名搞错以外，确实还有不少较为严重的错误。其一，裴化行原文讲述的是明嘉靖年间葡萄牙商人最先在澳门半岛居留的情况，而《澳门地理》误述为宋元时期中国居民在澳门半岛的住居情况；其二，原文巴达为 Patane 之音译，而《澳门地理》引述时，巴达误作巴达泉，Patane 误作 Patone。

另外需要指出的是，《天主教十六世纪在华传教志》原文还述及早期葡萄牙商人在澳门半岛的生活方式为商业和田园农作，这是相当重要的信息，而《澳门地理》置之不顾，却引注了《香山县志》的相关记载，极易使人误认为早期澳门半岛的民众主要以凿山取石为生。

何大章、缪鸿基的《澳门地理》所引的《香山县志》的资料，当出自光绪《重修香山县志》，原文与《澳门地理》的引文也有一些小的出入：

> 澳南有四山，曰蚝田，曰马骝，曰上滘，曰芒洲，为内十字门。又二十里有四山，曰舵尾，曰鸡颈，曰横琴，曰九

---

① 裴化行：《天主教十六世纪在华传教志》，萧浚华译，商务印书馆，1937，第122~123页。引者按：原书出版于20世纪30年代，行文格式不完全符合现在的出版规范，也有一些错字、衍字。

澳，为外十字门。夷商舶出入必由之十字门，自乾隆五十四、五年始有闽潮人凿山取石，今囤集数千人，即昔所谓畲蛮之类。重洋峻岭，接济既便，藏聚尤多。倘夷人诱致之如倭奴故事，则来也有近应，出也有退步，事更有不可问者。无事虽不敢为变，有事未尝不可忧也。有心人欲驱之，但生计所营、室家所托皆在于是，诚未易言轻动。然防闲之道宜预筹矣，或欲迁诸老万山，宽以年限，待其自徙，此亦安插之一术也①。

上述引文中的"自乾隆五十四、五年始有闽潮人凿山取石"云云，《澳门地理》引作"自乾隆五十四年（1789）有闽潮人在此凿山取石"，与原文字略有出入。不过，更为欠妥的是，光绪《重修香山县志》原文陈述的是闽潮人在十字门一带之事，而《澳门地理》却用作"巴达泉（Patone）附近及洞口（Cameos grotto）周围之地""附近的泉水及石材，可以供饮水及建屋材料也"的证据，极易使人误解，澳门半岛西北部沙梨头（贾梅士花园）一带为旧时采石之地。

其实，沙梨头（贾梅士花园）一带并非旧时采石之地，而是葡萄牙人早期开埠之地或者说是其早期居停留地所在。这从沙梨头（Patane）的葡语词义中可发现一些端倪。

关于沙梨头一词的来源，澳门掌故学家王文达考证说："考沙梨兜，盖疍民语音，即沙梨头也。"② 唐思亦云："清代丘逢甲有咏沙梨头风光的词句云：'白鸽巢高万木春③，沙梨兜拥水云凉。'其中，'沙梨兜'一语，是水上人的语音，即'沙梨头'。沙梨头海边街附近一带，往昔是海浸之地，船舶停泊之所，靠近白鸽巢山（又名凤凰山）有一

---

① 田明曜：（光绪）《重修香山县志》卷八《海防》，第516～517页。
② 王文达：《澳门掌故》，澳门教育出版社，1999，第150页。
③ 引者按："春"字，王文达《澳门掌故》（澳门教育出版社，1999）第150页引文作"苍"，章文钦笺注《澳门诗词笺注》（珠海出版社，2003）第224页亦作"苍"。

条渔村，名沙梨头村，清嘉庆李遐龄有《沙梨头海边晚景》诗句为证：
"鸭绿鳞鳞细浪轻，垂杨深处钓舟横；两三蛋女转栾坐，背指凤凰山月
生。'"① 黄德鸿则解释说："沙梨头是依水上人所称该地为'沙梨笃'
的音转而为名。"② 以此推之，《澳门记略》青洲山图中作"沙梨豆"，
亦当是音转之故。另据金国平、吴志良之说法，"沙梨学名 Pyrus
pyrifolia Nakai，长江以南广泛种植。澳门周围带有头字的地名繁多，如
南头、大头山、蚝壳头、瓦窑头等，但沙梨头本名缘起无考"③。按沙
梨因其黄中透亮，形似芒果，又像腰鼓，故称金珠果。澳门一带多有象
形地名，如龙头巷、龙头环、鸡头（又称鸡颈或鸡颈头）等，笔者颇
疑沙梨头是因凤凰山形似沙梨又位于海边岬角而得名。

　　沙梨头村的开村历史无考，不过坊间流传有沙梨头永福古社建于南
宋末年之说法④。另据王文达云："沙梨头乡，在湾镜墺半岛中。初本一
渔村也，渔民疍户，群聚而居，以其地濒镜海，北枕凤凰山——俗称白
鸽巢山，便于舟楫寄碇，为墺中最古之乡村。山麓水湄间，有'永福古
社'，闻始自宋代云。"⑤ 又云："沙梨头，有土地庙焉。背依土山，前
临浅湾高台飞甍，古砌回栏，如殿陛然。内有医灵殿、水月宫、观音岩
等，统称为'永福古社'，或谓酒宋朝端宗之遗迹。但据民国甲子岁重
修永福古社之碑志，则只称：曩自明季，以迄于兹耳。"⑥ 民国十三年
《沙梨头永福古社重修碑志》有云："神灵赫奕，同沐洪庥；庙貌庄严，藉
宏瞻仰。曩自明季，以迄于兹，由嘉庆重修，久矣。迨及民国癸亥岁七月
七日，箕伯扬威，雨师助虐，庙宇摧残，提议修建。值理等爰集坊众，维

① 唐思：《澳门风物志》，中国友谊出版社，1998，第 78 页。
② 黄德鸿：《澳门新语》，澳门成人教育学会，1996，第 172 页。
③ 金国平、吴志良：《沙梨头与凤凰山》，载《东西望洋》，澳门成人教育学会，2002，第 296~304 页。
④ 李鹏翥：《澳门古今》，澳门星光出版社，1986，第 163 页；唐思：《澳门风物志》，澳门基金会，1994，第 200 页；吴志良：《澳门总览》（第二版），澳门基金会，1996，第 432 页。
⑤ 王文达：《澳门掌故》，澳门教育出版社，1999，第 150 页。
⑥ 王文达：《澳门掌故》，澳门教育出版社，1999，第 71 页。

新庙宇。诚一木之难支，望成裘以集腋。叨蒙各界善信，维持踊跃，咸均解囊勷助。功竣，福缘善庆，永垂不朽。用此泐石，以留纪念。是为序。民国十三年岁次甲子五月吉日，重修值理等谨立。"① 确实只是泛说庙宇始建自"明季"，清嘉庆年间重修过一次。又，汪兆镛《微尚斋诗续稿》之《永福社行》有序云："澳门西偏土名沙梨头，有永福古社。石栏峻伟如殿阶制。其上古木参天，下为浅水湾。石坊题'水月宫'，大学士何吾驺书，年月漫灭。当在明季永历时，志乘未载。"② 根据这些相关资料，汤开建先生得出这样的研究结论："沙梨头永福古社建于南宋末年这一流传甚广的坊间流传是错误的。沙梨头永福古社创建于明朝末年，而水月宫大致则建于南明永历之时。至于'永福古社'之'永福'二字与崖山宋帝'永福陵'相重，这或许只是一种偶合，但亦可能是当时居澳华人获知明朝被清朝推翻，出于对明朝的怀念，又以宋帝曾流亡香山，故以宋帝之陵名而为社名。当然，这仍须继续搜寻材料予以确证。但可推论，沙梨头建村最早可能就在明朝末年。"③ 不过，笔者认为，尽管沙梨头的华人村落可能建于明朝末年，但生活于其地的水上居民——疍民当早已有之，而沙梨头作为商港的历史则至少可能上溯明嘉靖年间。

　　沙梨头相应的葡语名称是 Patane。Patane（西文地名今作 Pattani）为泰国西南部港口城市，北大年府首府，在北大年河右岸，距河口两公里，为一历史古城，16 世纪已为国际贸易港口④。有一说谓"泰语作 Pataning；北大（Pata）意为沙滩，宁（ning）则为此处，全名意为附近沙滩"，后来"因语音转讹，成北大年"⑤。北大年在中国史籍中也有多种写法："《海国闻见录》作大哖，《海录》作太呢，明代载籍多

① 王文达：《澳门掌故》，澳门教育出版社，1999，第 71 页。
② 参见章文钦笺注《澳门诗词笺注·民国卷》（上），珠海出版社，2003，第 111～112 页。
③ 汤开建：《明代澳门地区华人居住地钩沉——兼论望厦村妈阁庙及永福古社之起源》，载《澳门开埠初期史研究》，中华书局，1999，第 254～277 页。
④ 《世界地名词典》，上海辞书出版社，1981，第 274 页。
⑤ 邵献图等编《外国地名语源词典》，上海辞书出版社，1983，第 87 页。

作大呢，然皆与淳泥牵合为一，《皇明象胥录》渤泥条云：今称大泥，隶暹罗。《东西洋考》云：大泥即古淳泥，本阇婆属国，今隶暹罗。《明史·淳泥传》袭其误，云：‘初属爪哇，后属暹罗，改名大泥’。案渤泥乃 Borneo 岛之古译，大哖、大呢、大泥皆 Patani 之省称，《海语》之佛打泥，殆为其全名。其地在马来半岛东岸宋卡与吉兰丹之间，即今泰国南部之北大年（Pattani）一带。一般认为是古之狼牙修国旧地所在。"①

葡语中关于北大年的记载甚早，皮莱资的《东方简志》中已见叙述，而且列在"朝中国一侧的暹罗国港口"中，海外大发现时期编年史家也多有涉及。据金国平、吴志良先生考证，因为北大年很早便成为一贸易中心，1511 年葡人占领马六甲后迅速意识到了它的商业重要性。华商为不前往马六甲，常将丝、瓷在此地出售，换取胡椒。葡人以印度棉在此交换胡椒及穿越暹罗湾前往中国沿海所需航行的补充给养。1516 年，费尔南·佩雷斯·德·安德拉德（Fernão Peres de Andrade）因气候关系无法来华，便前往北大年，与当地国王缔结友好关系。北大年为马来半岛的交通要枢，葡人不失时机将其作为航行中国的基地②。另据澳大利亚学者安东尼·瑞德研究，葡萄牙人 1511 年对马六甲的征服以及此后葡萄牙对马六甲海峡的竭力控制都迫使商船改道而行；这样在北面，商队就被迫横穿马来半岛，而在南部，则是从苏门答腊西海岸航行到巽他海峡。"这种变化造就了一批新的贸易中转站，至刺激了一些古老的中转站，比如亚齐、丹那沙林、阿瑜陀耶、北大年、彭亨、柔佛和万丹"③，其中"葡萄牙人 1511 年占领马六甲时，北大年还只不过是在马来东海岸上几个小小的港口国

---

① 陈佳荣、谢方、陆峻岭：《古代南海地名汇释》，中华书局，1986，第 1015～1016 页。

② 金国平、吴志良：《沙梨头与凤凰山》，载《东西望洋》，澳门成人教育学会，2002，第 296～304 页。

③ 〔澳〕安东尼·瑞德：《东南亚的贸易时代　1450～1680》第二卷《扩张与危机》，孙来臣等译，商务印书馆，2010，第 73 页。

家之一。但是在短短几年中，马六甲的大部分贸易都转到了北大年，在那里，'许多中国人、琉球人和爪哇人以及附近岛屿的商船辐辏荟萃'"①。

然则，泰国南部之 Patane（Patani 或 Pattani）与澳门半岛上的沙梨头究竟是何种关系？金国平、吴志良先生认为："此名在澳门地理中的沉积，反映了东南亚商人在澳门的历史"②。最近出版的新编《澳门编年史》也有类似的说法："澳门古地名沙梨头（又作'豆'、'兜'），其葡文名为'Patane（北大年）'。澳门开埠前，《广州葡囚信》中多次提到来广东经商的北大年人。可以反映最早进入澳门的应是东南亚的夷商。……此时入澳夷商均居草棚寮屋，均为季节性贸易而搭盖的临时居所。"③ 这些论述略显晦涩，其中暗含的意思其实就是，沙梨头在澳门开埠之前即有北大年等地的东南亚商人活动其间，澳门开埠之初该地仍为以北大年商人为主东南亚商人的港口所在，故而才有 Patane 之名。作者提供的葡人开埠于沙梨头的证据已相当充分，但却不愿意将话说明白，以笔者揣度，乃是不想轻易放弃葡人开埠于妈阁庙附近说之故。其实，尽管妈阁庙可能在葡人开埠之前就已存在，大量史料证据也证明，澳门的洋名 Macao 或 Macau 也可能与阿妈港或妈阁庙有关，但这些都不能作为葡人开埠于妈阁庙一带的直接证据。因为妈阁庙所在的岬角位于澳门内港的入口处，不仅风大浪急，不适合用作港口，而且庙宇依山而建，庙前临海，附近平地无多④，不便于

---

① 〔澳〕安东尼·瑞德：《东南亚的贸易时代 1450～1680》第二卷《扩张与危机》，孙来臣等译，商务印书馆，2010，第 233 页。

② 金国平、吴志良：《沙梨头与凤凰山》，载《东西望洋》，澳门成人教育学会，2002，第 296～304 页。

③ 吴志良、汤开建、金国平主编《澳门编年史》第一卷《明中后期（1494～1644）》，广东人民出版社，2009，第 95 页。

④ 据王文达考证："妈阁庙之创建，向无碑志记载，其古几不可考，便据传初为海觉寺，只得半山上之一所弘仁殿，庙前山麓已是海滨，故进香者，均由后山奥径，嗣因香火渐盛，殿小莫容，乃增建海滨入门之石殿。"参见王文达《澳门掌故》，澳门教育出版社，1999，第 34 页。

大规模兴建房屋。相比较起来，葡萄牙人开埠于沙梨头（贾梅士花园）一带却有更多的有利条件。沙梨头的位置可参见图 5 – 1 和图 5 – 2。

图 5 – 1　《澳门记略》中的《青洲山图》

图 5－2 阮元《广东通志》卷 124《海防略二》中所载的《澳门图》

第四节 葡萄牙人开埠于沙梨头（贾梅士花园）一带的原因

关于葡萄牙人开埠于沙梨头（贾梅士花园）一带的原因，葡萄牙学者巴拉舒在《澳门中世纪风格的形成过程》一文中已经有所分析，归纳起来大致有以下三个方面的原因：

一是"澳门是个小小的半岛，拥有优良的停泊处，特别是西北部，能躲避强风和台风"。

二是"澳门早就有两个华人村落以及他们的'祭堂'［祠堂］（祭祠祖宗牌位的庭堂）和大小庙宇"，"葡人占领澳门半岛是从山脚下，即现在的贾梅士花园所在地开始的，那里位于连接地峡和西望洋山的道路中间，与两个村庄距离相等。除了直通海上之外，这个位置还便于他们与当地人直接交换产品，一方面是与也从事海上贸易的西望洋村民交换，另一方面同望厦村交换，并且从望厦村可以方便地得到来自内地的产品。另外，所有到西望洋村去的人必须经过葡萄牙人所在的地方，这便于吸引人们进行交易"。

三是"这个理想地点，除了上述便于贸易之外，还有遮挡东南风的自然屏障"①。

其实，这个问题还可以作进一步补充分析。

其一，白鸽巢山（凤凰山）的军事防卫作用。文德泉神父《澳门地名》一书"RUA DO PATANE（沙梨头街）"条中提道："罗德里古·玛里姆·查韦斯（Rodrigo Marim Chaves），在其《澳门自治市的复兴》一书的第142页，告诉我们澳门人口是围绕着一个小山而建立起来的，即当年的'贾梅士巨石'，今天的'贾梅士洞'"②。葡人围绕着白鸽巢山（凤凰山）而居，显然是想依靠有利的地形以便加强军事防卫作用。据施白蒂《澳门编年史》所记，1560年"第一批耶稣会会员到达澳门"，1562年"第一座教堂——圣·安东尼奥小教堂，'以居民点之门为门，置以火炮'（沙梨头要塞）"③。文德泉神父在《澳门及其教区》一书中提到，"'Patane（沙梨头）'一词出现在澳门历史上，是因当时的总督马士加路也（1623～1626）与中国政府相争执所致，他建了一堵500寻（1寻约为2.2米）的墙，以连接大炮台与沙梨头"④。龙思泰在其相关著作中也提到了这一事件："或许是在1625年，我们试图在一个叫做'Patane'的地方建造一座要塞，并通过一堵幕墙来连接大炮台山。然而，中国做出的抵抗导致这件工事遭到废弃，幕墙也被移入花园，延伸至内港的支流。"文德泉神父在《澳门地名》一书中引述上述两条资料，并认为"这些是我们找到的关于沙梨头的仅有文献：两者都肯定曾建有一堵墙，从大炮台山（S. Paulo）延伸至沙梨头，并

---

① 〔葡〕巴拉舒（Carlos Baracho）：《澳门中世纪风格的形成过程》，《文化杂志》（中文版）1998年第35期。

② Manuel Teixeira, *Toponímia de Macau* Vol. 1, Macau：Imprensa Nacional, 1981, pp. 36 - 38.

③ 施白蒂：《澳门编年史》，小雨译，澳门基金会，1995，第15页。

④ Manuel Teixeira, *Macau e a Sua Diocese.* IX, Macau：Imprensa Nacional, 1969, p. 318.

曾试图在此地建造一座要塞，但由于中方的反对，这个企图没有能够实现。因此，所谓的‘沙梨头小山上的 Palanchica 要塞’是没有历史依据的”①。其实，这个炮台曾几经拆毁，因为在 1632 年巴雷托·德·雷曾德（Barreto de Resende）所作的《澳门平面图》② 中就有这个炮台。据图则可知该炮台在 1632 年前，共架炮三门，是澳门较小的炮台，"明代澳门城墙和炮台的建设经过几建几拆的过程，但最终仍在西元 1632 年（崇祯六年）之前将全部工程完成。很可能是明王朝北部边疆形势日渐危殆，政府无暇顾及澳门筑城建台之事；亦有可能是明政府准备同澳葡合作，考虑到荷兰人东来入侵澳门的危险，而同意澳门葡人重建城墙及炮台"③。沙梨头炮台后来可能是迫于清朝政府的压力而被迫拆除，所以存在的时间不算很长。这就是《澳门记略》等书未记载这个炮台的原因。

其二，沙梨头地区饮用水源的便利条件。文德泉神父在《澳门地名》一书中引用罗德里古·玛里姆·查韦斯（Rodrigo Marim Chaves）《澳门自治市的复兴》的说法："如果把选择‘沙梨头营地’为定居点的所有动机都加在一起，我们会发现，‘一条可饮用的淡水的小溪 veio de água potável’，这一点非常重要，因为充足的淡水不仅能使整个村子的人解渴，也能提供水给那些聚集在港口内的舢板、驳船。我们应该看到，祖先们知道什么样的选择适合他们。这条小溪，名为 ribeira do Patane（北大年之河、沙梨头之河），随着时间的流逝，在被沼泽完全污染之后，变成了一条阴沟，已经有很多年不为人所见了，曾被称之为‘新桥运河 canal de Sankiu’。"在文中，他又进一步地说道："甚至在今天，在此地附近，还存有一条小巷——峡谷巷（Travessa da Ribeira），

---

① Manuel Teixeira, *Toponímia de Macau* Vol. 1, Macau：Imprensa Nacional, 1981, pp. 36 – 38.

② 该地图由博卡罗（Antonio Bocarro）1634 年编入《东印度所在要塞、城市和村镇平面图册》。参见《文化杂志》（中文版）1998 年第 35 期。

③ 汤开建：《明代澳门城市建置考》，载《澳门开埠早期史研究》，中华书局，1999，第 223 ~ 253 页。

连接着麻子街与沙梨头海边街。"① 这里所提到的 "ribeira do Patane（北大年之河，沙梨头之河）"，或许与前文所引裴化行《天主教十六世纪在华传教志》中所说的 "巴达 Patane 泉" 有一定的关系。至于道光《新修香山县志》所说 "澳山泉曰大龙喉泉，曰二龙喉泉，曰小龙喉泉，俱在东望洋寺右；曰山水园泉，在西望洋寺下。皆水自石出清冽甘美"② 的文字中未见沙梨头泉，或许是由于后来沙梨头一带泉源生态环境发生了一些变化。

---

① Manuel Teixeira, *Toponímia de Macau*, Vol. 1, Macau：Imprensa Nacional 1981, pp. 36 – 38.

② 祝准：(道光)《新修香山县志》卷一《舆地上·山川》，学生书局，1985，第 116 页。

参考文献

一 历史文献、档案和地图

阿尔曼多·科尔特藏（Armando Cortesão）：《东方简志》，科英布拉大学出版社，1978。

澳门海事署编印：*Cartografia Nautica de Macau Atraves dos Tempos*（历代澳门航海图），1986。

（汉）班固：《汉书》，中华书局，1962。

（清）暴煜主修，李卓揆辑（乾隆）《香山县志》，学生书局，1965。

（元）陈大震：《大德南海志残本》，广州市地方志研究所，1986。

（明）邓迁修，黄佐纂（嘉靖）《香山县志》，书目文献出版社，1991。

（清）樊封：《南海百咏续编》，广陵书社，2003。

广州市海珠区人民政府编印《海上明珠集》，1990。

（明）郭棐撰，黄国声等点校《粤大记》，中山大学出版社，1998。

黄鸿钊编《中葡澳门交涉史料》（第一辑），澳门基金会，1998。

（明）黄佐：嘉靖《广东通志》，广东省地方史志办公室誉印本，1997。

纪念葡萄牙发现事业澳门委员会：《澳门：从地图绘制看东西方交汇》（*Macau：Cartografia do Encontro Ocidente-oriente*），东方基金会。

金国平编译《西方澳门史料选萃（15－16世纪）》，广东人民出版社，2005。

（清）李福泰：（同治）《番禺县志》，上海书店出版社，2003。

（宋）李昉等：《太平御览》，中华书局影印宋刊本，1963。

《利玛窦全集》（第一卷），刘俊余、王玉川合译，光启出版社、辅仁大学出版社，1986。

（清）梁鼎芬：（宣统）《番禺县续志》，成文出版社，1977。

（清）梁廷楠：《夷氛闻记》，中华书局，1959。

（清）梁廷楠总纂，袁钟仁校《粤海关志》，广东人民出版社，2002。

林旭登：《航路总集》（法语版），阿姆斯特丹，1619。

林则徐全集编纂委员会编《林则徐全集》（第9册），海峡文艺出版社，2002。

刘芳辑，章文钦校《葡萄牙东波塔档案馆藏清代澳门中文档案汇编》，澳门基金会，1999。

《清高宗实录》，中华书局，1986。

（清）屈大均：《广东新语》，中华书局，1985。

神宫司厅编《古事类苑》，神宫司厅藏版，大正三年（1914）。

（汉）司马迁：《史记》，中华书局，1959。

汤开建、吴志良主编《澳门宪报中文资料辑录（1850～1911）》，澳门基金会，2002。

（清）田明曜主修，陈澧等纂（光绪）《重修香山县志》，学生书局，1965。

（清）汪康年辑《振绮堂丛书初集》，清光绪宣统间排印本。

（清）王文达：《粤海关统辖口岸考》，中国国家图书馆藏，光绪六年（1880）刻本。

（清）印光任、张汝霖著，赵春晨点校《澳门记略》，广东高等教育出版社，1988。

《永乐大典》，中华书局影印本，1986。

中国第一历史档案馆、广州市档案局（馆）、广州市越秀区人民政府编著《广州历史地图精粹》，中国大百科全书出版社，2003。

中国第一历史档案馆、澳门基金会、暨南大学古籍研究所合编《明清时期澳门问题档案文献汇编》，人民出版社，1999。

中国第一历史档案馆、澳门一国两制研究中心选编《澳门历史地图精选》，华文出版社，2001。

中国史学会主编《鸦片战争》（二），上海人民出版社、上海书店出版社，2000。

中山市档案局（馆）、中国第一历史档案馆编《香山明清档案辑录》，上海古籍出版社，2006。

（清）祝准主修，黄培芳等辑（道光）《香山县志》，学生书局，1965。

庄树华等编《澳门专档》（三），台湾中研院近代史研究所，1995。

二　中文论著、译著

裴化行：《天主教十六世纪在华传教志》，萧浚华译，商务印书馆，1937。

〔澳〕安东尼·瑞德：《东南亚的贸易时代　1450～1680》，吴小安等译，商务印书馆，2010。

〔法〕奥古斯特·博尔热：《奥古斯特·博尔热的广州散记》，钱林森等译，上海书店出版社，2006。

陈佳荣、谢方、陆峻岭：《古代南海地名汇释》，中华书局，1986。

陈乔之主编《港澳大百科全书》，花城出版社，1993。

戴裔煊：《〈明史·佛朗机传〉笺正》，中国社会科学出版社，1984。

戴裔煊、钟国豪：《澳门历史纲要》，知识出版社，1999。

邓聪、郑炜明：《澳门黑沙》，香港中文大学出版社、澳门基金会，1996。

邓开颂：《澳门历史：1840～1949》，澳门历史学会，1995。

邓开颂等主编《澳门历史新说》，花山文艺出版社，2000。

邓开颂、吴志良、陆晓敏主编《粤澳关系史》，中国书店，1999。

费成康：《澳门：葡萄牙人逐步占领的历史回顾》，上海社会科学院出版社，2004。

费成康：《澳门四百年》，上海人民出版社，1988。

《港澳大百科全书》编委会编《港澳大百科全书》，花城出版社，1993。

广东省地方史志编纂委员会编《广东省志·地名志》，广东人民出版社，1999。

《广东省县图集》（内部用图），广东省测绘局，1992。

广东省中山市地名志编纂委员会编《广东省中山市地名志》，广东科技出版社，1989。

广州海关编志办公室编《广州海关志》，广东人民出版社，1997。

广州市地方志编纂委员会编《广州市志》卷一〇《海关志》，广东人民出版社，2000。

广州市地方志编纂委员会编《广州市志》卷一三《军事志》，广东人民出版社，1995。

广州市地名志编纂委员会：《广州市地名志》，香港大道文化有限公司，1989。

广州市芳村区地方志编纂委员会编《广州市芳村区志》，广东人民出版社，1997。

何大章、缪鸿基：《澳门地理》，广东省立文理学院，1946。

何志辉：《明清澳门的司法变迁》，澳门学者同盟，2009。

〔美〕亨特：《旧中国杂记》，沈正邦译，章文钦校，广东人民出版社，1992。

华林甫：《中国历史地理学·综述》，山东教育出版社，2009。

黄德鸿：《澳门新语》，澳门成人教育学会，1996。

黄鸿钊：《澳门简史》，香港三联书店，1999。

黄鸿钊：《澳门史》，福建人民出版社，1999。

黄鸿钊：《澳门史纲要》，福建人民出版社，1991。

黄就顺等：《澳门地理》，澳门基金会，1997。

黄启臣：《澳门历史：自远古－1840年》，澳门历史学会，1995。

黄启臣：《澳门通史》，广东教育出版社，1999。

黄启臣：《海上丝路与广东古港》，中国评论学术出版社，2006。

黄庆华：《中葡关系史（1513～1999）》（中册），黄山书社，2006。

黄文宽：《澳门史钩沉》，澳门星光出版社，1987。

黄增章：《民国广东商业史》，广东人民出版社，2006。

金国平、吴志良：《东西望洋》，澳门成人教育学会，2002。

金国平、吴志良：《过十字门》，澳门成人教育学会，2004。

金国平、吴志良：《镜海飘渺》，澳门成人教育学会，2001。

金国平：《中葡关系史地考证》，澳门基金会，2000。

赖建诚：《布罗代尔的史学解析》，浙江大学出版社，2009。

黎小江、莫世祥主编《澳门大辞典》，广州出版社，1999。

李鹏翥：《澳门古今》，香港三联书店、澳门星光出版社，1986。

李如龙：《汉语地名学论稿》，上海教育出版社，1998。

利玛窦、金尼阁：《利玛窦中国札记》，何高济等译，中华书局，1983。

林发钦：《澳门史稿》，澳门近代文学学会，2005。

林子昇：《十六至十八世纪澳门与中国之关系》，澳门基金会，1998。

刘南威、何广才主编《澳门自然地理》，广东省地图出版社，1992。

刘先觉、陈泽成主编《澳门建筑文化遗产》，东南大学出版社，2005。

龙〔葡〕思泰：《早期澳门史》，吴义雄等译，东方出版社，1997。

〔美〕马士：《东印度公司对华贸易编年史（1635~1834年)》，中国海关史研究中心组、区宗华译，林树惠校，中山大学出版社，1991。

〔法〕孟德斯鸠：《论法的精神》，张雁深译，商务印书馆，1961。

缪鸿基等：《澳门》，中山大学出版社，1988。

潘日明神父著《殊途同归——澳门的文化交融》，苏勤译，澳门文化司署，1992。

〔美〕普勒斯顿·詹姆斯：《地理学思想史》，李旭旦译，商务印书馆，1982。

〔美〕普勒斯顿·詹姆斯：《地理学思想史》，李旭旦译，商务印书馆，1982。

钱穆：《中国历史研究法》，三联书店，2005。

饶秉才主编《广州音字典（普通话对照）》，广东人民出版社，1983。

邵献图等编《外国地名语源词典》，上海辞书出版社，1983。

〔葡〕施白蒂：《澳门编年史（二十世纪1900~1949)》，金国平译，澳门基金会，1999。

〔葡〕施白蒂：《澳门编年史（二十世纪1950~1988)》，思磊译，澳门基金会，1999。

〔葡〕施白蒂：《澳门编年史（十九世纪)》，姚京明译，澳门基金会，1998。

〔葡〕施白蒂：《澳门编年史（十六—十八世纪)》，小雨译，澳门基金会，1995。

史念海：《中国历史地理纲要》（上册），山西人民出版社，1991。

《世界地名词典》，上海辞书出版社，1981。

司徒尚纪：《岭南历史人文地理——广府、客家、福佬民系比较研究》，中山大学出版社，2001。

谭世宝：《澳门历史文化探真》，中华书局，2006。

汤开建：《澳门开埠初期史研究》，中华书局，1999。

唐思：《澳门风物志·第三集》，澳门基金会，2004。

唐思：《澳门风物志》（续篇），中国文联出版社，1999。

唐思：《澳门风物志》，中国友谊出版公司，1998。

童乔慧：《澳门城市环境与文脉研究》，广东人民出版社，2008。

王文达：《澳门掌故》，澳门教育出版社，1999。

〔美〕威廉·C.亨特：《广州"番鬼"录——缔约前"番鬼"在广州的情形，1825～1844》，冯树铁译，骆幼玲、章文钦校，广东人民出版社，1993。

吴春刚：《澳门地区医学地理》，军事医学科学出版社，2000。

吴宏岐：《历史地理学方法论的探索与实践》，暨南大学出版社，2010。

吴宏岐、王元林：《司马迁与中国地理》，陕西人民教育出版社，2006。

吴家诗主编《黄埔港史（古、近代部分）》，人民交通出版社，1989。

吴志良：《澳门政制》，澳门基金会，1995。

吴志良主编《澳门总览》（第二版），澳门基金会，1996。

吴志良等主编《澳门史新编》，澳门基金会，2008。

吴志良：《生存之道：论澳门政治制度与政治发展》，澳门成人教育学会，1998。

吴志良、汤开建、金国平主编《澳门编年史》（六卷本），广东人民出版社，2010。

吴志良、杨允中主编《澳门百科全书（修订版）》，澳门基金会，2005。

萧伟华（Jorge Noronha e Silveira）：《澳门宪法历史研究资料（1820～1974）》，沈振耀、黄显辉译，法律翻译办公室、澳门法律公共行政翻译学会，1997。

邢荣发：《明清澳门城市建筑研究》，华夏文化艺术出版社，2007。

〔葡〕徐萨斯：《历史上的澳门》，黄鸿钊等译，澳门基金会，2000。

许政：《澳门宗教建筑》，中国电力出版社，2008。

〔古希腊〕亚里士多德：《政治学》，吴寿彭译，商务印书馆，1965。

严忠明：《一个海风吹来的城市——早期澳门城市发展史研究》，广东人民出版社，2006。

杨允中、黄鸿钊、庄文永等：《澳门文化与文化澳门——关于文化优势的利用与文化产业的开拓》，澳门大学澳门研究中心，2005。

〔葡〕叶士朋：《澳门法制史概论》，澳门基金会，1996。

于中涛、周庆华：《地理环境的社会作用与科学发展观》，天津社会科学院出版社，2005。

〔英〕詹姆士·奥朗奇编《中国通商图：17～19世纪西方人眼中的中国》，何高济译，北京理工大学出版社，2008。

张国雄等：《澳门文化源流》，广东人民出版社，2005。

张天泽：《中葡通商研究》，王顺彬、王志邦译，华文出版社，2000。

张天泽：《中葡早期通商史》，中华书局香港分局，1988。

章文钦笺注《澳门诗词笺注·民国卷（上）》，珠海出版社、澳门特别行政区政府文化局，2003。

章文钦笺注《澳门诗词笺注·明清卷》，珠海出版社、澳门特别行政区政府文化局，2003。

赵春晨：《澳门记略校注》，澳门文化司署，1992。

赵鑫珊：《澳门新魂》，百花文艺出版社，2006。

郑炜明、黄启臣：《澳门宗教》，澳门基金会，1994。

中国近代经济资料丛刊编辑委员会主编《中国海关与中葡里斯本条约》，中华书局，1983。

三　中文论文、译文

巴拉舒（Carlos Baracho）：《澳门中世纪风格的形成过程》，《文化杂志》（中文版）1998 年第 35 期。

卜奇文：《清代澳门与广州经济互动问题研究（1644～1911）》，暨南大学博士学位论文，2003。

常绍温：《从澳门历史文化的特点略谈建立"澳门学"问题》，载黄晓峰、邓思平、刘月莲主编《首届澳门历史文化国际学术研讨会论文集》，澳门文化研究会，1995，第 187～188 页。

邓聪：《古代澳门与东亚的世界》，载吴志良、金国平、汤开建主编《澳门史新编》（第一册），澳门基金会，2008，第 125～160 页。

葛剑雄：《时间和空间之间的求索》，《开放时代》1999 年第 5 期。

《广东全省海关及其卡口之调查》，《广州民国日报》1930 年 8 月 1 日。

郭声波、高万芬：《1560：让世界知道澳门——澳门始见于西方地图年代考》，《澳门历史研究》2007 年第 6 期。

郭声波、鲁延召：《明清文献舆图所载澳门周边岛屿名实演变研究》，《澳门历史研究》2008 年第 7 期。

黄汉强：《关于"澳门学"对象与方法的思考》，《学术研究》2001 年第 7 期。

黄汉强：《关于建立澳门学的一些思考》，《港澳经济》1989 年第 2 期。

黄就顺：《澳门填海造地、海岸线变迁的历史及土地利用》，载杨允中主编《澳门现代化进程与城市规划》，澳门大学澳门研究中心，2007，第 226～239 页。

黄启臣：《澳门历史研究刍议》，载黄晓峰、邓思平、刘月莲主编《首届澳门历史文化国际学术研讨会论文集》，澳门文化研究会，1995，第173～178页。

金国平：《西方近代水文资料译文对澳门方志的影响》，《澳门研究》2009年第54期。

科斯塔（Maria de Lourdes Rodrigues Costa）：《澳门建筑史》，《文化杂志》（中文版）1998年第35期。

林广志：《建设澳门学，打造新名片》，《澳门日报》2010年3月24日第F1版。

林广志：《清代澳门望厦赵氏家族事迹考述》，《澳门历史研究》2004年第3期。

林广志：《清代澳门望厦赵氏家族事迹考述》，载吴利勋主编《澳门历史文物艺术展》，澳门收藏家协会、澳门历史文化研究会，2007，第7～18页。

林广志：《晚清澳门华商与华人社会研究》，暨南大学博士学位论文，2005。

刘泽生：《回归十年澳门研究的回顾与思考——以澳门历史研究为中心》，《澳门研究》2010年第1期。

娄胜华：《混合、多元与自治：早期澳门的行政》，载吴志良、金国平、汤开建主编《澳门史新编》（第一册），澳门基金会，2008，第125～160页。

彭蕙：《16～19世纪澳门黑人的社会职能》，《澳门历史研究》2004年第3期。

彭蕙：《明清时期澳门黑人问题研究》，暨南大学硕士学位论文，2004。

普塔克：《〈澳门记略〉中的鸟类记载》，赵殿红译，《澳门研究》2009年第52期

乔素玲：《清代澳门中葡司法冲突》，《暨南学报（哲学社会科学

版)》2002 年第 4 期。

谭世宝：《Macao、Macau（马交）与澳门、马角等词的考辨》，《文化杂志》（中文版）1998 年第 35 期。

谭世宝：《妈祖阁建庙时间的异说探真》，《文化杂志》（中文版）1996 年第 29 期。

汤开建：《澳门地名刍议》，《文化杂志》（中文版）1995 年第 23 期。

汤开建：《澳门中西文献档案史料的整理、研究与翻译》，载林发钦、陈业东主编《澳门文献整理研究暨数字化论集（上册）》，澳门近代文学学会，2008，第 17～31 页。

汤开建：《发刊词》，《澳门历史研究》创刊号。

汤开建：《嘉庆十三年〈澳门形势图〉研究》，《广西民族学院学报》2000 年第 2 期。

汤开建：《明代澳门城市建置考》，《文化杂志》（中文版）1998 年第 35 期。

汤开建：《雍正〈广东通志·澳门图〉研究》，《暨南学报》2000 年第 6 期。

汤开建：《〈粤大记·广东沿海图〉中的澳门地名》，《岭南文史》2000 年第 1 期。

汤开建：《祝淮〈新修香山县志〉澳门图研究》，《暨南学报》2000 年第 3 期。

王颋：《"海月"与澳门别称"蚝镜"》，《澳门历史研究》2007 年第 6 期。

王颋：《明代香山陆海形势与澳门开埠》，《澳门历史研究》2003 年第 2 期。

吴宏岐：《大黄滘地名考》，《岭南文史》2007 年第 4 期。

吴宏岐：《清代广州至澳门的内河水道考》，《澳门历史研究》2007 年第 6 期。

吴宏岐：《中国历史地理学的历史现状和发展趋势》，《河北师范大学学报（社会科学版）》1999 年第 4 期。

吴志良、金国平：《从葡、西早期档案资料探究"澳门"各种书写形式的嬗变》，《澳门研究》2009 年第 52 期。

吴志良：《旧话重提"澳门学"》，载《东西交汇看澳门》，澳门基金会，1996，第 37～42 页。

徐素琴：《晚清粤澳民船贸易及其影响》，《中国边疆史地研究》2008 年第 1 期，又载于广东省社会科学院历史与孙中山研究所编《广东省社会科学院历史与孙中山研究所建所五十周年纪念文集》，银河出版社，2008，第 920～934 页。

徐晓望：《明清澳门妈祖庙的续建与澳门华人市区的扩展》，载徐晓望、陈衍德《澳门妈祖文化研究》，澳门基金会，1998。

杨开荆：《澳门文献资讯资源的科学管理》，载林发钦、陈业东主编《澳门文献整理研究暨数字化论集（上册）》，澳门近代文学学会，2008，第 288～297 页。

杨仁飞：《清中叶前的澳门平民阶层及社会流动》，《文化杂志》（中文版）2005 年第 57 期。

杨仁飞：《澳门近代城市格局》，《文化杂志》（中文版）1997 年第 32 期。

叶农：《澳门地区台风考》，《文化杂志》（中文版）2001 年第 43 期。

叶农：《澳葡殖民政府早期政治架构的形成与演变》，《暨南学报（哲学社会科学版）》2004 年第 4 期。

叶农、严忠明：《澳门古地图——从地图看澳门城市在 16 世纪至 20 世纪初的发展》，《澳门历史研究》2007 年第 6 期。

张坤：《英商在广州与澳门（1827～1839）》，暨南大学博士学位论文，2007。

张廷茂：《清代中叶澳门城区华人居住分布考》，《暨南史学》2007 年第 5 辑。

赵利峰：《澳门文献整理研究与"澳门学"》，载林发钦、陈业东主编《澳门文献整理研究暨数字化论集（上册）》，澳门近代文学学会，2008，第 279~287 页。

赵利峰：《明清澳门人口史研究订补》，《澳门历史研究》2009 年第 8 期。

郑景滨：《澳门"莲"系地名考》，载管林等《莲岛春秋》，澳门近代文学学会，1999，第 215~261 页。

郑爽：《从〈澳门宪报〉中文史料看华政衙门的司法程式》，《澳门历史研究》2008 年第 7 期。

四 外文论著、报刊

C. R. Boxer, *Estudos para a História de Macau*, Lisboa：Fundação Oriente, 1991.

Ernesto J. de C. E Vasconcellos, *As colónias Portuguezas：Ernesto Juliode Carvalho Vasconcellos*, Lisboa：A Editora, 1903.

J. M. Braga, *The Western Pioneers and Their Discovery of Macao*, Macau：Imprensa Nacional, 1949.

Jorge Noronha e Silveira, *Subsídios para a História do Direito Constitucional de Macau (1820 – 1974)*, Macau：Pulicações-O Direito, 1991.

Manuel Teixeira, *Macau e a Sua Diocese*. IX, Macau：Imprensa Nacional, 1969.

Manuel Teixeira, *Toponímia de Macau*, Vol. 1, Macau：Imprensa Nacional, 1981.

Rui Afonso, Francisco Gonçalves Pereira, "The Political Status and Goverment Instituition of Macau," *Hong Kong Law Journal*, Vol. 16, 1986.

The Canton Register, Vol. 10 Tuesday, July 11th, 1837, No. 28.

The Canton Register, Vol. 1 Wednesday, December 3rd, 1828, No. 40.

The Canton Register, Vol. 4 Tuesday, 15th November, 1831, No. 22.

W. Kelly, "Coloane, Macau," *Journal of the Hong Kong Archaeological Society*, Vol. IV, 1973.

W. Meacham, "Hac Sa Wan," *Journal of the Hong Kong Archaeological Society*, Vol. VII, 1979.

W. Meacham, "Hac Sa Wan," *Journal of the Hong Kong Archaeological Society*, Vol. XI, 1986.

后　记

这部书稿是澳门特别行政区政府文化局学术研究课题《澳门地区历史地理研究（上）》的最终研究文本，也是笔者近几年澳门历史地理研究的一个初步总结。

2005年2月，笔者从陕西师范大学西北历史环境与经济社会发展研究中心调入暨南大学历史系。本着先师史念海教授所倡导的"有用于世"的治学理念，加之受到暨南大学邱树森教授、张其凡教授、汤开建教授、纪宗安教授等前辈学者的鼓励，笔者学术研究的重点开始由西北历史地理向岭南历史地理转变，对于澳门问题更产生较多的兴趣。经过三年多的思索和积累，在2009年3月，笔者以《澳门地区历史地理研究》为题，向澳门文化局提出课题申请。澳门文化局的评审委员会认为这个课题具创新意义，层面广泛且内容深入，属于值得考虑给予支持之列，但同时又建议研究课题分成上下两个部分，分两次申请。笔者采纳了这个建议，遂以原申请书所设计内容的上半部分重新设计了申请书，并于同年8月得到了正式批准。这就是《澳门地区历史地理研究（上）》这个课题的来由。

本课题能够顺利得以完成，首先要感谢汤开建教授。汤教授是研治澳门史的名家，又兼通舆地之学，藏书丰富，勤于治学，学术成就蜚声海内外。从一定程度上来说，正是由于汤教授的鼓励和帮助，笔者始倾心于从历史地理学的学术视角研究澳门史的相关问题，经过这几年的研究实践，稍稍窥见澳门历史地理研究之门径。

为了搜集相关资料，从 2007 年开始，笔者除了积极参加澳门历史文化研究会、澳门近代文学学会、澳门大学、澳门民政总署等举办的学术会议和讲座以外，还于 2009 年 11 月专程赴澳门进行了为期近一个月的实地考察和学术访问，其间得到了澳门基金会主席吴志良博士、《澳门研究》执行主编林广志博士的赐教及惠赠的大量书刊资料。在澳门大学澳门研究中心、澳门大学图书馆、澳门历史档案馆、澳门中央图书馆查阅文献之际，皆得到了相关研究人员和工作人员的大力帮助。

笔者还想感谢葡萄牙中国学院澳门研究中心的金国平教授，澳门理工学院的谭世宝教授、林发钦博士，澳门历史文化研究会胡根先生，澳门《文化杂志》中文版主编黄晓峰先生，澳门民政总署的欧阳伟然先生，广东省社会科学院历史研究所的邓开颂研究员、李庆新研究员，珠海博物馆的张建军馆长，暨南大学历史系的郭声波教授、陈伟明教授、张廷茂教授、张坤博士，暨南大学古籍所的王颋教授、叶农博士、赵利峰博士，华南理工大学的肖旻博士、彭蕙博士。上述诸师友，或不吝赐教，或惠赠资料，或切磋学问，于笔者帮助良多。

值得特别提及的是，在本课题申请、研究的过程中，得到了澳门文化局研究、调查暨刊物处黄文辉处长，傅玉兰女士，朱培贞小姐和袁绍珊小姐及时的指导和帮助。澳门文化局学术研究课题的匿名评审专家，对本课题的初稿、修改稿所指出的中肯意见，减少了笔者的不少笔误。社会科学文献出版社东亚编辑室王玉敏、沈艺两位责任编辑的辛勤工作，使本书得以顺利出版。所有这些隆情厚谊，在此一并谨致谢忱！

吴宏岐

2014 年 4 月 26 日于广州暨南大学

图书在版编目（CIP）数据

时空交织的视野：澳门地区历史地理研究/吴宏岐著.
—北京：社会科学文献出版社，2014.10
　（澳门文化丛书）
　ISBN 978 - 7 - 5097 - 5970 - 7

　Ⅰ.①时…　Ⅱ.①吴…　Ⅲ.①历史地理 - 研究 - 澳门
Ⅳ.①K926.59

中国版本图书馆 CIP 数据核字（2014）第 083617 号

· 澳门文化丛书 ·

时空交织的视野：澳门地区历史地理研究

著　　者／吴宏岐

出　版　人／谢寿光
项目统筹／王玉敏
责任编辑／沈　艺　王玉敏

出　　　版／社会科学文献出版社 · 全球与地区问题出版中心（010）59367004
　　　　　　地址：北京市北三环中路甲 29 号院华龙大厦　邮编：100029
　　　　　　网址：www. ssap. com. cn
发　　　行／市场营销中心（010）59367081　59367090
　　　　　　读者服务中心（010）59367028
印　　　装／北京季蜂印刷有限公司

规　　　格／开本：787mm × 1092mm　1/16
　　　　　　印张：14　字数：194 千字
版　　　次／2014 年 10 月第 1 版　2014 年 10 月第 1 次印刷
书　　　号／ISBN 978 - 7 - 5097 - 5970 - 7
定　　　价／59.00 元